Ni Buzhidao De

你不知道的**中国CHINA**

中国地理文化丛书

京畿重地

北京

（三）

本书编写组◎编著

中国旅游出版社

本书编写组

文　字：耿　刘　李　庚　胡汉生
　　　　何清海　杨振铎
摄　影：武冀平　李　庚　何清海　杨振铎

序

　　我们伟大的祖国有 960 万平方公里的辽阔疆土和 1.8 万公里的海岸线。从东到西,由南向北,壮丽的山河、富饶的土地,蕴藏着无尽的宝藏,滋养了伟大的中华民族;各地区独具特色的地域文化,共同形成了生生不息、绵延不绝的中华五千年文明。

　　数千年来,地理环境的不同生成了不同的民族,也成就了不同的文化。北方的草原大漠既养育了能征善战、驰骋欧亚的一代天骄,也造就了千年不衰的敦煌文化和鬼斧神工的月牙泉奇景;东南沿海辽阔的海疆,既便利了徐福、郑和扬帆远航,传播中华文明,吸收海外文化,也成就了一代又一代侨商巨贾,让中国人的足迹踏遍海角天涯;江南水乡富饶的阡陌田畴既哺育了成百上千的文人雅士,也雕琢出道法自然、幽雅绝伦的江南园林;如果说青藏高原的雄伟雪峰、蓝天白云和千古冰川是虔诚宗教的天然乐土,那么川渝的灵山秀水、天府的氤氲气候则是孕育辛辣美味的川菜佳肴的必备温床……在中国这块神秘的土地上,随处可见的是自然和人文的完美结合,随时可感的是中国地理文化的独特魅力。中国人崇尚天人合一,崇尚自然,寄情于山水,借山水寓思想;名山大川,野径小溪,一草一木,不仅成为中国人精神的慰藉,而且承载了中华民族灿烂的文化。

　　我们编辑出版这套《中国地理文化丛书》,意在区分不同地域,采用通俗易懂的问答形式向读者介绍各地特有的地理风貌、历史遗存、民风民俗、逸闻逸事、宗教文化、风土人情。条目的选取以突出地域性、知识性和可读性为标准,力求让读者通过浅阅读,收获真知识和正能量。为便于查询,本书特按省、市、自治区行政区划编辑成册,每册又以地市级行政区划编目。为保证质量,我们特邀数百位长期从事历史、地理、旅游研究的专家、学者联合编撰,使图书既不失严谨而又真正做到了简约生动,通俗易懂。

　　了解中华大地不同地域自然和文化的发展和演变,既有助于了解我们世世代代赖以生存的这块土地的昨天和今天,又有助于了解我们伟大的民族和悠久文化的昨天和今天,更有助于把握我们的民族和文化的未来。特别是在中华民族复兴之梦日渐光明的今天,这项工作显得尤为重要。如果我们的努力能为这项神圣的使命贡献一份绵薄之力,那将是我们的无上荣光!

目录
CONTENTS

中国地理文化丛书
北京
（三）

颐和园

长　城

十三陵

颐 和 园

为 什么将清漪园改名为"颐和园"？"颐和"二字如何
解释？

　　光绪年间重建清漪园，改名颐和园是光绪十四年（1888 年）的
事。当时，光绪皇帝已经成年，即将大婚亲政。慈禧太后将归政于
光绪，颐和园的修建，正是为慈禧养老安排一个去处。所以便取了
一个有养老含义的园名：颐和。"颐"字原指口腔的下部，即俗称下
巴。古书上说："下颔曰颐。"《易经》又将"颐"衍生成："观颐，
自求口实。""颐"便有了"养"的含义。因此"颐老"便是"养
老"，"颐身"可解释成"休养身心"，"颐神"就是"养神"。"颐
和"便是颐养天和的意思。"天和"既指自然和顺之理、天地之和
气，又指人体之元气。以"颐和"为宫殿的名称不始于颐和园，紫
禁城内有颐和轩，三海有颐年堂，均采取同一个含义。

为 什么说"颐和园"三字金匾是光绪书写的，却盖着许
多慈禧的印玺？

　　颐和园东宫门上挂的"颐和园"三字金匾一共盖有五块朱印，
横钤于上方的三块印是慈禧的用印，中间一方为"慈禧皇太后御

1

览之宝"。左侧一方为"和平仁厚与天地同意"。右侧一方为"数点梅花天地心"。另两方印较小，竖排在匾的右侧偏下，上面一方为"光绪御笔之宝"；下面一方为"丽日春长"。帝后的用印凡是"御览之宝"的大都是收藏印或鉴赏印，凡是"御笔之宝"的便是书写的款印。以印章看，"颐和园"这三个大字，是光绪写的。但是，帝后题写匾额有可能是代笔，即由别人代写，再钤上"御笔之宝"的印。这块颐和园的匾也有代笔的说法，是否代笔，并未被证实，只能说是光绪皇帝御笔。

为什么说东宫门外的一对铜狮能分出雌雄？

我国并不出产狮子，狮子的产地为西亚和非洲。我国汉代已有狮子的记载。佛教有狮子吼、狮子座等名词，均是比喻佛的无边法力。狮子成了一种力量的象征，很早就有了石雕或铜铁铸造的狮子成对地放置在宫殿、佛寺的门前、阶下。东宫门的这对铜狮子右侧的一只左足下抚弄一只仰卧的小狮子，左侧的一只右足踏在一个铜绣球上。一般都将有小狮子的那只看作雌狮，而将足踏绣球的看作雄狮，已成为一种习惯。在生活中的狮子，雌雄的外貌是区别很大的，只有雄狮的颈部才有披覆的长鬣，而古代遗留的这种对狮，一律都在头颈部，雕造出螺旋形鬣毛，以增强狮子勇猛威武的艺术效果。

▲ 颐和园东宫门

为什么用"涵虚"、"罨秀"当作东宫门外牌楼的题额？

东宫门外牌楼，是颐和园正门外的中轴线上的建筑，处于轴线的最前端，原来在牌楼的右前方有一块"文武官员到此下马"的石碑，进入牌楼后，便进入了颐和园的范围。"涵虚"应指水映天空，唐孟浩然《望洞庭湖赠张丞相》诗："八月湖水平，涵虚混太清。"明朝夏完淳在《观涛》诗中有"涵虚万顷皆一色"，都是说的水天关系。"罨秀"的"罨"原指捕捉鱼鸟的一种网，其意延伸为覆盖、掩映，这里可以理解成秀色掩映。"涵虚"影射着水，"罨秀"暗指着山。这座金碧辉映的牌楼告诉来往的人们，这里已到了以湖光山色著称的颐和园。

为什么仁寿殿前除了有南北配殿外，在仁寿门外还有南北九卿房？

以仁寿殿为中心的政治活动区，是按照宫廷"外朝"的形制布局的，南北九卿房是"外朝"的重要组成部分。九卿，是古代中央政府的九位高级官员的合称，据说夏朝就有设置，后代沿袭，但在九卿之列的职官和称谓有所变化。明代以六部都察院、通政使司、大理寺长官为大九卿。清代大体与明代相同，但以理藩院尚书替代通政使司列九卿。还有

▲ 仁寿门后太湖石

一种说法，九卿不含六部，以都察院、大理寺、太常寺、光禄寺、鸿胪寺、太仆寺、通政使司、宗人府、銮仪卫为九卿。仁寿殿前的南北九卿房，实际是高级官员们参加活动时等待召见或休息的地方。但是，南北九卿房的设置，是宫廷建筑外朝部分的重要标志。

为什么将仁寿殿前的铜铸异兽称作"麒麟"？

麒麟是传说中的仁兽、瑞兽，象征祥瑞，其外形：龙头，鹿角，狮尾，牛蹄，遍体鳞甲。古代将有高尚道德的人称为"麒麟客"；将天资颖异的人称为"麒麟种"；把聪颖的幼儿称为"麒麟雏"。汉代未央宫中建有麒麟阁，将功勋卓著的功臣的像画于阁中是一种最高荣誉。这只铜麒麟是乾隆时铸造，额顶部有"大清乾隆年制"款识，原是一对，陈放于圆明园二宫门的门前。二宫门，又称出入贤良门，放置麒麟，当有寓意。1937 年，将这对麒麟中毁坏轻的一只重新配了头上的角，两只前腿连同石座移到仁寿殿前陈设。麒麟虽是传说中的神兽，但古书上时有出现麒麟的记载；作为一种祥瑞，也有外国进献麒麟的。据考证，宋代以前的麒麟多指独角犀，而明代的外国麒麟，实际是长颈鹿。

为什么说仁寿殿内陈放布置很有特色？

仁寿殿内的陈设多以"寿"为主题，也体现了以慈禧为主人的特色，殿内的贴落绘画，不但有松石灵芝的祝寿内涵，而且有着大幅翔飞的凤。这在贴落画中是少见的。除此之外，最有特点的是，仁寿殿地平床上的中央宝座御案是为慈禧设置的，每当慈禧和光绪同时坐朝或接待外国使节的时候，要给光绪另外备一张不大的椅子，放在御案左侧的边上，这里才是皇帝光绪的位子。1903年美国女画家卡尔曾经画过一张铅笔素描，真实地记录了慈禧与光绪在仁寿殿内的位置情况。

为什么说仁寿殿的"仁寿"二字出自孔子的《论语》？

"仁寿"二字确源于孔子《论语》之《雍也》，原文是："知者乐水，仁者乐山。知者动，仁者静。知者乐，仁者寿。""仁者寿"，是说具有仁德的人长寿。古代帝王常用"仁寿"二字作为宫殿的名称，是有着"仁政"的含义。隋有仁寿宫，晋有仁寿殿，金代也曾将皇太后所居住的宫称为仁寿宫。颐和园是专为慈禧所修建的，而且作为她归政以后的退休养老的地方，再沿用清漪园的勤政殿的旧名，已不合适，所以改名为"仁寿殿"。仁寿殿内正中的"寿协仁符"金字大匾，又诠释了"仁寿"二字的含义。

为什么仁寿殿在清漪园时代称作勤政殿？

仁寿殿在清漪园时代，称作勤政殿。嘉庆皇帝曾写过一篇《勤政殿记》，开头就说："我皇考于理事正殿皆颜勤政，诚以持心不可不敬，为政不可不勤也！"这里所说的"我皇考"便是指乾隆皇帝。当时皇家园林里都设有勤政殿。因为勤政殿及其附属朝房的设置，便构成了皇家园林里的政治活动区，成为皇家园林区别于其他

▲ 仁寿门

类型园林的主要特征。颐和园重修时，将勤政殿改名为仁寿殿，虽然取《论语》中"仁者寿"的含义，但还是暗含着施仁政者长寿的意思。所以在仁寿殿内正中的大匾上写着"寿协仁符"四个大金字，从仁寿殿中所进行的活动来看，仁寿殿仍是进行政治活动的主要场所。

仁寿殿在处理朝政以外，还有其他的功能吗？

仁寿殿，除了慈禧、光绪驻园期间处理朝政外，还在此多次接见外国使节及其夫人，多是礼节性的。其他有记载的活动，就数慈禧在园内举行祝寿庆典时，在仁寿殿举行多次的"筵宴"活动。慈禧的生日是阴历十月初十，当天要在排云殿举行盛大的祝寿典礼，在正日的前后几天要在仁寿殿进行几次"筵宴"。一次是光绪皇帝率文武百官；一次是光绪皇后率妃嫔公主福晋命妇；还有一次是光绪皇帝率领近支王公。筵宴时仁寿殿张灯结彩，支搭彩棚，宴桌摆满殿内和庭院。光绪的生日是阴历六月二十六日，自1903年光绪31岁起，连续三年，光绪的生日庆典也曾在仁寿殿进行，比起慈禧在排云殿的庆典要简单得多。

为什么仁寿门前的柏树树干在面对建筑的一面，树皮破坏严重？

走进东宫门，在东宫门和仁寿门的御路两侧，种植着成行成排的古柏，但在靠近四围建筑，面对建筑的那一面，树干几乎都没有树皮，暴露着树身里的木质。离得稍远的，情况相对好一些，但也都有不同程度的树皮缺损。这些柏树种植于清漪园时代，1860年英法联军焚烧颐和园时，东宫门内两侧的南北九卿房和仁寿门都被烧毁，这些树木受到大火的炙烤，面对大火一侧的树皮遭到了严重的损坏，但是经过这场灾难，这些柏树顽强地存活下来，继续生长。这些缺皮的古树，是我国近代史民族灾难的物证。

为什么仁寿殿的庭院里有许多花木山石？

仁寿殿原名勤政殿，是园内的正殿，是皇家园林里处理朝政的场所，尽可能将其环境园林化。仁寿殿背倚假山，山上广植松柏，两侧更有种满牡丹的高层花台簇拥。殿前古松参差林立，花木扶疏，迎面是一块高大的太湖石，是从墨尔根园移来的，正好屏挡住仁寿门的入口。仁寿门两侧的院墙上，饰以砖雕九龙图案，并开有两座随墙门，使偌大的庭院既封闭又通透；既庄严肃穆，又生机勃勃。20世纪30年代从圆明园遗址上移来的四组山石和一只乾隆款识的铜麒麟，更增加了庭院的园林意趣。作为园内的政治活动区，仁寿殿庭院中的园林布局和全园园林氛围高度统一。

德和园是一座什么样的建筑群？为什么要建德和园？

德和园是一座三进院落，占地3000平方米的四合院式建筑群。主要由演戏用的三层大戏楼、专供慈禧看戏的颐乐殿以及两侧供被赏看戏的王公大臣用的看戏廊组成。早在这座大戏楼建成以前，颐和园听鹂馆内已有一座戏台，慈禧嫌它太小，因为有时候演祝寿、神话武打戏时演员很多，阵容庞大，因此在1891年又耗资白银71万两，用了5年的时间建成这座大戏楼。它与当时故宫的畅音阁、承德避暑山庄的清音阁合称皇家三大戏楼，而德和园大戏楼是最大的一座。这座戏楼坐南面北，除了楼的基础部分是砖石堆砌的以外，其余全部是木质结构。它从建成至今虽经100

多个春秋的风雨侵蚀，历几次大地震的威胁，仍十分牢固。它是目前我国保存最完整、建筑规模最大的古戏楼。

为什么说大戏楼三层能同时演戏？

这座戏楼高 21 米，底层舞台宽 17 米，共分三层。上下三层可以同演一出戏。戏楼底层的舞台设有地井，是专供演鬼怪的演员钻进钻出时使用的。二层的天花板上设有 7 个天井，戏楼顶部三层装有辘轳绞车和升降机关，可以用绳索将演员从天井吊下来，表现神仙从天而降的情景。在当时的历史条件下，更为先进的是在

▲ 颐和园内大戏楼

舞台底部设有一口井和几个方形水池，当戏中需要水景时就可以引真水上台，表现金龙喷水、《白蛇传》中水漫金山寺等戏的场面。这种设置还能起到聚音的作用和增强共鸣效果。在这里唱戏字音清楚，声音也显得格外洪亮。1994 年中国青年京剧团在德和园演出，他们惊喜地发现，这种效果依然存在。这充分表明了这座戏楼有着重要的艺术价值和科学价值。

你知道大戏楼都在什么情况下开锣唱戏吗？唱戏时都有哪些安排？

按宫中惯例，每逢初一、十五各演戏一天，端午、中秋、七夕各演 3 天。慈禧的生日旧时称"圣寿节"，前三天、后五天演九

天戏。慈禧每次到颐和园的第二天即要在德和园听戏。皇帝、皇后生日演戏，宫内有一个专门掌管宫廷演剧的机构，原称"南府"，道光年后改称"升平署"，都为男角。由升平署所属宫内太监演员演出的为"本家戏"，由民间职业演员演出的为"外家戏"。慈禧过寿时，由南府演出吉祥戏，在德和园大戏楼演出时，三层楼同时开演，同时结束。每次演出的戏，节目总是在两天前写在黄纸戏单上，注明演员姓名和上台时间，先请慈禧核定。慈禧看戏时，在颐乐殿和戏楼两侧柱间八字拉上大帏帐，使两侧看戏廊中的大臣看不到殿中的慈禧，即"君臣有别"。

"南府"、"升平署"均是官署的名称，不是戏班子，乾隆时称"南府"，道光时改称"升平署"，为清代掌管宫廷演剧之机构。

为什么大戏台的底部有一口大水井？

颐和园德和园大戏楼戏台的底部有一口口径一米多的大水井，向井里扔一颗石子还能听到溅水的声音。在井的周围还有几个贮水的方形水池。戏台底部的水井据说是用来增强声音共鸣的，使台上的声音更加悦耳动听。另有一种说法是，根据演出剧情的需要，台上有时出现水景效果，这水便取自这口井和贮存在水池里的水，两种说法都有道理。曾在这个舞台演唱过的演员反映，在这台上发声省力而且送得很远。水法用水也确有舞龙时龙口喷水等记载。民间演出临时搭台，有用水缸支撑台面的办法，演员对着井口练声寻找感觉都能旁证这口台底水井的功能。

为什么德和园看戏廊的外侧墙上有门洞的痕迹？

在德和园看戏廊的东西两侧的外墙上，确有几处门洞的痕迹，但离地较高，没有梯子是不能上下的，现均已用砖砌死。传说这些门洞原来是太监进入看戏廊的通道。唱戏时，太监们为看戏的王公大臣提供各种服务以换取赏银，是一笔不小的外快。特别是夏日，要送上些冰碗，有冰镇藕片、冰镇西瓜之类的消暑冷食。虽然看戏廊有通道可以出入，但要穿过别人座位的前方，有了这个后门，方便了许多。据说有的王公大臣有急事退场或急着上厕所，也可以从这个后门出去，但也是要付给太监赏银的。

大戏楼为什么又分成唱戏楼和扮戏楼两部分？

唱戏楼和扮戏楼就是我们现在所指的前台和后台。只是德和园大戏楼的前台是三层，后台扮戏楼是两层，这两部分又巧妙地组合在一起，不但在建筑外形上呈现出参差错落巍峨优美的影廓，而且内部结构完全满足演出的需要。上场与下场的出入口，适应当时的表演形式，更考虑到前台三层同时演出的效果，演员化好妆以后，能够很快地出现在顶层舞台上，不致误场。

德和园是唱戏的场所，为什么也称作"园"？

园，最早是指种植蔬菜花木而有藩篱的场所，后来引用较广，现在称为"园林"的园，更是包罗万象。一般的游乐场所也称为园，唱戏的地方称作"戏园"，在过去的北京和其他地方称作"戏园子"的很普遍，所以德和园称作"园"也不例外。虽然它是以唱戏的大戏楼和看戏的颐乐殿为主体，但德和园内有庭院的山石点缀和周围典型的园林氛围，大戏楼的顶层还是俯视全园景色的最佳观景点，置身其上湖光山色尽在眼前。

为什么说慈禧在颐乐殿看戏时，经常坐在西侧近窗的炕床上？

颐乐殿内，正中设有宝座，是慈禧在开戏以前接受大臣们叩谢赏戏仪式时的座位，开戏以后，据说慈禧就移到西侧临窗的炕床上了。一是近窗向外能看到舞台全景，不像坐在宝座上只能从门窗向外看有所局限。二是舞台的出将（上台门）和入相（下台门）的出台门在东面，坐在西侧，正对出台门，而戏曲的角色出台亮相时非常讲究第一印象，

▲ 颐乐殿慈禧看戏宝座

这个位置应是最好的观赏点。三是过去讲求听戏，这个位置也是侧耳细听的所在，不需偏过头去。当然，颐乐殿内有很大的空间，几个时辰的听戏活动，慈禧是可以随时走动的。因为殿外已有幔帐将大臣们的看戏廊隔挡住，殿内活动，外人是看不见的。

为什么说德和园大戏楼是京剧的摇篮？

从1790年乾隆80岁生日，四大徽班进京算起，京剧虽已有200多年的历史，但是，京剧的形成和成熟定型，却是在19世纪末的同治、光绪年间。颐和园在光绪年间重建时，与清漪园的最大区别，就在于颐和园多了一座德和园大戏楼。而标志着京剧成熟的演出规模和代表人物，都在大戏楼的建筑和大戏楼当时的演出活动中体现了出来。当时，"京剧"这个名称还没有通行，在此之前，四大徽班都是各种声腔兼容并蓄，融合了湖北的二黄和陕

甘一带的西皮腔，合称"皮黄"，取代了在此之前被称作"雅部"的昆曲的正统地位。出现了像程长庚、谭鑫培这样的名伶宗师，光绪年间，画师沈容圃为当时13位著名演员画过一幅《同光十三绝》的彩扮剧装群像，其中不少都是经常被召进宫中演出的名角。京剧是由民间进入宫廷，而且是由皇家文化加工打造而成的剧种。德和园大戏楼被誉为"京剧的摇篮"，正反映了在京剧诞生以后，德和园的演出活动是京剧一段非常重要的成长发展过程。

为什么玉澜堂的东西配殿的门内各砌了一道通顶的砖墙？

玉澜堂的东西配殿，原来都是穿堂殿。穿过东配殿霞芬室，即可到达仁寿殿上朝；穿过西配殿藕香榭，即可到达昆明湖东岸的码头登船。戊戌政变以后，光绪遭到软禁，玉澜堂增砌了许多砖墙，断绝了与外部的通往过道。只有玉澜门在严格的监管下没有被封死。现在封闭这座光绪寝宫的砖墙大都已经拆除，但这两座配殿内的砖墙依然存在，是这次历史事件在建筑物上留下的最为明显的痕迹。

为什么什锦灯窗在园内四合院的院墙上被普遍运用？

什锦灯窗，用在四合院正门两侧的院墙上，它实际是被用在半廊上，所谓半廊，即一边是开敞的，一边是用墙封上的廊子，在砌墙时，每间留下一个形状各异的中空两层玻璃窗，便是什锦窗。说它是什锦，是因形状有几何图形，方、圆、五角、六边、菱形、套方、套圆，更有象形的，如扇形、叶形、佩形、桃形、石榴形、苹果形、舒卷形等。从院内看一间一个，内里由廊柱隔开；从院外看，一字排开在粉白的墙上，形状不一，但大小相称，形成构图上的韵律，为建筑外观增色不少。这种灯窗，白天可从院内向外窥景，同一景物，框取成不同的框景。晚上置灯于内，形成庭院夜色。

为什么殿堂内部上方的书画装饰被称为"贴落"？

在殿堂内部装修的上方裱有许多绘画书法作品，作为室内装饰，习惯称为"贴落"，也有更为口语化的说成"贴喽"。颐和园内的"贴落"可算是数量很大，尺幅大，内容丰富，足以反映当时的宫廷书画水平。贴落一般都是写画在宽幅绢上，然后进行装裱，由于建筑规格不一样，所以画幅的大小，都是量好尺寸定制，一般

▲ 玉澜堂

都要严格对号入座。这些作品，有时需要更换，有时需要重新装裱见新，所以难免贴上去再落下来，再贴上去的多次过程，所以将这种书画称为"贴落"。贴落中的字多为翰林院安排书写，画多为"如意馆"的画家所画。

光绪皇帝居住的地方为什么称作"玉澜堂"？

玉澜堂是光绪皇帝在颐和园内的寝宫，面临昆明湖。玉澜堂的名称沿用清漪园时代的旧名。当时取名时，沿用晋代陆机的诗句："芳兰振蕙叶，玉泉涌微澜。"昆明湖的水源，本出自玉泉山

下的玉泉，是燕京八景之一，称作"玉泉趵突"。陆机诗中的"玉泉涌微澜"，并不是玉泉山下的"玉泉"和别处的"玉泉"，而是对清澈泉水的美称。用现在的话说，大概是"如玉般的清泉泛起微微的波澜"。把昆明湖的波光水影借来作为临湖殿堂的名称，又暗合玉泉山玉泉的名称，是很巧妙的。

陆机，西晋的著名文学家，是三国时代吴国丞相陆逊的孙子。引用的两句诗出自《招隐诗二首》中的第一首。

为什么颐和园内的碑刻多是乾隆皇帝自己书写的？有别人书写的吗？

颐和园内的碑刻多是清漪园留下来的原物，确实大部分都为乾隆所书写，其内容多为记、诗等文体，而且均与清漪园相关。但颐和园内所保存的石刻也有当时的大臣们书写的。如耶律楚材墓碑的背面，即由大臣刑部尚书汪由敦撰文书写；青芝岫大太湖石上，除了乾隆的题字和题诗外，还有大臣汪由敦、蒋溥、钱陈群的题字。另外，到了颐和园时代慈禧也留下了多处题字，一处在乐寿堂后的山石上，题有"翠岫"、"小有趣"；另一处集中在谐趣园内的玉琴峡周围，有"玉琴峡"、"松风"、"萝月"、"仙岛"、"堆云集翠"、"川流不息"，从内容境界到书法艺术，均远不如乾隆皇帝。

为什么宜芸馆的廊子上嵌有许多块石刻？

宜芸馆的廊壁上所嵌石刻共 10 块，以垂花门为界，东、西各 5 块，上刻内容为乾隆临写的古代书法家的作品。这些书法家有：王羲之、颜真卿、米元章、赵孟頫、董其昌等。中国古代书法的流传，一个是真迹，一个就是临摹刻石，捶拓印刷，其中还将本来就是用来立碑刻石的书法和不是用于刻碑目的的其他书法作品用"碑"和"帖"区分开来，后世便出现了"碑学"和"帖学"的两个流派，宜芸馆中的石刻，应属于帖。由于乾隆曾于惠山园内嵌贮《惠山园法帖》和《续摹三希堂法帖》，所以有一种说法是，这部法帖的残存部分嵌在了这里。中国古代园林，不管皇家的、私家的，还是寺庙风格的各种园林，都有嵌贮刻石的风气，许多著名的法帖，均出于古典园林之中，是中国古代书法流传的一个重要渠道。

光绪和他的皇后，为什么分居在玉澜堂和宜芸馆前后两座四合院的寝宫内？

玉澜堂是光绪的寝宫，宜芸馆是光绪的皇后孝定的寝宫。清代皇帝和皇后都各有自己的寝宫。玉澜堂和宜芸馆是前后院的关系，有许多门廊相沟通。戊戌政变以后，这些门廊都被封死，至今在玉澜堂正殿的后山墙上仍然可以看到被砖砌封死的痕迹，特别是对着那道门的台阶还原样保留着，叙述着中国近代史上一次政治事件的故事。光绪的皇后

▲ 宜芸馆

叶赫那拉氏，是慈禧的侄女，作为光绪的皇后，史称孝定；作为宣统时的皇太后，徽号隆裕。她死后谥号"孝定隆裕宽惠慎哲协天保圣景皇后"，习惯称她为隆裕。

乐寿堂是谁居住的地方？室内空间是怎样分布的？都有什么功能？

乐寿堂是慈禧居住的地方。室内空间按宫廷原状陈列，中间为起居室，西套间为寝室，东套间为更衣室。

慈禧是在乐寿堂中用膳吗？吃饭时在什么位置上？有哪些程序？

慈禧经常在乐寿堂内用膳。餐桌放在起居室的西侧，由两张方桌和一张半桌摆成餐台。专为慈禧做饭的地方叫寿膳房，距乐寿堂有一百来米，中间隔着德和园和宜芸馆后面的过道。做好的饭菜全部用特制提盒装好，传膳时由太监们站在不同的区域门口传递，再由内侍太监把菜放在膳桌上。这时，总管大太监李莲英用银筷子试尝，他认为安全可靠后才请慈禧开始用膳。另外还有所谓的上作菜，在乐寿堂的门外，临时放有炉灶，专做炒、爆、炸的菜品，随做随呈送进去。

乐寿堂的东西跨院还有什么附属建筑？都有什么功能？

乐寿堂东跨院是总管太监李莲英的住处，名永寿斋，俗称总管院。西跨院是一处以扇式殿"扬仁风"为主的小庭院。院内山石、水池、园门、曲栏，极似江南园林小品。

乐寿堂院中大太湖石有什么来历？它有什么功能？

此石原产于北京西南郊房山的大石窝。明朝官员太仆寺卿米万钟爱石成癖。偶然发现这块大石，只见它突兀凌空，昂首俯卧。米万钟对此石顶礼膜拜，赞叹不止，当即决定把此石运到他的花园——勺园，以此装点门面。米氏不惜财力，雇用百余人，用40匹马拉的大车运石，七日出山，又五日至良乡。终因力竭财尽，将此石弃置于良乡道旁，并为它砌了一圈围墙，盖了一座茅屋加以维护。100多年后，清朝乾隆皇帝去河北易县清西陵扫墓时，路过良乡，发现此石，见石姿不凡，遂把它运回新建好的清漪园中的乐寿堂院内。据说当时，乐寿堂的"水木自亲"正门已经做好，但此石身大体重难以进院，乾隆下令拆墙破门，才把这块巨石安放在现在的位置。因此石形似灵芝，色青而润，乾隆将其命名为"青芝岫"。

"青芝岫"不仅是园林小品，同时起到了屏障景物的障景作用。

乐寿堂内的匾额"水木自亲"、"仁以山悦"、"舒华布实"都怎样解释？出自何典？

"水木自亲"，意为山水树木自来亲人，比喻园林景色亲切宜人。语见《世说新语》："梁简文帝入华林园，顾谓左右曰：'会心处不必在远，翳然林水，便自有濠濮间想也，觉鸟兽禽鱼，自来亲人。'"古诗中有"水木自相亲"的名句，原是讲自然界依存关系的亲和相生，这里介入了人的因素。"仁以山悦"，意为仁者乐山，语出《论语·雍也篇》："知者乐水，仁者乐山；知者动，仁者静；知者乐，仁者寿。""知者乐，仁者寿"，也正是乐寿堂取名的依据。乾隆在清漪园建乐寿堂以后，发现宋高宗赵构也曾经自号乐寿老人，乾隆并不赞赏他的政绩和为人，后来在许多首诗里都辟清了取用"乐寿"二字，事先并不知道赵构有乐寿老人的号。取名乐寿只是祝愿长寿的意思。后来乾隆还是将在紫禁城内当太上皇时住的宁寿宫内也建了一座乐寿堂。"舒华布实",意为开花结果。语出《文心雕龙》的《镕裁》篇:"然后舒华布实,献替节文……"本意是比喻写作文章的结构次序,用在这里却点出了乐寿堂庭院的花木扶疏典雅有序的氛围。颐和园内不少匾额的词句均出自《文心雕龙》这部 1500 年前的文学批评名著。

乐寿堂前的铜铸仙鹤、鹿、松纹大瓶,为什么将它们组合在一起陈放在这里?

这是取鹿、鹤、瓶的谐音,寓意"六合太平"。古人将天地四方称为"六合"。"六合太平"便是天下太平的意思。

乐寿堂周围的花木配置有什么讲究?

乐寿堂院内当年种植有玉兰、海棠、牡丹,取意"玉堂富贵"。

水木自亲码头上的拱形高杆是做什么用的?是什么材料制作的?

拱形高杆是灯杆架子,用于夜晚挑灯照明。节日夜晚则悬挂焰火,供帝后在湖上观赏。高杆的顶部两个云冠和连接两杆的拱形雕龙支架是铜制的,两根杆子是硬度很高的木材制作的。

永寿斋是大太监李莲英的住所，为什么有屏门与乐寿堂后院通连着？

这是为了方便进出乐寿堂伺候慈禧。根据有关记载，慈禧有时也通过这座屏门踱到永寿斋去，有时还在永寿斋内落座。每逢慈禧坐过的椅子，李莲英就要用黄绸子包上，自己就不敢再坐用了。

为什么乐寿堂西跨院扬仁风的平面是扇面形的？

扇面形的建筑，在中国园林内并不罕见，它经常被设在园路转折的地方，通过圆转的室内空间，自然改变了你漫步的方向。这座扬仁风又称扇面殿，安置在一座自成格局的小园制高的山坡上，可控临小园景色，自成主题。特别是它的细部处理，不但窗户做成扇形，连殿前的铺地也用石条仿造扇骨砌出，在扇轴的位置还雕刻一块似玉琢的装饰，十分传神。取名扬仁风，是源自一则晋代的故事：东晋史学家袁宏机敏善辩，长于言辞，出任扬州刺史的谢安每想试试他，正好袁宏出任东阳郡，路过扬州，谢安约集众人为其祖饯，临时取了在场人的一把扇子送给袁宏作为赠别之物，袁宏马上答道："辄当奉扬仁风，慰被黎庶。"袁宏的急才，果然名不虚传。"扬仁风"三字，便取自这则故事。

▲ 乐寿堂

为什么乐寿堂在园内生活居住区内规格最高？

乐寿堂在颐和园的生活居住区内，不但开间最大，间数多，而且有东、西永寿斋和扬仁风两座跨院，中庭部分也是空间最为开敞、花木点缀最为讲究的庭院。这座庭院是在清漪园时代就已形成规模，而且正殿带有仙楼，内部是两层空间，重建后形成现在的形式。慈禧选择了这里作为她的寝宫，不但看重它规模大、庭院美、院门近邻湖面，抬脚即可由码头登船游湖，而且西面贴近长廊入口，是进入游览区的最近通道。水陆两路便捷，恰是园主人的最佳选择。乐寿堂还背靠万寿山，山上建有相应的凉亭，山石点景，对其形成拱卫之势。

为什么说长廊彩画是苏式彩画？彩画有哪些特点？

苏式彩画源于苏州民间，清代早中期传入北方进入宫廷，成为官式彩画中的一个重要品种，简称"苏画"。进入宫廷的苏画已完全官式化了，与苏州原有的式样相比有了很大的变化。而且清代晚期的苏画与现存乾隆年间的苏画也有很大的不同。长廊彩画应是清代晚期苏画类型。它以包袱式苏画为主，就是每间两侧的内外檐枋檩和垫板上都有一个半圆形的画面。内外包裹成一个整圆形。四周分别用黑、青、紫红的不同色度退晕成烟云图案，在白色的半圆内进行构图，有花卉、人物、山水、西湖景等内容的画面，外围还配有箍头、金卡子、找头花和形状各异的聚锦小画框。这些图案和画面的周边都沥粉贴金，在底色青、绿、红的衬托下金碧辉煌，细看，内容丰富多彩。在长廊的横枋上是苏画中的枋心彩画，均画西湖景，所以长廊中的彩画，令人四顾不暇。

长 廊有多长？在前山怎样分布？

长廊东起邀月门，西至石丈亭，全长728米。它北依万寿山，南临昆明湖，建筑形态蜿蜒曲折，好似一条五彩的锦带把万寿山南侧和昆明湖北岸的零散景点贯穿起来。它不仅是万寿山前山的重要点景建筑，同时也使湖山之间的景色层次更加分明，使高低错落的建筑疏密有序地结合成一个有机的整体。漫步于长廊之中，举目北望，气宇轩昂的佛香阁在苍松翠柏的簇拥下灿烂夺目。放眼南望，昆明湖水碧波荡漾，十七孔桥像一道彩虹横卧千顷碧波之上，南湖岛又如蓬

▲ 长廊

莱仙阁屹立于远方，好似人间仙境。在炎热的夏季和大雪纷飞之时游览颐和园，在廊内行走您可免受日晒雨淋、风吹雪打。长廊就像一位无声的导游，默默地引导着游客前行。

为 什么说长廊是画廊？

漫步长廊之中，景随步移，步移景换。游客可以捕捉到许多观山、览湖、赏景的最佳视角。当游客感到廊外远处的美景可望而不可即的时候，不妨试着将视线收回，抬头欣赏一下廊内丰富多彩的苏式彩画。长廊之所以又叫画廊正是因为在这728米长，273间带屋顶的路——长廊内外两侧的檩、枋、垫板以及横楣这些

不同构件上施以油饰彩绘后所形成的五彩缤纷、色彩斑斓的艺术
效果。1991 年，长廊以 1.4 万幅各不相同、千变万化的彩画被收
录于《世界吉尼斯大全》，是全世界公认的保存最完整、最长的一
条人工画廊。

长廊上的彩画都有哪些内容？人物故事画的主题可以归纳为哪些方面？

长廊彩画有园中牡丹、池上荷花、林中飞鸟、水下游鱼、亭
台楼榭；历史故事中的人物以及神话传说、戏剧片段。从长廊起
点邀月门第一幅《西湖全景图》起，长廊内共绘有 546 幅杭州西
湖的风景图，从不同角度描绘出江南园林清新自然、秀丽典雅的
迷人风光。在所有画中最吸引人驻足观赏的是一幅幅构图生动的
人物故事画。长廊彩画故事内容丰富，时间跨度大。从三皇五帝
到封建社会的末代王朝，上下绵延五千年。其中，有的反映我国
古代劳动人民贤淑礼让的传统美德，有的记录风云变幻沧海桑田
的历史变迁。这些栩栩如生的人物故事画，除了一部分来源于民
间故事和神话传说以外，其余大量选自中国的古典文学名著，以
《三国演义》、《西游记》、《水浒传》、《红楼梦》、《聊斋志异》等
内容最多。长廊彩画虽在皇家御苑之中，却反映了许多民间情趣。

为什么说长廊在利用地形上有独到的地方？

长廊地处昆明湖北岸，从万寿山山脚到昆明湖岸边，是一条
六七百米长的狭长地带，从造园角度看是一个很不理想的地形。
在已经狭窄的环境里，又建造这样一条长廊，既循昆明湖岸，又
循万寿山脚，几乎填满了整个空间。中国画的构图原则，有一种

叫"疏可走马，密不容针"的说法，长廊的这一安排，正体现了密不容针的手法，可称神来之笔。正是长廊的布局，使山水之间有一条明显的界线，而且将前山的建筑群围合成一个整体。它又是一座通透的廊，并且安排许多通道可以穿行，没有把湖山之间封死，典型地体现了中国造园手法中的"围而不隔，隔而不断"的境界。长廊在运用地形方面可作分析研究的还有很多，主要还是它化不利为有利这一点。

为什么将长廊西端的建筑物称为石丈亭?

我国古代赏石、爱石、藏石的有关人物和故事很多，宋代书画家米芾就是其中著名的一个喜石成癖的人物。他"行止"违世脱俗、倜傥不羁，人呼"米癫"。他曾做官安徽无为军，到任之时瞅见官署立石颇奇，喜曰，此足以当我拜。便命人取来官服、笏板对石下拜，呼之为兄。另一种说法见于宋人的笔记，说每呼曰"石丈"。这便是石丈亭取名的典故，在此，"丈"作长者讲。米癫拜石常作为绘画的题材。颐和园的彩画中，也有这个主题。乾隆之所以取"石丈亭"这个名字，是因为石丈亭的庭院中，陈设一块高可过檐的太湖石。乾隆便引用了米氏拜石的故事反复写了许多有关石丈亭的诗，有两句说："襄阳墨戏半真赝，真者如斯历劫好。"意思是说，米芾传世的绘画有一半是假的，真的就像是他拜过的那块石头保存下来。当然这块石头并非原来米芾拜过的。

为什么长廊沿线柏树有许多暴露出地面的树根?

长廊沿线柏树都有一百年以上的栽种历史，确有树根高出路面许多的普遍现象。产生这种现象的原因，主要是颐和园内的古建筑本身不但有很结实的三合土夯实的基础，而且这些基础的范围还向建筑物以外延伸，像长廊与昆明湖岸之间，特别为保证堤岸的牢固，在石砌的泊岸的背后还要衬砌砖石，夯筑三合土，被称作"海墁"。这种地基有时还要满铺庭院和广场。植物遇到这种地基，根部无法伸长，只有隆出地面。柏树中的侧柏，是生命力很强的树，长廊沿线基本上是侧柏，受到根部条件的限制，许多老树根便暴露于地面，近年已增加树池的高度，培土加以保护。

为什么说文昌阁内所供奉的文昌帝君实有其人？

文昌帝君和关圣帝君一样是由人神化的神。据《明史·礼志四》记载：文昌帝君本姓张，名亚子，家在"蜀中七曲山"（现四川梓潼县城北 10 千米处）。因仕晋战死，后人盖庙纪念他，唐宋两代对他屡有追封，一直封到"英显王"。依据道家的说法，天帝命他掌管文昌府的事和人间的功名利禄，元代加号为"帝君"，全称"辅元开化文昌司禄宏仁帝君"，简称文昌帝君，又称梓潼帝君。这便是文昌帝君的神化过程。至今，四川梓潼的文昌宫，还是在唐代以前创建的旧址上明清时陆续修建的，殿宇依山取势、高低错落、红墙绿瓦、古柏苍翠，一称大庙。全国各地多有文昌阁、文昌楼、文昌宫等祈祷一方文运昌盛的古代建筑，是原来读书人最为崇拜的神祇。

为什么说耶律楚材墓是颐和园内最早的文物？

耶律楚材 1244 年死于蒙古高原。17 年以后，遵照他的遗嘱，于 1261 年归葬于现在耶律楚材祠的位置，并由工词赋曾拜右三部尚书的宋文贞为其撰写了《中书令耶律公神道碑》，内述耶律楚材世系与生平事迹，并记附葬其夫人苏氏。苏氏是宋代著名文学家苏东坡的五世孙女，也是耶律铸的生母。1978 年曾于墓前方近百米处，出土了神道上的石翁仲一躯，1998 年耶律铸墓被发现，证明这里是耶律氏的家族墓地。关于耶律楚材墓的记载，明代颇多，留下了不少后人凭吊的诗句，从诗中看来，当时即已荒废。直至乾隆建园时，始为建祠。从园内景物的年代来看，人文景观尚无超出 1261 年耶律楚材归葬之前的。所以说它是园内最早的文物。

为什么耶律楚材的儿子耶律铸也葬在这里？

耶律铸（1221～1285 年）是耶律楚材的二儿子，据史书记载：耶律铸"幼聪敏，善属文，工骑射"，是文武全才。1244 年耶律楚材去世时，他才 24 岁，便受命接替他父亲的官职，领中书省事，后来追随忽必烈，于 1261 年拜中书左丞相，这个职位他曾出任多次，其中也到山东去做官。1283 年因罪免职，两年后死于家中。耶律楚材墓是家族墓地，耶律铸葬在他父母的墓旁，应该是合于礼制的。耶律铸的母亲苏氏，在耶律楚材前一年死去，耶律铸曾受命护送苏氏的遗体殡葬于"玉泉山东五里之瓮山"，应该就是现在的地方。18 年以后，耶律楚材始葬于此，又过了 24 年，耶律铸也葬在这里。1998 年耶律铸的墓室被发现。

▲ 耶律楚材祠

为什么在文昌阁城关的内外靠东侧都有几间规模不大的值房？

在文昌阁城关的门外和门内，确各有几间开间不大的值房。这几间值房，在门外的是外奏事处，门内的几间是内奏事处。奏事处是清代设立的机构，分内、外奏事处，主要执掌内外各衙门的奏折，由外奏事官接收，转内奏事处呈递皇帝。但军机处和内阁的奏折不通过外奏事处。外奏事处设奏事官，遴选六部、内务府的司员充任。内奏事处有奏事太监、随侍太监、记档太监、使令太监等运转。这几间园内不起眼的值房，却牵系着军国大事。文昌阁在东堤北端，实际是进入园内核心地区的一处重要入口。进入文昌阁，走不了多远便是光绪居住的玉澜堂，从功能上看，内、外奏事处是玉澜堂的配套值房。

为什么说文昌阁建筑形式在清漪园时代和颐和园时代是不一样的？

文昌阁在园内城关建筑中应是最大的一座，但现在的文昌阁是光绪十七年（1891 年）时重建的。清漪园时代建于乾隆十九年（1754 年）的文昌阁今已不存。保存到现在的清漪园建筑的照片屈指可数，在已发现的照片中却有一张是文昌阁的。从照片上看，文昌阁的城体部分仍和现在的一模一样，看来并未经过重建，而城上的楼阁却与现在的差别很大。现为两层的主楼，原为三层，其高度超出城的高度许多，而现在四角的"人字廊"原来也是两层重檐建筑，整个顶部处理也与现在的不一样，规格高得多。从文昌阁的变化可以推想出，清漪园原来的景观效果和建筑艺术比颐和园时代更加壮丽。

为什么耶律楚材祠里只剩下一个石翁仲，它的价值何在？

"翁仲"的名称始于秦始皇铸铜人的故事，后来将墓前的石人称作翁仲，一般成对设置。耶律楚材墓地有两个翁仲，明朝末年其中一个毁去了脑袋，据传，由于晚间许多萤火虫集聚在翁仲的头上而发出光来，当地人以为怪异，将其凿去。现存1978年出土的翁仲，基本完好，应是未被破坏的尊。被毁的那尊并未发现。从现存这一尊石翁仲来看，是用一块整石雕造，手法古朴，仪态端庄，想当初为营造墓地的庄严肃穆的氛围，这对石像应该起到了很好的作用。尤其是在静态的刻画中，用线刻很好地表现了胡须的飘拂，非常生动，更好地反衬了主题，有一定的艺术价值。这座石像的发现，填补了金元时代半个世纪墓前石雕的空白。

为什么在皇家园林里，能存在蒙元时代大臣的家族墓地？

耶律楚材是历史上的名人、名臣，他的墓地有一定的规模，墓前除了神道碑、石翁仲以外，尚有他和夫人的一对石像，但墓室曾于明代被盗，至明代末年墓已湮没。乾隆建清漪园是为了"褒贤劝忠"，恢复了墓冢并为其建祠三间，立了记其缘由的神道碑，成了昆明湖上的一处名胜。1860年，耶律楚材祠被毁，光绪十三年（1887年）重新修复。1998年，耶律铸的夫妇合葬墓被发现以后，修造了地下墓室，并于墓上建造了该墓出土文物陈列室，开辟了墓地陵园，是与文昌院相邻的一处重要的人文景观。

排云殿的 4 座配殿都叫什么名字?

4 座配殿分别是：玉华殿、云锦殿、芳辉殿、紫霄殿。

排云殿的形制有什么特点?

排云殿的建筑布局仿紫禁城的外朝形制，全部建筑物均为大式做法。正门为排云门，门前至临湖"云辉玉宇"牌楼为一个园林化的宫前广场。进入排云门共三进院落，排云门北面为第一进院落，东、西配殿"云锦"、"玉华"，面阔七间，相当于外朝房，是举行万寿庆典时王公大臣的休息处。配殿后还有两排灰瓦顶房屋，俗称东西 13 间，这是参加庆典的品级较低的官员们休息的地方。庭院当中的水池和石桥相当于紫禁城的金水河和金水桥。第二进院落南面的二宫门，相当于紫禁城内的太和门，左右两角门

▲ 排云殿内景

相当于太和门两侧的德兴门和贞度门。坐北的正殿"排云殿"相当于太和殿，面阔七间，重檐歇山顶。加上对称于两侧三间复道和五间顺山殿，横列共 23 间。东、西两厢为配殿"芳辉"、"紫霄"，面阔各七间，光绪皇帝参加庆典时在紫霄殿内休息，等待给慈禧行礼。第三进院落是坐北的"德辉殿"，是慈禧到佛香阁拈香礼佛时更衣的地方，相当于后照殿的性质。

排云殿的主要功能是什么？

排云殿是专为慈禧举行"万寿庆典"而修建的。每逢慈禧生日，凡在颐和园举行祝寿典礼，均于正日（阴历十月初十），在排云殿进行，慈禧端坐于排云殿正中的宝座之上，光绪皇帝率领王公大臣，在二宫门以南为慈禧举行祝寿仪式。光绪要在二宫门门洞内宣读祝寿的表文，然后进入排云殿行礼递送表文。其余王公大臣依次跪伏于排云门的金水桥南北，三品以下大臣只能跪伏在排云门以外。典礼开始之前，排云门内要陈设卤簿和丹陛两部大乐，供典礼进行中演奏。祝寿的筵宴，则分别在正日之前分几次在仁寿殿内举办。光绪皇帝的祝寿活动，也在仁寿殿举行，排云殿只供慈禧专用。

"排云"二字的依据和解释是什么？

"排云"二字出自晋郭璞《游仙诗》"神仙排云出，但见金银台"。寓意此殿为神仙降临之所。

排云殿的前身是大报恩延寿寺的大雄宝殿，怎么演变过来的？

1860 年英法联军入侵北京，火烧清漪园（颐和园的前身），大报恩延寿寺被夷为平地。慈禧重修颐和园，目的是为她个人"颐养冲和"，不愿再以佛寺为中心，又因为佛寺旧址不宜作为她的

▲ 排云殿爬山廊

寝宫，于是将大报恩延寿寺的大雄宝殿改建成现在的以排云殿为中心的一组殿堂，专供她做寿受贺之用。

为什么园内庭院中的露陈墩上，有的还支着铜铸的架子？

在玉澜堂和排云殿庭院里都有带雕龙铜架的露陈墩，仔细看，横梁上还有可以悬挂器物的孔眼。原来这两座露陈墩上不是摆放古铜器，而是各自悬挂了一只古代的编钟。编钟是成组的器乐，单独不能演奏乐曲，所以这里挂单独的编钟，完全是庭院陈设点缀的需要。因为这两只编钟都是珍贵的文物，不能在露天里风吹雨打，所以和其他的古铜器都被收存起来，只剩下铜铸的架子仍然支嵌在石雕的露陈墩上。

为什么"云辉玉宇"牌楼没有斜着支撑的柱子？

颐和园的大小牌楼，现存的有十多座。大一点的牌楼都有支撑的斜柱子，称为"戗柱"，防备大风等外力将牌楼刮倒。这样的构件支撑，大大增强了只依靠一字排开的几根柱子的整体应力。

▲ 云辉玉宇牌坊

虽然牌楼的柱子都用夹杆石夹紧深埋地下，也难以抗拒顶部的荷载和风载。"云辉玉宇"牌楼，可算园内最大的一座，愣是没有戗柱。有人曾经说20世纪40年代末，这座牌楼已将四根柱子改为钢筋水泥结构，所以去掉了戗柱。最近发现一张摄于1902 年的"云辉玉宇"牌楼的照片，也没有戗柱，看来不是后来去掉的。但这张照片是由北向南拍摄的，另还有一张是由南向北拍摄的，却是有戗柱的，看来是为防备西北风而刻意安排的。

既是皇家园林，为什么颐和园园内的建筑不全是琉璃瓦的？

乾隆时有过明文规定，在"园囿"内，除佛寺神庙外，均不用琉璃瓦。颐和园内琉璃瓦的分布基本上符合这条规定。但是排云门到佛香阁这条中轴线，还是沿袭了清漪园大报恩延寿寺的做法，没有将排云门至德辉殿已改变寺庙功能的殿堂改为青瓦黑活，而是全为琉璃瓦，与佛香阁、智慧海融为一体。这在清代的皇家园林里是很少见的。

皇家园林里的帝后居住使用的殿堂用青瓦屋面，与园林绿化环境谐调，比较能够形成安静、祥和的效果。

为什么颐和园内砖砌的墙和地面有的要细看才能看出拼合的缝隙？

颐和园的古建筑绝大部分是砖木结构，砖的型号多达数十种，砌筑的工艺十分讲究。其中墙体有一种叫干摆（磨砖对缝墙），还有一种墁地的工艺叫细墁，这两种工艺都产生看不出缝隙的效果。一般的砖有六个面，这两种工艺都须将五个面砍成糙面，叫五扒皮，一个朝外的面要磨光见方，合在一起叫砍磨工序。预制好的砖在砌墁时，要严丝合缝，其他五个加工过的面形成的空隙，是充填灰浆的地方，这样表面平整，内里黏结严实的墙体和地面，就产生了清水一色、天衣无缝的效果，这种工艺有时也称磨砖对缝。

为什么慈禧太后取消了在颐和园举行 60 岁生日"万寿庆典"？

慈禧太后的 60 岁生日是在光绪二十年（1894 年）的阴历十月初十（阳历 11 月）。早在两年前就进行了大规模的筹办，仅准备庆典时，由紫禁城的西华门到颐和园就设计了 60 段景点，每段景点由各省督府认筹。比照乾隆母亲 60 岁生日时的规模，景点有戏楼、音乐楼、花山、经棚、彩棚以及龙旗仪仗等。这些景点的图纸至今保存在档案里，可见全部庆典的铺张排场之一斑。这一年四月朝鲜东学党起义，清军应朝鲜政府邀请，派兵入朝协助镇压，六月日本击沉中国兵船，七月中国对日本宣战，八月黄海之战我军损失惨重，九月日军侵犯沈阳，十月日军攻陷大连旅顺等地，十一月日军攻陷海城。这便是历史上的"甲午战争"。9 月 25日（阴历八月二十六）慈禧被迫宣布停止在颐和园举行庆典。

为什么说殿堂庭院里的铜龙、铜凤等铜铸陈设是有香炉的作用？

庭院里的铜龙、铜凤都陈设在可以举行庆典和有正式活动的地方，都在同一场所配备有铜铸的鼎炉，仁寿殿和排云殿都有相同的布局。铜龙、铜凤的体内均是空腔，背部都有盖口，可以放入燃点的香料，香烟从口中吐出，不但整个庭院香气袭人，而且缭绕的香烟也增加了殿宇周围的神秘气氛，所以说这些铜铸的艺术雕刻，除了它们的装饰点缀功能外，还具有香炉的作用。龙、凤都是被神化了的动物形象，它们都具有现实动物的局部特征，选取那些理想的特征组合而成。龙、凤原来都是天子的象征，晚期始将龙、凤分别作为帝后的象征。

为什么殿堂宝座两侧的独角兽称为甪端？

甪（音 lù）也有写成角端、角甪的，是传说中的异兽，和麒麟、凤凰等一样是祥瑞的象征。早在西汉司马相如的《上林赋》中就有皇家苑囿里"其兽则麒麟角端"的记述。公元 5 世纪刘宋时代的史籍里有一段对它的描述："甪端者，日行万八千里，又晓四夷之语，明君圣主在位，明达方外幽远之事，则奉书而至。"甪端既有如此的能耐和神通，难怪帝后要将其放置在宝座的两侧了。颐和园内的甪端大都为景泰蓝制品，昂首蹲坐，其特征为独角，这符合许多的历史记载。

为什么殿堂陈设的器物许多都是成对的？

皇家殿堂的陈列讲究对称，因为只有对称，才能显出"中"来，才能展示出空间上的平衡和谐布局，表现出建筑及器物的形式美。陈设器物也多是成对的，这在瓷器上容易做到，所以不但宫廷的陈设瓷器成对，而且赏赐大臣的花瓶也都成双成对。玉器成对较为困难，但一块玉料中剖为二，也能收到大小、纹理、色彩对称的效果。有的摆件追求框架大小、用材统一对称，但内容可以有所变化，大效果仍是对称的，再有如景泰蓝、玻璃等制品也都追求成对。有的还要成堂的对称，特别在家具的设计上。园内原有一套十二生肖的椅子，应是十二把，现存已不全。园内有一对竹根雕的九狮图，两件细看也完全对称，每件九只狮子，大小、神态一模一样。这需要找两个完全一样的竹根，才能达到这种效果，很是难得。

为什么颐和园内的建筑四角檐脊上的动物装饰的数量有多有少，有的还没有？

这种装饰在屋脊、檐脊上的动物叫小兽，又俗称小跑，用琉璃瓦件装饰的屋脊的最前端还有一个骑凤仙人。用灰瓦装饰的屋脊的最前端只是一只狮子，称为抱头狮子。颐和园的琉璃屋面和重要的活动场所才用，帝后居住的寝宫都不用。小兽最多用到 10 个（故宫太和殿），并有一定的次序，排列为：龙、凤、狮子、天马、海马、狻猊、押鱼、獬豸、斗牛、行什（猴子）。一般都成单数使用。颐和园内用得最多的是排云殿的正殿和德和园大戏楼，都是 7 个。小兽和屋面的其他装饰一样，除了美化作用外，还有其使用价值，因为它们都与脊瓦烧结在一起，稳盖于脊上，能将雨水分排于两侧的瓦垄内，是屋顶防漏的重要部件。

为什么颐和园建筑的外侧墙面的下方，有许多透空的砖雕图案？

颐和园绝大部分建筑都是砖木结构，以木材为框架，外护砖墙，只要木材不糟朽，房屋是不会坍塌的，所以有"墙倒屋不塌"的说法。而防止木材糟朽的基本条件是防水和透风。我们所看到的建筑外侧的墙体都包砌着木柱，柱子虽植立在石造的柱础上，但难免因不透风浸潮糟烂。这些砖雕的透空图案，正是贴砌在柱脚的外面，并留有一定的空间透气，防止潮湿，是一个非常聪明的办法，既有实用功能，又装饰了墙面。这些图案大多以植物花

34

卉为主，很少重复，许多图案还有吉祥的含义，如"万寿长春"、"富贵吉祥"、"福禄万代"等。

为什么颐和园的围墙上许多地方还保留着一条明显的曾经增高的痕迹？

颐和园的园墙确有一条整齐的增高痕迹，在园外的许多地方尤其明显。现在的园墙均建于光绪十四年（1888年）前后，光绪三十一年（1905年），清廷预备立宪，派镇国公载泽、户部侍郎戴鸿慈、兵部侍郎徐世昌、湖南巡抚端方、商部右丞绍英五大臣出国考察宪政。9月24日临行时，遭到民主革命者吴樾身藏炸弹暗杀而未能成行。第二天便下令将颐和园的园墙增高三尺，从此留下了一条明显的增高痕迹。这条痕迹只有在后来塌倒重砌的部分看不到，未经重砌的部分还十分明显。这次园墙增高因与暗杀事件有关，所以当时已经发行的《大公报》等报纸均有报道。

为什么说建筑上书写名称的匾额在形式上是有区分的？

一般悬挂在殿堂或门楼中间上方的殿堂名称被称作匾额，实际上匾和额是有区别的。横的称作匾，竖的称作额。横匾好理解。竖额俗称斗子匾，匾心为长方形，四边镶有斜出的花边，摆平了看，像一个斗。一般斗子匾的心是青地金字，大都用在正规的殿堂建筑上。如"仁寿门"、"仁寿殿"、"排云门"、"排云殿"、"玉澜堂"、"宜芸馆"等，特别要提一下的是，宝云阁铜殿上有铜铸匾，也有铜铸的额。一般横匾只书汉字，而颐和园的额，在汉字的左侧还有一行满文，而佛香阁的斗子匾，只有一行汉文，可能是后来改动过了。

为什么颐和园的许多铜铸陈设上均有"天地一家春"的图章印记？

"天地一家春"原是圆明园中路、九州清晏区内的一座偏殿，曾为咸丰皇帝居住，当时尚是懿贵妃的慈禧住在邻近的同道堂。1860年圆明园被毁以后，于同治十二年（1873年），为次年慈禧40岁生日，曾下令重修圆明园中的安佑宫、勤政殿、天地一家春等景点景区。其中，天地一家春并不是在原地重建，而是将绮春园改名万春园，在绮春园内的敷春堂遗址建天地一家春，专供慈禧居住，为此慈禧曾亲自设计绘制天地一家春的内檐装修图样。但第二年，因经费和大臣的反对等原因，重修圆明园的工程停工，天地一家春并未建成使用。这个"天地一家春"景名却保留和出现在10年以后重建的颐和园里，铸刻在那些铜铸的殿堂庭院的露天陈设装饰上。

为什么颐和园内的建筑彩画有许多形式和等级？

建筑彩画原是保护木结构的一种手段，长期的发展形成了清代中晚期的各种形式，主要有和玺、旋子、苏画等样式，每种样式又分成许多等级，如和玺彩画又分成"金龙和玺"、"龙凤和玺"和"龙草和玺"等不同名称。旋子彩画有"金琢墨石碾玉"、"烟琢墨石碾玉"、"金线大点金"、"金线小点金"、"墨线小点金"、"雅伍墨"、"雄黄玉"等不同等级。苏画是苏式彩画的简称，有"金琢墨苏画"、"金（黄黑）线苏画"、"海墁苏画"和"掐箍头"、"搭包袱"、"枋心苏画"种种等级。一般来说，和玺彩画多用于宫殿建筑，旋子彩画多用于官署和庙堂，而苏画本来发源于苏州地方，颐和园内多用于各种游廊。但帝后居住的玉澜堂、宜芸馆也用了苏式彩画。

为什么排云门前排列着的十二块山石叫十二生肖石，又叫排衙石？

排云门门前的 12 块山石，形态各异。细细看去，有的是整体，有的是局部，酷似十二生肖的形状，即鼠（子）、牛（丑）、虎（寅）、兔（卯）、龙（辰）、蛇（巳）、马（午）、羊（未）、猴（申）、鸡（酉）、狗（戌）、猪（亥），所以叫十二生肖石。它们都分成队列，对称排立在排云门外的两侧。像大小官员依次序列站班，在衙门前听候指示，所以又叫"排衙石"。这组山石，是重建颐和园时，从畅春园的遗址上挪移来的，每块山石下面都有雕刻精美的石座。这些图案，大都是仿造古代玉器的图案设计雕造的，和山石配在一起有很高的观赏价值。

佛香阁内为什么供奉的是明代的大悲菩萨？

清漪园时代，佛香阁内原来供奉的佛像，根据陈设档案记载，石造神台上中间供奉有一尊千手镂胎（木雕）大悲菩萨，随莲花座上还有一尊铜胎千手菩萨。在 1860 年清漪园被英法联军烧毁时，已经不存。光绪时重建佛香阁，中间石造神台上供奉的是贴金塑像接引佛。1966 年毁于"文化大革命"之中。此后，佛香阁的佛像长期空缺。1989 年，佛香阁进行

▲ 佛香阁一层内的佛像

新中国成立后的第二次大修，并准备开放登阁游览，在筹备阁内陈设时，得到文物和宗教部门的支持，将长期封存于鼓楼西大街弥陀寺内的一尊明代大悲菩萨移奉于此。经过论证，这尊菩萨像与清漪园时代佛香阁供奉的菩萨相同。高度与佛香阁内部空间相称。特别是这尊菩萨妙相庄严，铸造精美，适合在皇家园林内供奉。移奉过程中发现，这尊菩萨像铸造于明万历二年（1574 年），是大太监冯保出资敬造的。

佛香阁的高度是多少？结构上有什么特点？外形为什么取八面形？

佛香阁，高 41 米，是根据国家图书馆馆藏档案记录："佛香阁通高十二丈八尺二寸六分"（按清营造尺，1 尺 = 0.32 米换算出来的）。根据实测，佛香阁通高为 36.58 米。它建在一座近 20 米高的石砌台基上，与 36.58 米高的佛香阁相加差不多是万寿山的绝对高度（万寿山高约 60 米）。佛香阁是从山腰托出山顶的一座宏大佛阁，平面呈八面形，三层四重檐，攒尖顶，屋面结束在闪闪发光的镏金宝顶上。它的内部，由八根通顶的铁梨木钻天柱支撑，外围四周的一圈七十间围廊，将它的基部空间体量扩展开去。远望，显得稳重壮丽，是中国古代园林建筑利用地形、造型、造景的杰出范例。特别是它所具有的八面形外观，无论从哪个角度看去，都能取得相同的影廓。这对它成为全园的构图中心起到了关键性的作用。

佛香阁建于何时？重建于何时？它和大报恩延寿寺的塔有什么关系？为什么？

佛香阁，建于乾隆二十三年（1758 年），毁于 1860 年，光绪十八年（1892 年）重建。根据档案记录，重建时是"依原样重修"，应该说是清漪园时期的原来式样。

▲ 佛香阁

　　乾隆十五年（1750 年）始建清漪园时，万寿山前山的中轴线上是一座为其母亲祝寿而建的"大报恩延寿寺"，在佛香阁的位置上，原来是要按杭州钱塘江畔的六和塔，建造一座九层的延寿寺塔，并已开工建造，工程延续了七八年，乾隆在施工期间就有题咏这座塔的诗，到了乾隆二十三年（1758 年）塔已修到第八层，已高出万寿山山顶。就在这一年，这座尚未封顶的塔发生了坍塌的工程事故，随后将残塔拆除，改建为佛香阁。当年乾隆写了一首题为《志过》的诗，开头两句是："延寿仿六和，将成自颓堕。"更巧的是，同时他下令在北海大西天的明代寺庙的后方，仿照南京的报恩塔所建的另一座塔，也因失火而毁。接着上面的两句便是"梵寺效报恩，复不戒于火"。有了这两次建塔的失败，所以乾隆又决定："罢塔永弗为。"从此乾隆不再建塔了。万寿山上拆塔改阁，按照园林景观来考虑，倒是更符合造景的要领，在以玉泉山上玉峰塔为借景的清漪园，若中心建筑仍是一座塔，远不如一阁一塔的景观效果。

为什么说颐和园的景物是以佛香阁为中心的？

　　颐和园，主要由万寿山和昆明湖组成，水面占全园面积的四分之三。但从造园布局来看，仍以万寿山为主体。园林建筑也大都依山建构，山前、山腰、山顶，不同地基高度的殿堂楼阁，都因层层上升的地势而突现出来，构成一条爬升的轴线，其中虽建于山腰，而顶部突出山顶的佛香阁不但从高度，而且从体量上也是能控扼全园的制高建筑。正是轴线的顶端，将一座绝对高度不到 60 米的山势平缓的万寿山通过攒尖顶、八面形的佛香阁，向天际延伸。佛香阁又处在万寿山东西向的中部，确立了它的主体中心位置。佛香阁从昆明湖的东西岸看，不但它的尺度恰到好处，真有增之一寸则嫌高，减之一寸则嫌矮的感觉，而且将周围的近景、远景都能凝聚在它的画面之中。在园内的许多庭院内，也都能看到它的身影。圆明园和畅春园在未毁以前，也是这两座皇家御苑的借景，从玉泉山和香山的坡顶也能眺望到它的影廓，所以它既是颐和园的建筑中心，也是三山五园的构图中心。

为什么说佛香阁在新中国成立后经过了两次大修？

　　中国古代建筑由于以木结构为主，经常的维修养护是保持建筑既延年又不失原貌的必要措施。这种维护几乎不能间断，但佛香阁在新中国成立前的近半个世纪中年久失修，不但油漆剥落，失去原有的光彩，而且结构歪闪，状况濒危，不得不在 1953 年开始对其进行挑顶大修，拨正了大木结构，重新油饰见新，焕发青春。1988 年为迎接国庆 40 周年，又对其进行一次较彻底的油饰见新，这两次大修之间不断进行了多次小修小补，保持完好的面貌。中国古代木构建筑的维修，按规模的大小分为落架大修、挑顶大修和檐口揭宽整修。1953 年的佛香阁挑顶大修，也是一项浩大的工程，为佛香阁作为全园的中心建筑，永葆青春，千秋屹立，打下了很好的基础，同时也在工程中积蓄了古建各工种的技术力量。

为什么说智慧海壁面上的佛像是八国联军破坏的？

1900 年八国联军侵入北京，沙俄、英国、意大利三国侵略军，驻扎园内达一年之久。根据档案记载，虽未焚烧殿堂，但没有一处是完整的，根据目击者所说，看见过智慧海冒烟起火，现智慧海内的砖门确有大火烧过的痕迹，有的已用木板包裹起来。智慧海的外壁面，嵌砌着一千多尊精致的带龛的琉璃佛像，凡是靠下一点的头部都已被毁坏，就是侵略军用枪托敲毁的。1980 年前后，曾进行过修补，但原来毁坏部分风化严重，添配的佛头不能很好黏结，不久又都脱落了。

为什么说在智慧海前的假山有"以真乱假"的手法？

智慧海是万寿山上的制高建筑，基础就是山顶的大岩石，从前面看有一块很大的岩石山头暴露在外，是真山。但是，由佛香阁的后门出去，登上智慧海的众香界琉璃牌楼门的磴道，却是用山石人工堆叠的，这些山石的色泽和真山的颜色一致，堆叠的手法也照顾到真山的纹理，乍一看，浑然一体，分不出真假。一般说假山是在没有山的地方才用人工堆山，这里有真山在，应了"石头往山里背"的老话。这里的磴道，随山就势，给攀登的人，增加了无限的乐趣，所以这座假山有"以真乱假"的评价。在山石艺术中，是不多见的。

为什么养云轩的门和园内其他的门形式不一样？

养云轩的门是八角形的，门前台阶较高。左右和上方都有石雕砖砌的装饰，顶上还有像奖杯一样的点缀，好似一座外国的钟表。原来在清漪园的时候，就把这座门称为"钟式门"，看来当时是有意设计的，不是偶然的相似。特别是顶部的奖杯装饰，还可以判断它是仿照法国的钟表设计的。乾隆年间仿照洋式建筑，出现在皇家园林里，很是普遍。这样的门，我们在北京的王府花园中，时而也能看到，恭王府的萃锦园内就有一座类似的建筑。养云轩是1860年英法联军纵火时幸免于毁的建筑之一，所以原样保存下来。

养云轩门前的湖为什么被称作葫芦河？

颐和园长廊沿线的四合院，不少在门前或院内有小的湖泊，这些水面都通过湖底的涵洞与昆明湖相通连，以保持水源与昆明湖同样的水位。养云轩门前的这个湖面，呈窄长形，横亘于长廊的北侧，但它的形状完全是一个葫芦的样子。正对养云轩的门，是一座精致的小石拱桥，纵跨湖面，而拱桥的位置正处在葫芦的束腰上，东部是葫芦的大头，西部是葫芦嘴的上部，构思巧妙。湖内又有荷花、睡莲等水生观赏植物，沿岸是葱郁的古柏，浓荫被覆湖上，水中倒影参差，将养云轩衬托出来，这个湖被称作葫芦河。

万寿山在历史上曾经叫过"瓮山"，它的来历有什么传说？在什么时候改名万寿山？

元代，万寿山原名瓮山。相传有一位老人曾在山上挖到一只石瓮，因此得名。乾隆十五年（1750年），在筹备庆贺皇太后60寿辰的名义下，乾隆皇帝大兴土木修建清漪园，乾隆十六年

（1751 年）瓮山改名万寿山。

万寿山是人工堆造的吗？为什么？

万寿山不是人工堆造的。万寿山原名瓮山，瓮山属燕山山脉，高约 60 米，是北京西山的支脉。1751 年，乾隆为母祝寿将瓮山改名为万寿山。但万寿山确有用土堆的部分。为使东西两坡舒缓而对称，开拓昆明湖时，将挖出的土按造园需要堆放在山的东部，使山形完美。

万寿山上的植物为什么以松柏为主？

松、柏是北方的乡土树种，四季常青，岁寒不凋。在封建社会，向来以之比拟于人的高尚品格，作为"高风亮节"、"长寿永固"的象征。这些都符合帝王封建统治的思想，因而松柏也就成了皇家园林宫殿、陵寝、庙宇绿化的主要树种。万寿山以乾隆为其母后祝寿得名，采用以松柏为主的绿化，是取其松柏常青的祝寿的意思。

万寿山的建筑群是怎样分布而取得整体效果的？

在建造万寿山的建筑群时，造园匠师大胆地运用了突出重点，烘云托月的手法。在万寿山前山的中央部位建置一组体量大而形象丰富的中路建筑群——排云殿、佛香阁，从湖岸一直到山顶密密层层地将山坡覆盖住，以其华丽的殿堂楼阁和空间序列构成了一条贯穿前山上下的中轴线。它的东西两侧又各有对称配置而体量较小的建筑群，形成次要轴线的陪衬。园内最大的建筑物——高达

40 米的佛香阁是中轴线上的重要建筑物，园内和园外的许多地方都能看到它的巍峨形象。21 米高的巨大石砌台座从半山腰把它托举起来，使其顶部超过山脊。佛香阁越发显得气宇轩昂，凌驾于一切之上而成为前山乃至整个景区的构图中心。中轴线上的建筑群色彩浓艳、体量大、严整、对称而密集，总体看上去外轮廓具有呈三角形、类似金字塔的稳定感。其他建筑愈往山的东、西方向展开则愈见疏朗自由，相对体量小、形象活泼而不拘一格。前山的建筑布置善于利用坡度陡峭的地形特点而因势利导，显得通体脉络清晰、重点突出、主次分明。既恰如其分地发挥了各风景点的点景和观景的作用，又强调出总体的严整之中有变化，寓变化于严整的立面效果。这个庞大的风景点群落不仅掩饰、弥补了山形的缺陷，化不利条件为造景的积极因素，而且体现了帝王苑囿的雍容华贵的气势和仙山琼阁的画意，又不失其园林的婉约多姿。这在现存的古典园林中，实为独一无二的大手笔。

万寿山昆明湖石碑都记载了什么内容？

　　碑的正面刻乾隆御书"万寿山昆明湖"六字，背面刻御制《万寿山昆明湖记》全文。记述了疏浚扩展昆明湖水的目的和过程。特别中间记述了开掘过程中的不同意见，先是说湖域扩大，哪来水源，结果证明，水源很充沛。水多了以后，又有人提出夏秋盛水期会不会造成泛滥。乾隆针对这些意见，感叹道："夫集事之难也！"他说，历史上有许多利民的好事，最后没有做成，大概是因为这些顾前怕后的闲言碎语。

万寿山昆明湖石碑有多高？由几部分组成？

通高 9.87 米，由碑座、碑身、碑帽三部分组成。

为什么万寿山西部的山坳有"邵窝殿"、"云松巢"这样嵌有"窝""巢"的殿名？

云松巢虽在从山上下来的路口，但稍退于山的后面。邵窝殿更处于云松巢东后侧的山坡上，它们都是万寿山前山较为隐蔽的景点，取名也与所处的位置有关。云松巢得名，源于唐代李白《登庐山五老峰》中的诗句："九江秀色可揽结，吾将此地巢云松。"邵窝殿援引了宋代哲学家邵雍的故事。邵雍自号安乐先生，隐居河南苏门山，多次授其官职，均托病不出，他将隐居的地方都称安乐窝。邵窝殿在清漪园时只称"邵窝"，悬挂光绪时所制的匾，为"邵窝殿"三字。这两个出处，都与优游山林，出世避俗的主题有关，这样避居的人说不上是圣人，但是在封建社会被称为隐逸。他们往往通过不与封建统治者合作的行为，达到被推崇的目的，在皇家园林里出现他们的典故，并非此一二处。

为什么万寿山上的山路台阶两侧都有一堆山石？除点缀外，有实用价值吗？

山路台阶两侧的山石，都放置在需要抬脚往上或者向下走的地方。当初帝后在园内活动，登山时都乘坐肩舆，由 8 个太监抬着，上下山时前面的舆夫看得见台阶，后面的便看不到路况了，所以在路旁用山石标出来，提醒他们要抬脚了、落脚了。据说在四川一带的山道上，轿夫是可以用山歌来提醒后面的伙伴注意及时改变步伐的。为帝后抬轿不能采用这个办法，在山道上做出这样安排，主要不是方便抬轿的人，而是要保证帝后乘坐时的安全。这种分置山道两旁的山石堆，被称作"引路石"。

玉泉山在园外，为什么它山顶的玉峰塔就像是颐和园的一景？

玉泉山静明园是三山五园中开发较早的皇家园林，远在金代，便有皇室的活动，现在的玉峰塔是康熙时代建造的，乾隆建清漪园时，它早已存在。在我国造园艺术中有一个很高明的手法，叫"借景"，就是将园外的美好的景物，组织到园内所能看到的画面中来，在新建园林规划设计的时候，在空间组合上就要充分利用已有的外部条件。颐和园万寿山上的佛香阁，自然是园内的主景，但它又成功地将玉峰塔组织到可视范围之内，成为配景，不但使空间构图更加均衡，而且推移了空间的纵深，使玉峰塔后的西山群峰成为画面中的远景。"借景"在颐和园中的运用堪称造园的典范。

宝云阁铜殿是用什么合金铜制成的？用了多少铜和其他原料？

宝云阁铜殿是我国古代金属铸造铜结构建筑中的精品，关于它的合金成分，可以从一份记录当时铸造用料情况的档案材料中看出来。这份材料记载：为了铸造宝云阁，"行取过两郊坛宇工程处剩余红铜三十三万斤，倭源十五万五千斤，共合四十八万五千斤。铜殿造成，实用铜四十一万四千斤……"材料中所提到的

"倭源"应是锌，锌在古文献中称"倭铅"或"倭源白水铅"。红铜与锡的合金为青铜，与锌的合金为黄铜。通过记录和实物分析，宝云阁所用金属材料为黄铜。但是，万寿山工程，又有将宝云阁金属表面进行处理的技术材料。经过化学处理，宝云阁通体呈现出"冷青蟹古铜色"。所以，长期以来，被认为是青铜铸造。

▲ 宝云阁

档案中所记录的"实用铜四十一万四千斤"。现在换算成了207吨，这是按现代的衡制1斤=500克计算的。若按清代的衡制1斤=596.8克计算，则应该是247吨还要挂零。说宝云阁用铜247吨，应该是比较符合历史实际情况的。

宝云阁前还有哪些建筑物？为什么这样安排？

在五方阁南门阶下有一座三间四柱的高大石牌坊。这座牌坊没有名额，只有前后两面的横联。柱联都是乾隆御笔书写的诗句。横联中有"山色因心远，泉声入目凉"、"川岩独钟秀，天地不言工"。柱联中有"境自远尘皆入咏，物含妙理总堪寻"、"苕霅溪山吴苑画，潇湘烟雨楚天云"。这些词句内容已不是佛经语，而是将哲理和周围的景色结合起来。中国古代称铜为金，称石为玉，宝云阁铜殿和佛香阁东侧的万寿山昆明湖石碑象征一金一玉，寓意"金玉满园"。

铜 殿周围的建筑叫什么？有什么功能？特别是殿后高大石墙上镶有雕刻的大画框是做什么用的？

宝云阁铜殿建在五方阁一组建筑中心的汉白玉石台上。这是一组用游廊围合的四方形的庭院组合。北面高起一阁，下临石壁，东、南、西三面各建一门，四角四座方亭，全部以走廊、爬山廊、叠落廊沟通，形成一个能够在内部转经的场所。"五方"是佛家语"五色"之意。按佛教密宗的说法，"东方青、南方赤、西方白、北方黑"。五方阁意为聚五方之色，比喻天下归心，四海升平。喇嘛为密宗僧人，所以这里由喇嘛诵经。五方阁下的石壁上刻有莲瓣纹的高大画框是当年逢节诵经时悬挂巨幅绢堆佛像的地方。

铜 殿叫什么名字？为什么曾经被叫作铜亭？是座什么样的主题建筑？它的沧桑变化是怎样的？

铜殿的正式名称是"宝云阁"，是一座铜铸的佛殿，现殿内尚存铜铸供桌一张，其余的佛像供器经过 1860 年和 1900 年两次侵略战火，都早已散失不存。取名宝云阁，虽有佛教的《宝云经》相印证，但"宝云"二字，还兼有祥云的含义，汉唐以来，"宝云"二字，多作为祥瑞而出现在文人的诗赋之中。清漪园时期，佛香阁、转轮藏、宝云阁等，都属大报恩延寿寺。宝云阁是大报恩延寿寺的重要组成部分，并住有喇嘛。农历的每月初一、十五和节日由喇嘛在这里诵经，为帝后祈福。1860 年英法联军火烧清漪园时，宝云阁因是铜铸建筑幸免于难。但宝云阁上的十扇铜铸坎窗却于 1910 年前后不翼而飞，残存的铜窗也都被摘下藏于库中，因此一座四面通透的宝云阁，就被不知内情的人称作了"铜亭子"。丢失的十扇铜窗于 1912 年由上海流失国外，最后落到法国古董商的手里。1993 年，美国工商界人士柏林伯格，出资 50 余万美元，从法国购得，并捐赠给我国政府。当年 6 月运抵颐和园，经过缺失窗芯的添配和园内库存窗扇的整修归安，于 11 月宝云阁又恢复了原有外观。"铜亭子"的俗称也就随之不存在了。

西 堤在景观上有哪些特点？为什么要留下分割东西水域的西堤和分割南北水域的堤？

一道南北向的西堤，将昆明湖分界成东西两个水域。在西堤的中段又向西伸出一道东西走向的堤，将昆明湖西部的水面分成南北两个湖域。这样的水域分割，不但形成了昆明湖的东部主湖区，而且形成堤外有堤，湖外有湖的景观层次。堤上的桃柳花木，将一个平阔的湖面，映衬得深邃而自然，有极好的立体透景效果。作为水面在全园面积中占有 3/4 的水景园，水上的造景，除临水建筑、岛、桥、水生植物等以外，堤无疑是不可或缺的水上造景的要素。堤存在于生活之中，有着通道、纤道和分割水域的多种功能，特别是通过堤上的坝、闸和涵洞，还能起到调节水位、分洪、蓄洪、沉淀泥沙等多种作用。昆明湖上的西堤，也曾经具有这些功能，特别是六座桥的设置，美化了这些功能性的设施。桥孔至今还是调节水位的闸口和涵洞，为保持昆明湖的最佳景观水位起着辅助作用。

▲ 西堤上豳风桥

铜 牛身上铸有《金牛铭》一篇，主要说了什么？铜牛为什么称金牛？

铜牛身上确铸有一篇乾隆御制的《金牛铭》，铭文80个字。是说夏禹治水的时候，就流传着铁牛镇水的故事，昆明湖展拓完工以后，也在这里用铜铸造了一只铜牛，希望它给昆明湖带来长远的祥瑞，让兴风作浪的"蛟龙"、"鼍鼋"远离这里。铭文里还有关键的两句："人称汉武，我慕唐尧。"意思是说："大家都说展拓昆明湖是效法汉武帝，为征服昆明国的故事。我的初衷却是仰慕尧帝根治洪水的功德，寓有习武之义，是放在第二位的。"同样的表白，乾隆在《万寿山昆明湖记》里也提到过。

铜牛为什么称金牛？古代"金"是金属的总称，有五色金之说：白金指银，青金指铅，赤金指铜，黑金指铁，黄金指金，金是五金的总名。但古代的器具多为铜质，所以通称铜为金，青铜器上铭文，至今仍称为"金文"。铜牛称为"金牛"，既沿袭古制，又能概括铭文中所提到的"铁牛"。过去有一种说法，铜牛表面原来曾经镀过金，所以称为金牛，是没有根据的。

为 什么说东堤的铜牛和西堤以西的耕织图象征牛郎织女？

清漪园时期，昆明湖西堤玉带桥一带曾有一组以农事为主题的景观，名为"耕织图"，由延赏斋、蚕神庙、织染局、水村居等建筑群组合而成。建筑均仿照江南农村民居，是显示帝王"重视农桑"之意建置的。这组建筑恰与建在东堤的铜牛遥相呼应，暗合古代广为流传的"牛郎织女"的美丽传说。

其实，西堤的耕织图中的机织房和东堤的铜牛，最初并无

"牛郎织女"的安排，只是乾隆的近臣们附会之说，以讨好乾隆，所以乾隆在诗里说："从人漫议女和牛。"后来也就认可了，在许多诗里都提到了这个巧合。这里还有一个重要的原因，就是汉武帝在长安开凿昆明池时，分别在两岸置放了象征牛郎和织女的石人，将昆明池比作天河。昆明池虽早已干涸，牛郎和织女石人仍在，乾隆有一首诗便说："汉家欲笑昆明上，牛女徒成点景为。"现在这两尊汉代的石人，已移至博物馆中展出。

说 西堤六桥仿建苏堤的主要依据是什么？

颐和园的昆明湖是以杭州西湖为蓝本设计的，西堤和西堤六桥效仿的是西湖苏堤的式样。乾隆皇帝御制诗中有"桥学苏家界湖堤""借得苏堤画意多"等诗句，都表明昆明湖上的西堤和堤上的六座桥是仿自杭州西湖的苏堤。昆明湖上，不但西堤是仿自苏堤，而且整个湖的平面，都与杭州西湖相似。乾隆在一首写万寿山的诗里有这样四句："面水背山地，明湖仿浙西，琳琅三竺宇，花柳六桥堤。"当初乾隆在规划建清漪园时，确是将浙江杭州的西湖作为蓝本，不但湖面像，而且面水背山的地势也像；不但西堤仿自苏堤，而且湖边山上众多的庙宇，也是清漪园内所追求的一种意境。在清漪园内，不但万寿山前后山的中轴都是辉煌壮丽的佛寺，而且全园之中，包括水中的岛上也都建构了大大小小的神佛寺庙，多达 50 余处，说琳琅满目，是不过分的。

从 北到南说出西堤六座桥的名字和它们的含义，为什么唯有中间的玉带桥是高拱石桥？

西堤六座桥由北而南依次是界湖桥、豳风桥、玉带桥、镜桥、练桥和柳桥。界湖桥位于内湖和外河的分界，故名。豳风桥原名桑苎桥，桑指桑树，苎指苎麻。乾隆年间桥西有延赏斋、蚕神庙、织染局、水村居等仿江南水乡的风景点，故有此桥名。但清朝第七位皇帝咸丰名奕詝，为避名讳，改名豳风桥。"豳风"是诗经中的十五国风之一，它的名篇《七月》以咏写农事为特色。玉带桥是西堤六桥中唯一的高拱石桥，高高的桥洞可使当年帝后的龙舟画舫来往于玉泉山静明园和清漪园之间。镜桥之名源于李白的诗句："两水夹明镜，双桥落彩虹。"练桥取意谢朓的诗句："余霞散成绮，澄江静如练。"古人把漂白的丝绢称为练，此处形容桥下之水清明澄澈。柳桥名源自杜甫诗句"柳桥晴有絮"之意。

为什么乾隆在东堤的诗碑上，有一首题为《西堤》的诗中有"西堤此日是东堤"的句子？

三山五园中的畅春园在颐和园的东侧，它建园较早，当时尚未扩展成昆明湖的西湖，在它的西部，是高出畅春园地基的水面，便筑了一条防护堤。这道堤居于畅春园的西部，所以称为西堤。当时西湖的东界在现在南湖岛至排云门一线上，另有一道长堤。在这道长堤和畅春园西堤之间是农田。乾隆于1750年展拓昆明湖时，将这道长堤挖去，淹去农田，将水面扩展到畅春园西堤畅春园的西堤，就变成了昆明湖的东界。同时在昆明湖的西部又仿造杭州西湖的苏堤，新筑了一条设有六座桥梁的西堤。这样畅春园的西堤就成了昆明湖的东堤。所以乾隆在诗里说："西堤此日是东堤"，"西堤"、"东堤"同指一道堤，就是颐和园内现在的"东堤"。

乾隆写诗的时候，畅春园仍是皇太后居住的地方，所以这首诗的题目仍称《西堤》，是指这道堤对于畅春园来说仍是西堤。

东 堤堤面标高、昆明湖湖底标高、昆明湖水面标高分别大概是多少，能说明什么问题？

东堤堤面标高50.00米～50.30米（海拔），昆明湖湖底平均标高47.50米，昆明湖水面标高在48.80米～49.00米之间，昆明湖的水深平均在1.80米左右。

据说昆明湖东堤比北京故宫的地面标高高10米左右，也就是说颐和园东堤的水平线与紫禁城城墙几乎相平。当时万寿山一带每到大雨季节经常是汪洋一片，这就给北京城造成很大威胁。详细观察昆明湖水位与铜牛基座的差距，可以做好城内的防汛准备。其实，昆明湖东堤以外原来的农田就低于昆明湖的湖底，所以说昆明湖也是一个悬湖。

铜 牛是哪年建造的？在造型上有什么艺术特色？

铜牛铸于乾隆二十年（1755年）。它安卧在雕有水浪花纹的青石座上，两角耸立，两耳竖起，双目炯炯，好像一位不知疲倦的卫士，护卫着碧波荡漾的昆明湖。中国古代不乏铜铸的动物形象，但许多造型都经过神化加工，成为神兽、异兽，距生活中的原型甚远。如颐和园内的铜麒麟、铜狮子。唯有这只铜牛造型写实，栩栩如生，有着极高的写生塑造能力，加上铸造工艺精湛，虽经两个多

▲ 颐和园铜牛

世纪的风吹雨打，依旧如新落成一般，特别是背部的金牛铭篆书文字，无一笔缺损残坏，十分难得。

你 知道亭子的名称的来历吗？为什么？

亭是中国传统建筑中很古老的形式之一。汉代许慎《说文》中讲："亭，停也，人所停集也。凡驿亭、邮亭、园亭，并取此义为名。"驿亭、邮亭是在旅途上一定距离处建造，在古代有着重要的交通方面的使用功能的建筑，东汉以后被逐渐废弃。秦汉时，亭是乡以下的一种行政机构。《汉书·百官公卿表上》："大率十里一亭，亭有亭长，十亭一乡。"这里的亭长就是官名了。战国时，国与国之间邻接的地方设的亭子又是用来防御敌人的。秦末农民起义军刘邦最初任过泗水亭亭长，掌管治安警卫，兼管停留作客，治理民事。随着社会的进步，特别是园林的发展，不同使用功能的亭子逐渐开始分离，使具有实际使用功能的地方警驻所、驿传书信的邮递站和安顿行人的客站等与以观赏风景、点景为目的的两类建筑分离，最早见于文字记载的风景观赏性亭子是南京的劳劳亭（又名新亭）。唐代诗人李白"天下伤心处，劳劳送客亭"，说明它既是一个送客的亭子，又是一个具游赏性的亭子。园林中的亭子既有使用功能，又有很高的文化艺术价值。"亭台楼阁"中的亭式建筑形式多样，流传甚广，几乎到了"无园不亭"的地步。

都 说廊如亭（八方亭）是古代园林中最大的亭子，为什么？

东堤上与十七孔桥连接的亭子名为廊如亭。它是我国现存的同类建筑中最大的亭子。清漪园时期，东堤上没有围墙，登临远眺，是望不尽的田园风光，视野非常开阔。廓如亭就因此而得名了。它的建筑面积达384.95平方米，由内外三圈四十根柱子支撑着这座庞大的八角重檐的建筑，因其视野开阔，站在亭中可以畅观八方景致，所以也叫"八方亭"。亭顶采用重檐攒尖式，枋梁上全部饰以旋子彩画，造型舒展而稳重，气势雄浑。正是有了这座亭式建筑，才使得十七孔桥、南湖岛之间得到很好的景观呼应，完美地体现了园林布局的和谐。

在 昆明湖东岸边的这座亭子，为什么取名为"知春亭"？有何故事？

知春亭位于昆明湖东岸，处在突出湖面的人工堆筑小岛上。它四面临水，亭畔点缀山石，种植桃柳，冬去春来，湖水最早在这里消融，水漾碧波，沿岛种植的柳枝最早吐出新绿，告知人们春天已经来临，所以取名知春亭。这里视野极其开阔，可以三面观景。万寿山前楼阁亭台金碧辉煌，一片浓艳色彩点染山景。湖上一碧千顷，一桥长虹横系着仙岛琼阁，另有一番情调。北看山景多姿，南望水天一色，西眺景致深远。在知春亭做270度环视，就会欣赏到长达2000多米的天然风景画卷。因为这里的湖面冰冻在春来之时最早消融，野凫水鸟也就最早在这里活动，古人有"春江水暖鸭先知"的

▲ 谐趣园

名句，所以知春亭的名称还是来源于这句古诗。

为什么十七孔桥是 17 个孔，有些什么说法？

我国古代的多孔桥，绝大部分的涵孔数都是奇数，如苏州的宝带桥是 53 个孔，北京永定河上的卢沟桥是 11 个孔，圆明园内最大的桥在曲院风荷前的湖面上，是一座 9 孔桥。北海的金鳌玉 大桥也是一座 9 孔桥，而北海的堆云积翠桥虽长达 80 多米，却是一座 3 孔桥。涵孔采用奇数，是突出中孔向两边分去，桥身拱起的，可以得到如彩虹一样飞跨两岸的对称弧形桥影。十七孔桥，中孔最为高大，孔顶正中上方的栏板刻有石额，两侧镶有石刻对联，这里原是帝后龙舟通过的航道。为什么是 17 个孔，通常的说法是由中孔向两边数去都是 9 孔，9 为阳数，符合皇家规制。

为什么说十七孔桥上的石狮子比卢沟桥上的还多？

十七孔桥的桥栏望柱的柱头上都雕有一只石狮子，但仔细一看，可不止一只，大的是一只，小的可好多只，要数清楚，可不容易。有怀中抱的、脚下踩的、身上爬的、头上伏的、背上背的、尾后藏的……神出鬼没，极具想象创造力。有的一个柱头就多达六七只，有人细心数了一下，共有大小石狮 544 只。这要比卢沟桥上的 498 只石雕狮子多出 46 只。都说十七孔桥是有意模仿卢沟桥的式样建造的，仅从望柱上的石雕狮子这一点来看，也是有道理的。但卢沟桥桥身平直，建于交通要道上，而十七孔桥桥身拱起，建在皇家园林之中，一个便利行人车辆，一个强调景观效果。

为什么有人说十七孔桥两头四只石雕异兽是龙生九子中的蚣蝮？

十七孔桥东西桥头确有4只巨大的石雕异兽，雄踞于桥栏终端的望柱前，这里本应是石栏抱鼓石的位置，原是防止桥栏走动而设计的具有支顶功能的装饰构件。以巨大异兽来代替一般的抱鼓石，无疑增加了构件的重量，更强化了支顶功能。从造型上看也十分生动，赋予了一种文化内涵。这4只异兽造型相同，但与清代其他石雕相比，线条挺拔，轮廓清晰，主题突出，一改清代雕刻繁缛乏力的作风，是清代石雕中的杰作，具有康乾盛世的时代特征，堪与明代皇陵雕刻媲美。关于4只异兽的名称，有人根据龙生九子中对好水立于桥头的蚣蝮的叙述，称其为蚣蝮，是合适的。同样的造型，在北海静心斋内的小玉带桥桥头也有4只，但尺寸小得多。

为什么说十七孔桥是皇家园林中最长的桥？

十七孔桥全长150米，由17个券洞连续组成，连接了昆明湖主湖域中最大的南湖岛，桥岛相续，将昆明湖的主湖域界隔成南北两个湖区，增加了昆明湖的水面景观变化，丰富了昆明湖的水上景物，成为从万寿山向昆明湖眺览的最突出的对景。就清代的皇家园林中的桥梁长度计算，还没有超过这座十七孔桥长度的。它比横跨北海南部的金鳌玉蝀桥原来的长度144.38米还长出了5米多。十七孔桥比它所连接的南湖岛的最大宽度还长。南湖岛东西宽120米，南北长105米，都比十七孔桥短。放眼看去，有失比例。但是，在清漪园时，南湖岛上建有三层的望蟾阁，阁姿秀美挺拔，看上去桥岛阁十分谐调。

为什么要改西堤六桥中的桑苎桥为豳风桥？

西堤六桥的名称都是清漪园时代的旧名，唯由北向南的第二座桥原名"桑苎桥"改名为"豳风桥"。为什么呢？桑苎桥的"苎"音与主子的主，特别是咸丰皇帝的名字奕詝（音 zhǔ，智慧）的"詝"谐音，再加上"桑"与"丧"同音，读起来很不吉利。重建颐和园时，咸丰皇帝已去世近三十年，所以单独改了这座桥名。"桑苎"原意是桑麻的意思，苎为苎麻的简称，因为桥畔便为耕织图农业景区，用这个名字是很符合环境的。新改为"豳风"两字，出自《诗经》中十五国风的《豳风》。《豳风》中著名的篇章《七月》描写农事生产生活景象，用来作为农业的代称。圆明园四十景中有一景就称"豳风图画"，所以豳风和桑苎应该表达的是同一主题内容。

为什么外观与岳阳楼并不相似的景明楼都说是仿自岳阳楼？

古代将某地的景物仿建于另一地方称为"移景"，有的取其形，有的取其意。景明楼主要是汲取其内涵。乾隆在《景明楼赏荷》诗里说得很清楚："名称借得范家记，景概移来赵氏图。""范家记"指的是宋人范仲淹所写的《岳阳楼记》；"赵氏图"指的是元人赵子昂所画的《荷亭纳凉图》。"景概移来赵氏图"可以证明，景明楼不是按照建在岳阳城城墙上的岳阳楼的形式盖的，赵子昂的这幅画，现在已看不到。但《岳阳楼记》里确有"春和景明，水波不兴"的名句，景明楼的"景明"二字，便是由这名句里拈出无疑。但《岳阳楼记》里更有名的立意是："先天下之忧而忧，后天下之乐而乐"，乾隆着重用来警醒自己，在多数咏写景明楼的诗里，都阐述了这个内涵。

为什么颐和园西堤的植物配置是桃柳间植，追求什么效果，有所指吗？

西堤是展拓昆明湖而构筑的，它仿自杭州西湖的苏堤，堤上也建有六座形式各异的桥。所以乾隆的诗里说："面水背山地，明湖仿浙西，琳琅三竺宇，花柳六桥堤。"现在西堤上植物的配置以桃花、柳树为主，也正是苏堤原来的立意。苏堤的正式景名为"苏堤春晓"，六桥的景名为"六桥烟柳"，着眼于一个"春"字和一个"柳"字。现在苏堤每到春日红白碧桃开放，新柳如烟。西堤间植桃柳也是追求这种桃柳争春，桃红柳绿的十分春色。这种一棵杨柳一棵桃的绿化形式，在南方的堤径上被普遍采用，除了春天的色彩，还考虑临水树种的生态要求和树种的护堤作用。

为什么拓展昆明湖时要留出南湖岛？

在乾隆十五年（1750 年）拓展昆明湖以前，由万寿山中部至蓝靛厂是一道长堤。堤的西部是瓮山泊，堤的东部是农田。开挖时，将长堤挖去，湖水自然浸满东部的田地，形成昆明湖。而长堤上原有一座龙神祠，和它周围的堤面被保留了下来，经过加工，便形成了湖中的南湖岛。拓展昆明湖是为了兴水利，在当时是不敢拆毁龙神祠的。但因造园的需要，构成昆明湖上一水三岛的布局。无疑此处正好位于万寿山前方的主湖域，既可形成水上对景，又能体现湖上有三座仙山的长寿主题，所以南湖岛是昆明湖最大的一座仙岛。三岛也称三山，源自道家传说，岛上有不死药，人皆长生不老，各自名为蓬莱、方丈、瀛洲，所以南湖岛曾有人呼之为蓬莱仙岛。

为什么说南湖岛上清漪园时代的望蟾阁是仿照黄鹤楼建造的？

清漪园造园时，为了将全国著名的名胜移植到园内来，下了许多功夫，其中江南三大名楼也在仿建之列。滕王阁主要仿其地势，岳阳楼主要仿其内涵，而更多的依据是《滕王阁序》与《岳阳楼记》，唯独黄鹤楼是原样照搬，堪称复制。乾隆二十年（1755年）皇太后生日大庆，大臣阿里衮仿武昌黄鹤楼加工定制了三层木料，筑成了望蟾阁。过了30多年，乾隆在登望蟾阁的诗里记载了这件事。可乾隆在另一首登望蟾阁的诗里说望蟾阁建于乾隆十七年（1752年）。阿里衮在乾隆十五年（1750年）曾任湖广总督，后又任两广总督，他所献上的黄鹤楼木料，应是加工好的大木架。他本人在当地做官，督办应是严格的。但望蟾阁与清代的黄鹤楼均已毁，无从实物对照了。

为什么乾隆要在诗里说"何处燕山最畅情，无双风月属昆明"？

这是乾隆十六年（1751年），乾隆所作题为《昆明湖泛舟》的一首七律诗的头两句。当时，昆明湖拓展成功不久，万寿山的建筑尚未就绪。可以说这首诗乾隆纯写昆明湖的景色，并为自己决策展拓昆明湖很是得意。当时，昆明湖无疑是北京近郊最大的水域，它要比圆明园最大的水域福海大出许多倍。而且以自然山水为基础，呈现出一派自然山水的风光。特别是刻意模仿江南苏杭一带的风情，在这里得到了再现，也确实值得大书特书。自汉武帝开凿昆明池以来，多少取名"昆明湖"的水域，不是干涸就是改名，唯有北京的昆明湖依然波光潋滟，每年都要吸引近千万名国内外宾客前来游览，"无双风月属昆明"不但是空间的概念，而且是时间的概念。

为什么将后湖东部的乾隆书房命名为澹宁堂？

澹宁堂，地处后湖的东部南岸，依山构建，前临中御路，背临后湖码头，是一处"窗涵背水白，户对面山青"的幽静书斋。"澹宁"二字，取自诸葛亮《诫子》篇中："非澹泊无以明志，非宁静无以致远。"圆明园中有"澹泊宁静"一景。乾隆将这座书房取名"澹宁堂"还在于纪念他的祖父康熙对他的培育。他在《题澹宁堂》的一首诗的注解中说："予十二岁时蒙皇祖恩，养育宫中，于畅春园内赐庐曰澹宁居。"长春园内的澹宁居，自然也是来源于诸葛亮的话。其实，诸葛亮的这句话也是有依据的，同样的含义在西汉刘安所著的《淮南子》中即已出现："非淡薄无以明德，非宁静无以致远，非宽大无以兼覆，非慈厚无以怀众，非平正无以制断。"

为什么南湖岛上的龙王庙，称作"广润灵雨祠"？

南湖岛的龙王庙，原称作广润祠。唐玄宗天宝十年（751年）四海并封为王：东海广德王，南海广利王，西海广润王，北海广泽王。昆明湖原名西海，所以称为"广润祠"，是清代皇帝祈雨的地方。乾隆六十年（1795年），因祈雨灵验，便有了"广润灵雨祠"的名称。嘉庆十七年（1812年）大旱，昆明湖见了底，嘉庆

▲ 龙王像

曾数次来祠祈雨。一次从圆明园专程到龙王庙上香默祷，礼毕返回圆明园，刚刚落座，便雷声隐隐，乌云密布，转眼大雨滂沱，嘉庆皇帝自然十分高兴，在龙王庙的封号"安佑普济"后又增加了"沛泽广生"四个字，并下令每年春秋派官致祭。现在龙王庙的门头上还有嘉庆手书的"敕建广润灵雨祠"石额。

为什么说团城湖中的圆岛不是水牢？

团城湖中的圆岛上，原有一座高耸的楼阁，称为治镜阁。圆岛上建有两重的圆城，在上层的城顶建有一座三层的楼阁，巍峨壮丽，顶层供有无量寿佛，应是宗教色彩浓重的建筑；但从治镜阁和上下两层八个城门的题额内容分析，应是一处重要的点景和观景的场所，有极高的景观价值和建筑艺术价值。这座建筑虽然早毁，但它两重城墙的夯土部分还顽强地挺立着，高有十多米，平面呈"亞"字形。镶砌外层的砖虽已拆走，但砖的印痕十分清晰，现岛上滋生的柳树多已合抱，集有水鸟栖生。长期误传为水牢是没有依据的。该座建筑历史资料较为完全，并存有烫样模型，可望在条件具备时复建。

为什么皇家园林中有"一水三山"的布局？

秦始皇二十六年（公元前221年）方士徐福上书：海中有三

仙山，名曰蓬莱、方丈、瀛洲，上面居住着长生不老的仙人，还有"不死之药"。秦始皇便派遣徐福率领童男童女数千人入海求仙去了，自然是有去无回，留下了许多传说。古代将自称能访仙炼丹以求长生不老的人称为方士。徐福就是这样的人，他虽是齐国人，因为长生不老的诱惑获得了秦始皇的信任。汉武帝也受到当时方士神仙思想的影响，多次东巡求仙，于太初元年（公元前104年）在长安构筑建章宫太液池，太液池中筑起蓬莱、方丈、瀛洲三座神山，并刻金石为鱼、龙、奇兽、异兽等点缀。后来这种园林的池岛格局被历代皇家园林沿用了两千多年。昆明湖就是最后形成的一个这样的布局。"一水三山"也称"一池三山"、"一水三岛"、"一池三岛"，都是同一内涵。

为什么昆明湖有过瓮山泊、大泊湖、西湖、西湖景、西海、金海等众多的名字？

昆明湖最早是由泉水汇聚成的水域，据多学科的专家经过现代手段的测定，其已有3500年的历史。由于它在瓮山脚下，所以比较早的记载，称它为瓮山泊，土名大泊湖，到了明代，西湖这个名称比较流行，而且还称之为"西湖景"，这里美丽的自然风光，还招来了明朝的皇帝们到这里来钓鱼、游览。西湖景的名称可能是将它和杭州的西湖媲美。至于西海、金海，在清代的官方文件里出现较多。大的湖和水域，也有称为海的。西湖称为西海是不难理解的。"金海"就是"西海"，因为五行学说中，"金"是"西方"。昆明湖改名时的上谕，便写的是改金海为昆明湖。

为什么游览昆明湖前湖和后湖时有完全不同的感觉？

昆明湖前湖开阔浩渺，后湖原称后溪河，婉转曲折。前湖空间开敞，以宏丽取胜；后湖夹岸土山阴浓，以幽深取胜。前山建筑密集，富丽堂皇，竞相显露；后山建筑散置，竞相隐藏。这种造景的处理，首先是根据原有的自然地形考虑的。所谓因地制宜，在自然的基础上，不是改造它，而是强化它的本来自然状态。前山展拓了湖面，后山堆叠土山，体现出宏大与幽深的各自主题。这种强烈的对比，从宏观上构成了这座皇家园林的环境差别，丰富了它的游览功能，再加上细节的恰当安排，精心营造，使游览者在不同的区域内萌生多种不同的感受，这种环境的转换，实际贯穿在全园的游览之中。

乾隆为什么将西湖改名为昆明湖？

这里有一段历史故事，汉武帝曾派出使团去往身毒（印度），在昆明国的滇河（今之洱海，俗传滇池，是不对的）被阻，便兴兵讨伐，于公元前120年，在长安西南开挖了周边40里的昆明池，以象征滇河，练习水战。后代一些皇家园林里的水域，也有效仿称作昆明湖的。乾隆皇帝将西湖改称昆明湖也是沿用了这个故事。但乾隆自己说："景仰放勋之迹，兼寓习武之意。""放勋"是尧帝的名字，那时洪水泛滥，尧曾命鲧治水，昆明湖就是为兴水利而展拓的。汉武帝的故事反倒放在第二位。昆明湖命名5年以后，乾隆在铸造在铜牛身上的《金牛铭》里，又提到了这件事说："人称汉武，我慕唐尧。"把开挖昆明湖是为了治水的目的再次做了澄清。

为什么颐和园内的建筑，圆柱子都是红色的，方柱子都是绿色的，有例外吗？

一般是这样的。清代晚期档案里就说有用"银朱油"和"绿油"的。一般圆柱子用在主要殿堂，方柱子用在廊子上，廊子上的方柱子的四角向内雕凹进去一点，称为梅花柱，这些梅花柱都是漆成绿色。梅花柱的柱础，也是随着柱子的断面形状，呈梅花形，既规整，也有变化，长廊的柱子都是梅花柱，都是绿色的。长廊中间的四座亭子的柱子是圆的，都是红色的。这样的色彩变化，在长廊中显得很集中，但也有例外，如廓如亭（八方亭）有圆柱子，也有方柱子，但都漆成了红色，显得非常统一。

为什么畅观堂不能简单地说成是观景的地方？它的含义是什么？

畅观堂建在园内一座土山的顶上，确是观景的好去处，东面可以俯瞰昆明湖的全景，西面可以看到玉泉山的玉峰塔，北望是巍峨的治镜阁耸立在团城湖中央，四周的农田景色连接着耕织图景区。但是畅观堂的真正内涵，还在于"观民观稼"。在这里可以看到农田中的劳作，看庄稼的长势，能判断收成的丰歉，能够直接看到天时所带来年景的好坏，是作为封建最高统治者所能窥测到的、国家赖以生存的农业生产的一个窗口。所以乾隆说："畅观岂易言，必也心畅好，心又岂易畅，必也登万宝。"心畅才能畅观，心畅必须有风调雨顺丰收的好兆头。乾隆咏畅观堂的诗有二十多首，差不多首首都是这个主题。

为 什么皇家园林里有耕织图这样的景区？

　　中国园林里设有农村景色景点，是一种流传已久的习惯。在城市化以后，长期生活于闹市的人，向往农村和山林的景物和风俗是很自然的事。过去往往将园林称为"城市山林"，其中便也有现在所说的"回归自然"的意思。所以不管皇家园林，还是私家园林，都经常出现以农村景物为主题的景点和景观，自汉唐以来均有记载。清代皇家园林中如圆明园中的"北远山村"、"多稼如云"等，清漪园中的"耕织图"，颐和园中的"乐农轩"等。《红楼梦》大观园内有一景为"稻香村"，也典型地反映了古代园林的这种造景构思。中国古代是以农业为基础的国家，除了追求自然以外，皇家园林内的农村景色，无疑是封建皇帝把农业、农事放在重要地位的一种表现。

为 什么说颐和园内的亭子有成对成组的形式？

　　颐和园内的亭子有40多座。除了单独作为点景如廓如亭、知春亭、瞩新亭等以外，还有一些成对的亭子，如分置于佛香阁两侧假山顶部的敷华亭、撷秀亭，就是遥遥相望的两座孪生的姊妹亭。写秋轩两侧建有对称的观生亭和寻云亭。画中游后侧两翼通向爱山楼、借秋楼的廊子上，对称地分别缀有一座与画中游有同样平面的八角亭，但体量小得多。这些成对的亭子，都拱卫着主要建筑物，使建筑群显得更加完整，在对称中平添了几分活泼的成分。成组的亭子，像长廊沿线对称镶嵌的四座亭子，由东向西依次名为：留佳、寄澜、秋水和清遥。这四座亭子有同样的形式、同样的尺度，将一线展开的长廊，分隔成多个接点和起伏，是独具匠心的安排。园内还有一处四座亭子的组合，是在围绕宝云阁的五方阁廊子的四角，前面两侧的两座与入口的门厅相平，后面两侧的两座通过爬山廊进入，地势较高，也是体量相同一模一样的亭组，虽然这组建筑有其宗教的含义，但在景观上也堪称园林建筑中的上乘之作。

你 能说一说四大部洲建筑的源流吗？

四大部洲这组建筑建成于乾隆二十三年（1758 年）。据说早在乾隆十三年（1748 年），乾隆就派两名大臣、一名画工、一名测工赴西藏摹绘藏族聚居区的庙宇，为在北方地区建造汉藏混合式样的寺庙建筑做好了准备。这种设计构思与清朝政府对待蒙古、西藏的民族政策有着直接的关系。康熙年间，清廷为了维护多民族国家的统一和领土主权的完整，曾亲自率兵指挥平叛大军镇压了因沙皇俄国挑唆大搞民族分裂、作乱边疆的漠西厄鲁特蒙古游牧准噶尔部领主噶尔丹的叛乱。之后又通过亲自接见蒙古各部王公、赐宴、封爵、赏赉，以安抚为主的策略加强对蒙古各部的治理。为了更多地强调民族的团结，进一步笼络各部上层领主，康熙还在多伦敕建喇嘛教寺院"江宗寺"，表示尊重蒙古族人民的宗教信仰。雍正、乾隆两朝沿袭了这一民族政策并收到很大的成效。乾隆十年（1745 年），准噶尔汗达瓦齐再次发动叛乱，著名的格登山一战乾隆大获全胜。乾隆深知建筑艺术在意识形态方面的作用，就积极利用这种方式处理民族关系。他除了在承德避暑山庄召见蒙古各部大小领主、赏赉、加封爵位外，还在继承的基础上发展了其祖父康熙的做法。不仅在避暑山庄西北面仿西藏的桑耶寺敕建藏传佛教寺庙普宁寺作为永久纪念外，还在清漪园后山建须弥灵境（俗称后大庙或四大部洲），又陆续在承德建了普佑寺、安远庙、普乐寺，在北京香山建宗镜大昭庙。这些建筑在不同程度上把汉、藏、蒙古族建筑的总体布局、个体形制和细部处理上的特点融糅结合为一体，创造了前所未有的佛寺建筑形象，表现了我国多民族团结统一的建筑新风格，在当时的少数民族文化中起过很大的政治作用，在我国的建筑发展史上也占有重要的地位。

为什么四大部洲内的许多高墙上的窗户上小下大又都封死，有什么讲究吗？

四大部洲是以汉藏结合的建筑格局体现设计者的政治意图的。藏式部分的建筑风格突出了西藏佛寺山地寺院的某些特点。由于西藏政教合一的制度使某些重要寺院成为宗教活动中心的同时也成为政治、经济和文化的中心，有的甚至作为军事攻防的城堡。因此，寺院一般都依山而建，居高临下以控制全局。佛殿作为主体建筑和“扎仓”（经学院）要雄踞于最显要的位置。佛殿的体量高大无比，有的层数多达五六层，佛殿的外墙是藏族建筑常见的封闭的碉房式，墙上开梯形藏式小窗，这种上小下大的窗口称为楔形窗，有通风、采光和瞭望的实用功能，甚至还可用作射击口。四大部洲个体建筑上的梯形小窗全部是封死的，称为盲窗。这种做法却不是藏式窗的真实再现，而是取其象征意义。这些成排成列的盲式小窗和高达 10 米的红色金刚墙从色彩和体量上把四大部洲的整体建筑承托显露出来，在北方的皇家园林中显示出山地喇嘛寺院的气势。

为什么四大部洲名称中东南西北恰和自然东南西北的方位相反？

四大部洲中的东胜身洲、南赡部洲、西牛货洲和北俱泸洲是分布于须弥山四面的四座象征性建筑，其平面是按照佛经中的描绘而设计布局的。这个布局就像是画在一张纸上的画，不管你从哪一侧看，都要将一张画放正了看。四大部洲建于万寿山的北坡，正面朝北，因此就产生了宗教含义上的东南西北和自然的东南西北正好相反，南赡部洲在北面，北俱卢洲在南面，西牛货洲在东南，东胜身洲在西边的方位。坐北朝南一般是我们习惯的建筑方位概念，实际上，在古代有许多例外的情况，如辽代契丹族，崇尚东方，许多寺庙是坐西朝东。颐和园的正门东宫门、门内的仁寿殿，就是坐西朝东，我们习惯于东西配殿，仁寿殿由于朝东的方位，其配殿也就成为南北配殿了。现在四大部洲的香岩宗印之阁殿内的三世佛，由于面北，也是以中间的释迦牟尼为中，左侧（西侧）为东方药师如来，右侧（东侧）为西方阿弥陀佛。同样的情况在寺庙内是不少的。

后 大庙四大部洲现存主要建筑"香岩宗印之阁"中的"印"字，为什么不能解释成"印度"？

"香岩宗印之阁"原是四大部洲的中心建筑，高三层，象征着须弥山。光绪年间重建后，已不是原来的面貌，但沿用了原来的名称。"香岩"是梵语的音译，也译作"香严"，意为"洁静"、"坚固"；"宗"指宗风、宗仪，也就是佛法；"印"的意思是不变，指佛的宝印和佛法永恒不变，这里还专指宗教四曼荼罗中之三昧耶曼荼罗。"三昧耶"又译成"三摩耶"。普宁寺是乾隆在承德所建另一座和这座一样形制的庙，在《普宁寺碑记》里说："故寺之式，即依西藏三摩耶庙之式为之"，虽然这座庙的形式和印度确有渊源，但这里的"印"有特定的宗教含义，不是指印度。"香岩宗印之阁"直接点出了这座寺庙的信仰主题。

为什么说石舫是船头靠着码头?

清晏舫是一艘永远不能启航的石舫。舫身全长 36 米,舱楼建筑多达 326.2 平方米,仿大理石贴面,砖雕挂檐,典雅别致。仔

▲ 清晏舫

细看来,这艘大船并非船头向着开阔的昆明湖水面,而是正好相反,船头靠着岸边,船尾向着水面。清晏舫的船头低,船尾高高翘起,区别头尾最明显的特征是,船尾正中有一根石雕的舵杆和连接在舵杆上的石造舵板。船头低矮,是为了与岸边取齐,便于登船。但石舫的船头仍然高出码头,要登上石舫,还是从接近船头的右舷步入。这样的设计,还是为了登览的方便。它虽不能航行,但仍然时刻船头靠岸,迎接着一登为快的游人。

石舫为什么在重建时改名为"清晏舫",有什么含义?

清漪园时,昆明湖上的这座石舫,没有其他的名称,就叫作"石舫"。直到光绪十九年(1893 年),重建接近竣工时,才命名为"清晏舫"。"清晏"古来均作"国家清平安宁"的释义,即天下太平,安定祥和。有将"清晏"二字解释为"河清海晏"的,即黄河水清,沧海波平,同样用来形容国内安定,天下太平。如唐代诗人顾况的诗句:"率土普天无不乐,河清海晏穷寥廓。"宋代王谠《唐语林·夙慧》:"不六七年间,天下大理,河清海晏,

物殷俗阜。" "河清海晏"已作为一个成语,亦可写作"海晏河清"。圆明园内景点九州清晏、海晏堂的取名,也都是取用这一祥瑞的含义。

为 什么说石舫在清漪园时代和颐和园时代是不一样的?

清漪园时代和颐和园时代,石舫都建造在现在的地方,都是停靠在寄澜堂前方的一艘大石船。但清漪园的石舫,在石造的船体上建有中式舱楼。在1860年英法联军焚毁清漪园时也未能幸免,仅剩下残破的石造船体。光绪年间重建时,将原来的中式舱楼,改建成一座洋式舱楼,据说是仿照一艘法国游艇的式样设计的,这就是我们现在所看到的石舫。不但舱楼的建筑改成了洋式,而且在石舫的两侧还雕出了两个巨大的石雕机轮,更增添了时代特征。

为 什么说乾隆在造石舫时引用了一则有名的历史故事?

石舫是源于宋代的画舫而演变出来的中国园林中的点景建筑。它不但丰富了临近水边的景观,而且能够在远离水景的地方,隐喻出水的联想。但乾隆对这座石舫的建造,有着更深的含义。他在《石舫记》里说:"若夫凛载舟之戒,奠磐石之安……"所谓载舟之戒,是说唐代的名相魏征曾以水和船的关系比喻百姓和帝王的关系,这便是著名的水能载舟亦能覆舟这个形象的比喻。乾隆在多首咏写石舫的诗篇中都提到了这个故事。其实,这则比喻应出自比唐代早近一千年的战国末期的《荀子·王制》:"君者,舟也;庶人者,水也。水则载舟,水则覆舟。"

西 所买卖街在园中什么地方？为什么把水中的小岛称作小西泠？

颐和园内除了苏州街（原称后溪河买卖街）外，还有一条西所买卖街，这条南北向的水陆街市，北起贝阙门，南止五圣祠，现在虽不存在，但岸上的延清赏楼、斜门殿、小有天一线和岸畔的临河殿，还能反映出局部情况。这条街曲折的河道和水中的小西泠岛还是原来的布局，小西泠岛上的澄怀阁、迎旭楼也非常完好。这里清流曲水港汉交织，加之北端的一座七孔湾转木桥，纯然一派南国风情，这座小岛便取名于杭州历史悠久、风景如画的西泠渡口而来。西泠也称西陵、西林、西村。现在杭州西湖的白堤上有座西泠桥，桥畔山上的西泠印社，都出自这个渡口的名称。

在 石舫的北面有一座桥为什么取名"荇桥"？

荇桥的名取之于《诗经·周南·关雎》"参差荇菜，左右流之……左右采之……左右芼（mào，选择）之"。荇，是一种水生植物，既可食用，也可药用，根在水底，茎叶漂浮水面。《诗经》中描写的妇女采摘荇菜的语句，是一种比兴，和对"窈窕淑女"的追求联系在一起，得以淑女配君子，爱在进贤，不淫女色。古代把《关雎》篇章，延伸为"后妃之德"。荇桥地处石舫北面的河道入口，临近妃子们居住的西四所，引用《诗经》的名篇中的植物来命名这座桥，是有其深意的。

斜 门殿的门为什么不是斜的？

斜门殿在西所买卖街的范围之内。"斜门"二字源于古代宫中的习惯，将宫中的角门称为"斜门"。唐朝人在诗歌中就有引用，如李商隐的《烧香曲》中"玉佩阿光铜照昏，帘波日暮冲斜门"，就是指的这种宫中的角门。斜门殿并非一座角门。但过去在拟定园中景名时，都要有典故的依据，因为斜门是有出典的，便用来作为并非正殿的殿堂名称了。所以，不是真正的门是斜的才叫斜门殿。

为什么小西泠岛南端的一座小庙称作五圣祠？

五圣祠是一座前后两进院落的小庙，庙门面临码头，前方是开阔的湖面。庙门内有正殿三间，后院是五间的罩殿，庙的院墙东侧有一座角门通到岛上。庙的建筑尺度都很小，但结构精致紧凑，三面临水，加之四周院墙的土红色，是昆明湖西部拐入后湖前的出色的点景。庙名五圣祠是因为庙内供奉的是龙王、花神、土地、山神和药王五位神灵，所以称为五圣祠。这里需要说明的是，这个五圣绝不是流行于南方古代的淫祀"五通五圣"（旧时民间传说的妖邪之神），不要搞混了。这里的五位神灵都和颐和园的景观山水有着密切的关系。

为什么说石舫上的彩色玻璃和铺地花瓷砖是原来就有的？

石舫的景名叫清晏舫，慈禧时仿照外国游艇的形式建造，当时称"洋式舱楼"。舱楼的门窗都是拱形的，在门窗的起拱位置都嵌制了彩色玻璃，构成图案，迎光看去，非常耀眼。舱楼的一层地面上墁砌的洋式花砖，许多人认为是后来改造的，实际上原来就是这样的设计，整个舱楼都是仿照洋式的，内部装修也按照洋式的习惯进行装饰。石舫重建于19世纪90年代，当时外国的建筑风格、形式和材料，已经进入中国，像彩色玻璃、瓷花砖，在靠近口岸的城市已不是什么稀罕物。不但外国教堂使用，民间也有使用，在一些当时建造的私家园林内也已出现。

为什么说园内文昌阁与贝阙门两座城关建筑合称"东文西武"？

文昌阁在东堤的北端，上供文昌帝君。贝阙门在园内的西部，上供关圣帝君。文昌帝君是掌管人间功名禄位的神，关圣帝君即"三国"中蜀国大将关羽，明代追尊他为"三界伏魔大帝神威远镇天尊关圣帝君"，简称为"关圣"。这一文一武，一东一西，便有了"东文西武"的说法。但东文西武是有讲究的，始于汉代的朝仪，文武官员站班，文官居东，面向西；武官居西，面向东。清代的皇帝在乾清门御门听政时，文武官员也是按这个次序排列的。故宫东华门内的文华殿、西华门内武英殿也是东文西武。这源于《老子》"君子居则贵左，用兵则贵右"的说法。

为什么北宫门称为北楼门？

颐和园共有水旱十三门。东宫门和北宫门是其中最具规模的前后门。

北宫门外有东西两座朝房，门前原有一道河流，架桥通过，现在桥仍在，水已干涸。它被称为北楼门，是因为它是一座五开间上下两层的楼座。所以，在记录清漪园景物的《清漪园册》和《日下旧闻考》中都称它为北楼门。北宫门是后来的习惯称呼，被沿用下来。北宫门内是颐和园的后山景区，特别是处于后山主体建筑四大部洲的中轴线上，是直接进入后山景区的主要出入口，也是和香山、静宜园之间通过青龙桥最近捷的通道。

既 然苏州街是买卖街，为什么街内还有绘芳堂这样并非铺面的建筑？

苏州街是街市，买卖街也是街市，过去的街市既有铺面，也有住户、寺庙、馆舍、园林，正像苏州周庄的集镇街市上有张厅、沈厅这样的豪门住宅一样。苏州街的原型是江南一带的水街，它真实地反映了那里的风情民俗。但是，作为皇家园林内的买卖街，被称作宫市，当然要烙上皇家的印记。绘芳堂是一座两层楼的殿堂，从乾隆的诗中反映出这里是一处书房，后面还连接着金粟山房这样的亭廊结构，应是一处休息的便殿，也是一处俯视街景的去处，与对面的嘉荫轩隔河相望，别有一番情趣。

为 什么要在皇家园林中建江南的水乡街市？

关于乾隆皇帝在清漪园建成 28 年后，下令仿江南水乡街市在后溪河（后湖）中段建买卖街的原因，后人评说不一。主要有两种说法：一种是说皇帝是封建王朝的最高统治者，居于宫苑之中，得到最高的享受，但不能轻易出宫，像百姓一样游街逛市，领略不到市肆林立，百业竞陈的情趣。因此，早在公元前 8 世纪的春秋时期的齐国就出现了宫市。在皇家园林中建造商业街，虽然不是从乾隆时才开始的，却在乾隆时代达到了极盛。当时，在北京西郊的皇家园林有好几条商业街，清漪园买卖街（旧称）是其中规模最大且有韵味的。另一种说法是乾隆曾六下江南，对南国的自然和人文景观产生了浓厚的兴趣，特别是那些水乡街市的社会环境。在乾隆看来，宫苑虽好，但缺少别致的乡间情趣；园林虽美，但少有生动的生活气息。于是以太后年事已高，不宜再到江南巡游，应在京城造水街，供太后游赏为由，建了这条水乡街市，以满足太后对江南景色的喜好。

清漪园内只有买卖街，为什么又叫苏州街？

买卖街是皇家园林中一种很独特的建筑形式。清代的皇家园林里设买卖街几乎是定例。清漪园有两处买卖街，一处是在后溪河中段的买卖街，另一处在贝阙城关里到石舫以北，叫西所买卖街。西所买卖街是最初规划就有的，后山买卖街是后来加建的一台模仿江南水镇的大布景。江南的水乡很多，最著名的要首推苏州和绍兴，因它是模仿了江南苏州水乡的景色，所以俗称苏州街。这条水街力图模仿江南水乡的意境，和后山整体景观相融合，再现了江南山川林谷、园亭寺观的情趣。在宫中设市主要是为了增加帝后们游览的乐趣，其主要功能是为游赏审美而不是为实际购物。苏州街原是畅春园的景物，清漪园后溪河买卖街毁于1860年，由于在它被毁的一百多年中，其遗址一直被称作苏州街。1990年复建开放以后，根据传统习惯称呼，定名为苏州街，全称为苏州街宫市。

为什么说苏州街的铺面字号和它经营的内容是紧紧相扣的？能举几个例子说明吗？

苏州街共有店铺60多座，200多间。采用"以小见大"的手法，缩小建筑尺度修建。所以这里的铺面房比一般的铺面房小1/4左右。主要有"牌楼"、"牌坊"和"拍子"三种店面形式。所有建筑临河而建，形式多样，风格统一，一色青瓦灰墙，条石基岸，砖雕挂檐，落地门窗。一眼望去，五颜六色的茶幡酒旗，以及各行各业的幌子、字号高高悬挂在每家店铺的门前。不用介绍，游客也能猜出各家店铺是做什么营生的。如履祥斋是卖鞋的，云翰斋是卖文房四宝的，怡古斋卖古玩，吐云号是卖烟的等。看到这些字号就不难想象这里当年的繁华热闹劲儿。

苏州街和后大庙有什么关系？为什么？

在苏州街的南侧，万寿山后山中轴线上有一组西藏建筑风格的四大部洲寺庙群，与苏州街构成了"以庙带市"的传统商业模式。在民间苏州玄妙观的观前街，南京夫子庙的秦淮河，北京隆福寺、白塔寺的庙会等都是这种"以庙带市"的形式。

而这里的庙是高原风光西藏的庙，市是水乡情趣相融合的园林景观，这种高原风光和江南风物的组合，将西部高原和东南水乡的景色浓缩在一个景区里，在现存的古典园林中具有无可比拟的景观价值，也是我国两千多年来历代"宫市"独一无二的标本。

为什么说谐趣园是仿自江南无锡的名园寄畅园？

来过颐和园的人都说这里的谐趣园是仿照江苏无锡惠山脚下的寄畅园建的，但到过寄畅园的人将两园相对照就发现有许多不相近的地方，这是为什么呢？原来江南名园别墅中，以无锡的秦园最负盛名，它曾是明代兵部尚书秦金的私人花园。清朝康熙、乾隆南巡的时候，都曾多次选中秦园驻跸。康熙帝玄烨更是对它喜爱有加，不仅赐名寄畅园还曾题写了"山色溪光"、"松风水月"、"明月松间照，清泉石上流"等匾联。乾隆十六年（1751年）乾隆第一次南巡时，也看中了这个地方，赞美它"清泉白石自仙境，玉竹冰梅总化工"。这以后，他每到江南都曾在寄畅园驻跸，留下过"清旷名园一再过"、"屡来熟路自知通"的诗句。因是乾隆特别选中的，所以从1751年乾隆第一次南巡回京后不到四年的时间，清漪园东北角处就出现了以宫廷画师临摹无锡寄畅园的图纸为蓝本设计完成的一处独具特色的园中之园谐趣园。明末和清朝康熙、乾隆年间，是清代园林兴建达到鼎盛的时期。这时期的水石景园多从江南园林中汲取营养，有的是江南水乡的缩影，有的是江南名山的模拟，有的就像谐趣园是以江南名园为蓝本在北方仿造。直接模仿江南名园的做法就是从乾隆时期开始的。谐趣园是北方仿造江南园林比较完整地保留下来的唯一的一个园子了。

谐趣园原名惠山园，为什么后来改名谐趣园？

谐趣园原名惠山园。是因为它的蓝本寄畅园地处惠山脚下，清朝第五位皇帝嘉庆非常喜爱惠山园，并经常在那里办事，于1811年对惠山园进行了改建维修。竣工后，嘉庆皇帝写了一篇《谐趣园记》，最后说："以物外之静趣，谐寸田之中和"之意改惠山园园名为谐趣园。这里的"寸田"指心田，就是指人的心情和心境。"静趣"指自然界中充满生机、蕴含哲理的事物。谐趣园说明这里园景妙趣无穷，人置身其中，心境可以和变化着的事物相谐调，情与景的交融达到内心深处的平和、超脱和升华。1860年谐趣园与整个清漪园遭受英法联军的焚毁，我们现在见到的园貌是光绪十八年（1892年）重建的。

为什么说谐趣园是"园中之园"？

园中建园是中国造园的一大特色。谐趣园虽然面积不大，是占地 6660 余平方米的小园子，却是每一位来颐和园游览的游客不可遗漏的一处寻幽探古、休闲养性的好去处。园中不到 1300 平方米的水池作为小园构图的中心，10 座临水的亭、台、楼、榭和百间游廊环绕池边，它们间隔有序、错落有致地分布四周，沿岸古松古柏、垂柳倒映池中，池中荷花亭亭玉立，山上野生花木相互映衬，处处流露出江南园林的婉约多姿和灵秀之气。就像文章中脍炙人口的警句，谐趣园是颐和园这幅巨型山水画卷的一个缩影，值得人们细细品味。

为什么玉琴峡能形成流动的山泉而响声悦耳？

谐趣园还有"到门惟见水，入室尽疑舟"的意境。说的是还在门外，就能听到一片潺潺的流水声。进门首先映入游客眼帘的是一池荷花濯清漪，亭亭玉立的倩影。听得这水声，照得这水影，水趣无穷。追根溯源，这涓涓流水源自何处呢？原来是造园者利用后湖的水源和地势的高差，在西北角瞩新楼与涵远堂之间，人工凿出一处石峡，峡宽仅 1～2 米，长 20 多米，水流经几块露头的天然岩石而层层跌落，水声犹如琴音，叮咚悦耳，所以就取名玉琴峡。其实，这玉琴峡的设计，是仿照无锡寄畅园中的一景——八音涧而来。

为什么谐趣园内也有一座知春亭，还有与园中重复的景观名称吗？

颐和园内取名知春亭的建筑有三处。一处是位于昆明湖东北侧的知春亭，另两处就是谐趣园内的知春亭和知春堂了。"知春"顾名思义就是探知春天的讯息之意。人们从大自然中感悟春天有多种讯息，可以观鱼戏水而知春，王勃诗"鸟飞林觉曙，鱼戏水知春"；还可以看鸭而知春，苏轼《惠崇春江晚景二首》"竹外桃花三两枝，春江水暖鸭先知"。除此之外，观北斗也可以知春，李白《惜余春赋》"天之何为令北斗而知春兮，回指于东方"。览碧草而知春，李白《愁阳春赋》"东风归来见碧草而知春"。谐趣园内的知春亭在光绪年间是慈禧垂钓的地方，因援自"鱼戏水知春"取名知春亭。知春堂在园子的东部，乾隆时叫载时堂，后来改为此名。

九 道湾在园中什么地方？为什么称为九道湾？

玉澜堂、宜芸馆和乐寿堂，沿着昆明湖的东北角布局形成。玉澜堂和宜芸馆的西配殿原来都是穿堂殿，可以直接到达岸边。乐寿堂的正门水木自亲，南临昆明湖岸。由于这些建筑凸出凹进的布局，湖岸及其栏杆也都随着这些建筑变化，形成有许多直角弯转的岸畔小道，被称作九道湾。实际拐弯的地方要超过九处。九道湾由于在立面上又形成了石雕栏杆排列的各种透视关系，不但丰富了这个角落的景观，而且根本解决了由于呈 90 度角交接的建筑关系的刻板与生硬。这正是中国古代园林在造园空间处理上的过人之处。

乾 隆写《清漪园记》为什么难以下笔？

乾隆九年（1744 年），乾隆扩建圆明园告一段落后，写了一篇《圆明园后记》，在文中曾承诺今后不再"重费民力建园囿矣！"但是，只过了 6 年，1750 年乾隆又大兴土木，"重费民力"，兴建了清漪园。所以，乾隆二十六年（1761 年）清漪园建成以后,《清漪园记》却久久难以下笔。连乾隆自己也说:"以与我初言有所背,则不能不愧于心。""予虽不言,能免天下之言之乎?""今之清漪非重建乎?非食言乎?"虽然乾隆做了深刻的检讨,但是还是把治水的目的放在了第一位:"既具湖山之胜概,能无亭台之点缀?"以此为借口把《万寿山清漪园记》写成了。最后还引用了萧何为汉高祖建未央宫的故事和司马光对这个故事的评论自圆其说。

为 什么说光绪年间的四大建筑颐和园占了两座?

光绪四大建筑是指光绪年间复建和新建的四座体量较大,位置重要,功能突出的木构建筑。它们是佛香阁、祈年殿、太和门和颐和园的大戏楼。太和门是故宫内的三大殿的正门,于光绪十四年(1888年)冬失火烧毁,于光绪十五年(1889年)重建。祈年殿是天坛内最高大的建筑,于光绪十五年(1889年)被雷击焚毁,于光绪十六年(1890年)重建。佛香阁是颐和园内的主体建筑,于1860年被英法联军烧毁,于光绪十七年(1891年)重建。这四座建筑中,唯独颐和园的德和园大戏楼是在原宜春堂的遗址上新建的,不是复建。从光绪十七年(1891年)开工至光绪二十一年(1895年)最后完工,用了5年时间。因为佛香阁和大戏楼都在颐和园内,这样颐和园就占了当时四大建筑中的两座。

为 什么颐和园内有许多建筑一面看是一层,另一面看却是两层?

颐和园内确有这样的建筑,典型的有五处,它们是谐趣园的瞩新楼、西所买卖街的延清赏楼、澹宁堂的主楼和画中游的爱山楼、借秋楼。以谐趣园瞩新楼为例，从园外看瞩新楼正对后山中御路的东部出入口，由西信步出了中御路，迎面就是瞩新楼的二层，但面前却是一座一层的建筑，走进建筑里面，扶栏一看，一座园中之园，有山有水，有亭台廊榭却沉降在楼前。从谐趣园内看，它是和其他十一座建筑物一起串联在环园游廊上的一座楼。这种效果是山地建园依地势起伏布局取得的，在游览过程中，产生出人意料的兴味。澹宁堂的主楼，有时使人不解，参观完了才问导游原来是从哪儿下的楼或上的楼。

为什么颐和园的殿堂庭院里都陈列有铜铸的大缸？

这种大铜缸被称作"门海"。一般都对称陈设在殿堂的门外，容量很大，装饰精美。主要殿堂庭院里的铜缸，往往两侧有兽面衔环的雕刻双耳，腹部有镏金寿字图案，是庭院内的配套陈设，能将殿堂烘托得更为庄严肃穆。但这些铜缸是有实用功能的，是园内供贮水防火的太平缸。遇有火警，用一种铜制的激筒（俗称水枪）立于缸内，手动将水激射到一定的高度灭火。这些铜缸的底部都有白石的圆底座，在底座的一侧有一处活动的地方，可以抽出，原来为了防止冬天缸内贮水冻结，下面安排用炭火烘烤防冻，可谓"常备不懈"。

为什么园内有些桥下面没有水？它们又有什么功能？

没有水的桥，一般称作旱桥，园内有好几处旱桥，完全是桥的式样，一处在养云轩和扬仁风之间，是一座高高的双孔桥。它由扬仁风贴着西墙的假山磴道进入，西头直顶养云轩的东墙，对桥是一座角门，开门即可进入养云轩的院子，此桥是从乐寿堂到养云轩的一条捷径，从后院即可到达。为什么下面留有两个桥孔，主要是颐和园依山构造，山上的雨水必须通过山前的院落排到昆明湖，为了绕开院落，院后围墙都砌筑得很厚重结实，具有挡水的功能，并顺着墙根将这些雨水从预留孔道中泻出。这座旱桥便是最典型的一座。这样类似的处理有好多处，手法也变化多端。

为什么山石有南太湖石、北太湖石和土太湖石的区分？

颐和园内的山石，特别是独立成景的置石，有南太湖石、北太湖石和土太湖石的区分。"南太湖"就是出自太湖洞庭东山、西山的太湖石，历史悠久，唐代便有记载，流行的对石的评价"瘦、透、漏、皱"便是针对这种山石而总结出来的。后来北京房山也能开采出作为园林点景的山石，因这种山石的外形酷似太湖石被称为北太湖石。所以产自江南的太湖石就称为南太湖石。北京房山还有另一种山石，开采自土中，出土时孔窍中填满了泥土，用时需剔除泥土方显出姿态。这种山石色泽赭黄，被称作土太湖石。颐和园石丈亭内的置石应是南太湖石。青芝岫为北太湖石，青芝岫两侧的配石为土太湖石，都具有很高的观赏价值。

为什么殿堂庭院与长廊沿线的石雕器物座称为"露陈墩"？

园林建筑的室内、室外都有陈设点缀，包括古器物、山石、花木盆景等。一般这些陈设的底部都要安排架座，将器物垫衬至与建筑物的高度相称，便于观赏。颐和园内的这批用汉白玉雕造的石座，形态各异，纹样繁多，在同一庭院里的高度相等或相近，并且有近似的体量。难能可贵的是，这数以百计的石座原来都是陈放青铜器的。这些青铜器许多仍藏于园内,其中有商周制品以及清代的仿制品,十分珍贵。在重建颐和园时(1888～1889年)将这些青铜器画成图样,标明尺寸和陈设位置,逐个配置座墩。因为都是露天陈设的座墩,所以称作"露陈墩"。

为什么颐和园藏有4万多件文物?

颐和园的文物,原来都是颐和园的室内外陈设。室内外陈设是一座园林所包含的重要内容,也是反映园主人身份地位、学养爱好、文化素质的重要表征。皇家园林在这方面更是搜尽珍奇,极尽能事,更有只允许皇家所有,民间不能僭越使用的御品。颐和园的陈设,曾经在1860年和1900年两次遭帝国主义的抢掠焚毁,现有文物是1902年以后,又重新集结的。它们包括劫余残存、大内调用、新造制作、王公大臣贡献、外国礼品种种渠道,可以说是中国皇家收藏的最后一个文物群落。包括当时的帝后生活用品在内,均是文物范畴,上自商周,下迄清末,跨越了3千多年,这4万件文物,是颐和园价值不可分割的重要组成部分。

为什么说颐和园的景物名称都是引经据典定出来的?

的确是这样,颐和园的景物名称都各有依据,都出自古代哲学、文学、史学和其他理论笔记等名著。有的景点在建筑开始或建成以后才能定下名字来;有的景色题额要拟出几个,最后才由皇帝或太后确定。1886年颐和园就开始了建造,到1888年才定名为颐和园。清漪园建成后,乾隆在《万寿山清漪园记》里说"以建制题额间或缓待……"就说明了这个过程。大凡园内景名都要体现景观的主题、使用功能、道德崇尚、文采意蕴、典故源流、风雅教化这几个方面的内涵，都要引用经典，不能臆造。读懂颐和园的题额，正确揭示出它们的含义，也必须引经据典，把本来的立意还原出来，否则是要闹笑话的。

为什么说颐和园修建时挪用了海军经费？

清廷于光绪十一年（1885年）设立总理海军事务衙门，简称海军衙门，以光绪的生父醇亲王奕谭为总理，颐和园工程便由海军衙门承办。当时，海军衙门的海军学堂，便先期构建于园内之耕织图遗址，慈禧和光绪还在昆明湖上阅示过海军学堂的操演。颐和园的工程经费，基本由海军衙门按年定额拨付，每年30万两。另有官员报效也都以"为备海军要需及重修颐和园所需"的名义筹集。光绪十七年（1891年）仅一次就从海军的出使经费中借拨了100万两作为颐和园工程费用，现有账可查的总数约在500万两左右，这些都是挪用海军经费的证据。

为什么颐和园的古树上编号的金属标牌有红、绿两种颜色？

颐和园内的古树经过普查、评估，有1600多株被列为古树名木。根据有关法规进行养护，并编号登录进入电脑储存，跟踪记录。其中分级按200年以上为二级，300年以上为一级。一级的标牌为红色，二级的标牌为绿色，所以有了两种颜色。再仔细看，一级为全国统一序号，二级为本园序号，这是颐和园科学管理的一个重要组成部分。中国自古以来就有"名园易得，古树难求"的认识，视古树为活的文物，颐和园美丽的景观，离开这些古树，是难以想象的。为了使这些古树枝繁叶茂，每年都有大量的投入。

为什么将万寿山的绿化配置说成"前柏后松"?

万寿山绿化因取"松柏常青"的立意，自然将有"千年松，万年柏"之称的长寿、常绿的松树、柏树作为首选树种。一般说，柏树比松树更能抗旱，耐贫瘠的土壤，树龄也更长。前柏后松不是绝对的前山都是柏树，只是由于二三百年的变迁，后山的生存条件对松树更有利，存活到现在的比前山多；而前山的柏树相对就多了一些，特别是长廊的南北两侧，都以几行柏树贯穿前山东西，还是原来的布局和二百多年前的古柏。考虑生态条件，补种松柏时也就有前柏后松的安排。但是前山的古松也是很多的。现在前山补种的松树，也有一定的数量。

都是四合院，为什么在名称上有堂、馆、轩、斋等区别?

堂、馆、轩、斋原来都有不同的含义界定，堂为当正向阳之屋，馆有现在的宾馆含义，而且可以和别的建筑相通。轩的形式类似车，宜设在高处。斋要求密闭、空间聚合等。除了这几种之外，还有室、榭等名称。颐和园内的堂馆名称虽然不十分严格，但还是有讲究的，如光绪居住的玉澜堂、慈禧居住的乐寿堂都称之为堂，有堂堂正正的意思，而光绪皇后所居住的宜芸馆，称之为馆，正是和玉澜堂相通又可独立的院落，虽然这几处名称都是清漪园时代的旧称，但是到颐和园时代为什么能够沿用旧名，还是要考虑形制和使用主人的身份和地位，当然在建筑规模上也是有差别的。

为什么要将山石置放在门内的中央？有什么功能？

颐和园的乐寿堂、德和园庆善堂、石丈亭、仁寿门等处确是进门就见一块高大的山石，或立或卧。总之，尚未进门，先见山石充满门框，进得门后，绕过山石，才能见到正殿，这种以山石点缀庭院的手法，称为置石，只需单块就很精彩。像乐寿堂的青芝岫，刻有题诗、题字，又有典故来历，有很高的观赏价值。但它的主要功能，还在于屏障作用，能使庭院更加缜密，又不与外界隔绝，比起屏门或屏风来，更自然生动，趣味盎然，这在中国园林中是一个运用普遍的手法，许多著名的山石，大都是最早被置放在这个位置上，因而名扬园林史的。

为什么将颐和园的历史概括为"三建""两毁"的历史？

颐和园的前身清漪园是乾隆十五年（1750 年）建造的，咸丰十年（1860 年）被英法联军烧毁。光绪十四年（1888 年）于清漪园的废墟上重建，并改名颐和园。光绪二十六年（1900 年）八国联军将颐和园内的文物陈设抢掠一空，并将建筑物严重毁坏。光绪二十八年（1902 年）又对颐和园进行了一次大修。重新集结陈设，现在我们看到的颐和园便是经过 1902～1903 年大修以后的面貌。"三建"指 1750 年、1888 年、1902 年的三次大修建，"两毁"指 1860 年、1900 年两次帝国主义的破坏。颐和园的历史，是中国近代史沦为半殖民地半封建社会的一个缩影。

为什么颐和园原来的水旱十三门皆有旁门、如意门？

颐和园原来有水旱十三门，水门是指进水口与出水口，即乘船进出的门，其实是指清漪园时代的玉带桥、绣漪桥，现均已被划入园内，已不再具有门的功能。旱门主要指东宫门、北宫门、西宫门、新建宫门。这些宫门均配有旁门和罩子门，供王公大臣们出入。如意门是供进出料和工匠进出使用的。现称的北如意门是西宫门的配用门。南如意门是绣漪桥的配用门，供岸上护送帝后御船的马队随船进入。事后，后队变前队，再行退出。水旱十三门包括这些罩子门和旁门、如意。实际帝后出入的正门只有四处。

为什么说颐和园内许多建筑是专门用来观赏自然景物的，如赏雨、赏月、赏夕阳等？

古代园林崇尚自然，以亲近自然，捕捉自然景观的变化为能事，颐和园的建筑名称和牌匾都有很好的反映。如迎旭楼、澄晖阁、邀月门、寻云亭、霞芬室、瞩新楼等，但这些建筑名称有的是虚写，有的是有实际观赏功能。如景福阁，本意并无观赏自然的内涵，它却是一座慈禧赏雨赏月的好去处，景福阁前建三间敞厅，视野开阔，赏雨不湿雨，赏月不沾露。夕佳楼取名于陶渊明的"山气日夕佳，飞鸟相与还"。日落时推窗可看到万寿山昆明湖的最佳晚霞夕照。这样的景点比比皆是，清漪园南湖岛上的望蟾阁，从名称立意到建筑本身的结构，也确是赏月的最佳所在，现存涵虚堂前的露台，仍是赏月的理想场所。

为 什么说颐和园是博物馆公园？

颐和园在由皇家园林辟为公园以后，就被认为是博物馆性质的公园或博物馆公园了。按国际对公园的分类，确有博物馆公园这种公园类型。将颐和园归在这一类，不但是因为它有专辟的文昌院文物展出和许多重要殿堂的原状陈列，更主要的是全园内容广博、内涵丰富的自然与人工高度结合的园林景观。在参观游览的过程中，人们可以从中获取有关自然的、人文的，各门类多学科的知识，不但可以用欣赏的眼光，而且可以用审视、研究、探索等思维方式，对待展现在你周围的一切。联合国教科文组织将颐和园列入《世界遗产名录》时，第一条评价是："北京的颐和园是对中国风景园林造园艺术的一种杰出展现，将人造景观与大自然和谐地融为一体。"

为 什么颐和园藏有天津民间艺人"泥人张"的作品多件？

泥人张是清朝末年出现在天津的民间彩塑艺术，它超出了当时彩塑的粗放质朴的民间特色，极尽形神酷肖，色彩典雅端丽，刻画写实生动，具有极高的艺术价值，因而受到社会各阶层人士的喜爱。光绪三十年（1904 年）慈禧太后 70 岁生日，在王公大臣进献的寿礼中有大臣庆宽所进献的"巧捏泥人八匣计八出"，它们是《木兰从军》、《红楼梦》、《孙夫人试剑》、《白蛇传》、《福禄寿》、《风尘三侠》、《张敞画眉》、《春秋配》，都属于"泥人张"第一代张明山和第二代张玉亭的作品，其中《木兰从军》最为精彩，堪称泥人张的代表之作，为艺术界所推崇。作为民间艺

术而进入宫廷非泥人张一种，但因高雅超群而能陈列于殿堂确为
罕见。

为什么有一种石桥的护栏称作罗汉栏板？

园内一般石桥的护栏都是由望柱和栏板两部分砌筑而成，有
一种石桥只有栏板没有望柱，一块块栏板，直接拼合构成，而且
居中一块高起，向两侧依次降低一点，所以基本是单数。苏州街
中心岛东头的一座桥栏，两畔各是由 9 块组成，一共 18 块，像是
十八罗汉分两边排坐，所以叫罗汉栏板。推而广之，凡是不足此
数，只要是由栏板直接拼砌的，均称为罗汉栏板。这种石栏板没
有更多的雕琢，也不掏空镂雕，比较低矮，只在石面鼓起海棠式
的装饰，古朴大方。颐和园东宫门外月牙河上两边、养云轩葫芦
河上和寅辉城关前的石桥，均是这种罗汉栏板。

为什么将园内集中种植牡丹的花台称为国花台？园内有几个国花台？

所谓国花，是指牡丹。牡丹又名木芍药，属毛茛科落叶灌木，
是我国著名的观赏花卉，自南北朝以来，就成为园林观赏植物中
的佼佼者。由于它花大，颜色丰富，品种繁多，娇艳异常，香气
馥郁，历来象征富贵、繁荣、昌盛，有"花中之王"、"国色天
香"的称誉。颐和园内的国花台位于长廊北侧、佛香阁东边的一
块较开阔空地上，依山而建，平面呈弧形，立面为阶梯状，春日
花开层层，互不遮挡，便于观赏，原来有一块"国花台"的三字
石碑，现已不存。将牡丹称为"国花"，可能是从唐代刘禹锡的
《赏牡丹诗》"唯有牡丹真国色，花开时节动京城"的名句依附而

来。近来，仁寿殿南北花台因种牡丹也称国花台是没有依据的。

为什么清华轩门内有一座八方形的水池？

清华轩的前身是清漪园大报恩延寿寺西侧的五百罗汉堂，建筑平面呈"田"字式，与现存的碧云寺五百罗汉堂相似，但小得多。现在的八方水池是原来五百罗汉堂前方的点景，但这个点景是有宗教含义的，取八方形，即寓有"八功德水"的内涵，八功德水又称八支德水、八味水、八定水。传说佛之净土有八功德池，池中充满八功德水。这八种殊胜功德是指澄净、清冷、甘美、轻软、润泽、安和、除饥渴和长养诸根，"根"在佛教中，一般指器官和器官的功能和能力。但我们现在看来，具有这八种性质的水，确是好水，许多佛教寺庙都建有这样的水池，多利用山泉引接，清华轩的这座水池中养有莲花，更增加了宗教色彩。

为什么说凤凰墩是仿造无锡运河中的黄埠墩构筑的？

凤凰墩是昆明湖南湖岛南端的一座小圆岛，岛上原建有一座会波楼。因顶部竖有铜铸凤凰风旗，可以随风转动，以辨风向，又称凤凰楼，乾隆在诗里说："渚墩学黄埠，上建凤凰楼。""黄埠"即无锡的一处名胜黄埠墩，是运河中的一座小圆岛。岛上建佛寺楼阁，康熙南巡时曾登岛游览，并题写"兰若"（原为僧人习静修行处所，后指一般佛寺）二字。后来岛上便有了"御书楼"的名称。乾隆六次南巡也几度将御舟停靠岛岸，记有诗句如"到来俯视原无地，攀涉遥吟恰有楼"、"舣舟趁晴明，登阁聊延俄"。还题写了"水月澄观"四个字的匾额。看来对黄埠墩及其周围的景色十分喜爱。第一次南巡归来不久，便建成了凤凰墩。道光时岛上建筑被拆除。现岛上六角亭是新中国成立后由市内移建于此。

为什么颐和园内有的建筑在形制上两边并不对称？

颐和园的殿堂门厅等建筑单体应该是左右对称的，但也有例外。例如谐趣园的宫门左右就不一样。这还是一座悬挂门额，门上有九行门钉的正规宫门，面向西，其南侧为硬山结构，而北侧为歇山结构，左右并不对称。造成这种情况的原因为南侧有一座两间值房紧靠在硬山墙上，用歇山顶就会影响值房的高度。而北侧紧插在歇山檐口的是一座悬山的过厅，北接游廊，形成叠落和由多种屋面形式构成的丰富层次。这正是园林建筑因地制宜的高妙之处。类似的情况园内还有一些，这要在游览过程中细细体味，才能发现。千万不要将它看成坏了规矩的表现。

许多人将颐和园和法国的凡尔赛宫相比，有的专家却说不能相比，为什么？

确有许多人将中国的颐和园和法国的凡尔赛宫相提并论，将它们分别作为东西方园林艺术的杰出代表。但是，凡尔赛宫不像颐和园具有湖山之胜，缺乏中国山水园林的韵致。凡尔赛宫平地造园，以轴线展开取胜，虽然庭园中辟有规则的水池，并开凿很宽直的运河作为衬托，终不能像万寿山昆明湖的山水相映，堤岛纵横，将金碧辉煌的宫殿融入自然的水山之中。当然，凡尔赛宫的规模和造园艺术的成就，是不能低估的。同是列入《世界遗产名录》的两座皇家宫殿园林，均是人类的共同遗产。

为什么说以颐和园为代表的中国皇家园林是世界几大文明之一的有力象征？

这个结论是世界遗产组织的专家在对颐和园进行了两次考察以后得出的，并且作为将颐和园列入《世界遗产名录》的一条重要依据，载入联合国教科文组织的相关文件。有人理解，所谓"世界几大文明之一"就是指"中华文明"。为什么起草人不直接使用"中华文明"，而用"世界几大文明之一"，这是将其放在世界范围内加以比较，与单独指出"中华文明"有显著的差别。作为人类的共同遗产，颐和园是当之无愧的。据了解，在列入《世界遗产名录》的好几百项的名单中，获得如此崇高评价的遗产并不多见，难怪在日本京都的世界遗产全委会上通过时，有个别国家的代表在同意将颐和园列入名录的前提下，对此项评价提出保留意见。但最终由于没有其他代表反对而放弃了保留。

长　城

为什么说长城是地球上最宏伟的大墙（THE GREAT WALL）？

在东方中国的大地上，以土石为躯体的巨龙于两千五百多年前横空出世。它跨跃崇山峻岭，穿草原沙漠，历经绝壁大河，起伏盘旋、奔腾飞舞，纵横 10 万余里，它就是蜚声世界的中国长城。其中横贯我国北方的长城规模更为宏大，东西相距长达 1 万余里，因此被称为万里长城。曾有人粗略估算，若用明代中国修筑长城的砖石土方修筑一道高 5 米、宽 1 米的大墙，这道墙可环绕地球一周有余。或是铺筑一条宽 5 米、厚 35 厘米的公路，那么这条公路可环绕地球三四周。如果以 10 万余里计算，则这道长墙可绕地球十几周，这条公路可绕地球三四十周了。如果加上各种关城、卫、所、烽火台、城堡、墩台、营城等的工程用量，这道大墙和公路，可绕地球几十上百圈了。长城工程之雄伟巨大，可想而知。

为什么称长城是人类古代信息大道？

在 1844 年莫尔斯发明有线电报和 1874 年贝尔发明电话以前，远途的信息信号传递传输主要有三种形式：中国的古代在山巅制高点长城上的烟火燃放数目；中国古代的连通大城市和军事边塞关城的驰道快马换乘驿站；18 世纪末欧洲开始在航海中应用的船岸或船船间的旗语。长城烽烟是人类信息远地传递的鼻祖。长城作为古代工程的奇迹，还不仅仅在于工程量之大和体量之巨，更重要的还在于它严密而又科学的军事防御体系的布局，"因地形、用险制塞"的科学设防，烽火相望顷刻千里的通信联络报警系统，以及因地制宜、就地取材的各种不同建筑材料、不同结构方式，以及近百代人持之以恒和亿万人民不畏困难的艰巨劳动。

中国万里长城何时被列入《世界文化遗产名录》？

由于万里长城历史悠久、工程宏伟，早在几百年前就与罗马斗兽场、比萨斜塔等被列为中古世界七大奇迹之一。1961 年被中国国务院公布为第一批全国重点文物保护单位。1987 年与周口店北京人遗址、北京故宫作为中国首批被列入了《世界文化遗产名录》。司马台长城作为考察重点地段，八达岭长城作为代表接受命名证书，现保存在地处八达岭的中国长城博物馆。2002 年 12 月辽宁九门口关（一片石关）作为中国万里长城专项精华部分被列入《世界文化遗产名录》。

为什么说长城是安定的屏障与和平的通道？

关于长城的历史地位和作用，古往今来，褒贬不一，百家争鸣。但长城的存在是一种"军事的防御工程"，从来没人否认过。

长城是国家安定与和平的保障，这是由它本身在历史上所发挥的功能和所起到的作用决定的。一个国家如果没有稳固坚强的国防，敌方随时侵扰掠夺家园，没有安定可言，更无法言及政治、经济的繁荣和文化的发展。

也曾经有人认为中国长城是"闭关锁国"限制发展的产物，但事实上，长城既非锁国闭关，也未限制国家和民族的发展。它所起到的作用只是有效防卫和弹性防御。它的功能类似古代城市的城垣或家庭围墙，它既不能关住城中或家中的人，也不限制他们外出工作和发展，只是起到保护的作用而已。还有人认为长城是汉族压迫少数民族的产物，这一说法不成立的最有力佐证便是在公元前 2 世纪，汉武帝所修筑的河西长城，在保证"丝绸之路"的畅通和对外文化交流方面起到过非常重要的作用。

巍峨绵延的长城、烽燧、坚固的城防、完整的防卫体系，只令入侵者生畏，而对受保护者是极大的安慰，长城在历史上作为安定与和平的保障，赫赫丰功，永垂青史！

为什么说长城是东方中华统一的秦帝国的历史标尺？

春秋五霸、战国七雄伴随中国封建社会的初步形成，为安定国强，长城始筑。

公元前221 年，世界东方的秦帝国始皇帝兼并灭掉了韩、赵、魏、楚、燕、齐六个强大的诸侯国，出现了中国历史上第一个大统一的中央集权制国家。秦嬴政取中国传说历史时代圣祖"三皇五帝"中的两称号，又表明自己在历史上的开创地位，号称"始皇帝"。秦始皇为了巩固大帝国的统一和发展生产、安定生活，除了设立郡县和制定书同文、车同轨、行同文，统一度量衡等措施之外，还有最为重要的一条，就是加强国防。他在肇建中国第一个中央集权封建制统一国家的同时，还指挥建造了万古留名的第一道长达万里的以守为攻的长城。

历代众多强盛民族通过修筑长城这一形式，共同创造了中国这一多民族国家的形成和发展。

为什么说长城是上古以来中华民族争战、融合的发展地带？

"只知内外是故乡，谁知长城有多长"，表达了长城内外各兄弟民族长期共同发展，相互交流融合的历史事实。长城分布在草原游牧文化与中原农耕文化的交错地带，自古就是各族集结和交流的重要地区。随着草原游牧民族经济生活的日益扩大，对中原农业经济的依赖更加突出。

先秦至汉初，南北经济文化的交流，大多通过战争的方式进行。中华民族诞生之战——上古著名的炎黄坂泉之战、黄蚩涿鹿之战两大战争就发生在八达岭长城以西70千米处的涿鹿县矾山镇，现今犹存"黄帝城、蚩尤寨、炎帝营"的遗址，万里长城的出现，应为三祖争战融合的遗脉。

为什么称长城是古代中原与边疆地区有机联系的"拉链"？

万里长城的修筑，并未能阻断各族人民的友好往来与互通有无，昭君出塞播撒下汉匈两族和平友好的种子，和亲以来长城出现关市贸易不断发展的繁荣景象。文献记载和考古发掘证实，汉匈两族人民，睦邻相处，互通关市，往来于长城脚下。流入草原的有黄金、铜器、陶器、织锦、粮食、钱币、工具等大量生活、生产必需品。流入中原的则有马、羊、牛、驴、驼以及皮毛和奶畜产品，还有如史籍所载，至武帝时的"大宛血马"。那时长城以南，汉塞之郡，已是马牛放纵，大量畜力投入农垦和交通，极大地提升了中原地区的社会生产力。

在内蒙古和林格尔汉墓和辽阳汉魏墓群中的壁画所绘的正是长城内外各民族团结友好、经济发展的生动场面。在长城产生和发展的几千年中，尽管曾出现过多次攻战征伐，但是南北各族人民交流融合，始终是历史的主流。遍布于长城沿线的关城堡塞，就是中原汉族同北方少数民族互通有无，贸易往来的物质集散地。

明朝中期，关市贸易更加繁荣，除官办的贡市、关市、马市外，还有更多的民市、月市、小市等形式多样自由的民间贸易方式。唐宋以来出现的"茶马互市"，至明开始空前规模地发展，广宁、关原、抚顺、张家口、万全、大同、榆林等处，已成为汉族同蒙古、女真族固定进行大宗贸易的著名场所。万全等地开市之日，店铺林立，南京罗缎铺、苏杭绸缎铺、临清布帛铺、绒线铺、杂货铺……"各行交易，铺沿长四五里许"。

边塞各处呈现出"物阜民安，商贾辐辏，无异于中原"的兴旺景象，这与长城的护佑大有关系。

为什么说长城与古丝绸之路共同铺就了今天的欧亚大陆桥？

　　长城在中西经济文化交流历史发展过程中，一直起着极重要的作用，著名的丝绸之路正是在汉武帝派张骞打通西域后，在亭障相接、烽燧林立的长城防御系统的严密保障之下，才得以畅通并且不断发展起来的，成为今天欧亚大陆桥的基本走向。天山南北与内地连为一体，中原同西域的经济文化联系日益紧密。

　　西域的石榴、葡萄、苜蓿、胡麻、胡豆、胡瓜、胡桃等植物干鲜果，不断向东移植，良马、峰驼、奇禽异兽以及各种名贵皮毛织品，源源流入内地。

　　佛教及其艺术也经中亚传入西域，继而又向东土传播，对中国文化产生了很大的影响。

　　中原地区则向西域输送了大量的丝织品和金属工具，铸钱、掘井、灌溉等技术也在西域地区广泛应用。丝绸之路繁荣的经济文化交流，促进了西域社会的进步，也丰富了中原汉族的物质生活和精神生活。

　　在居延、玉门、楼兰、于阗、高昌、交河和龟兹等汉唐故址中，不但发现大量精美的丝织品，还有各种中亚、西亚以至欧洲诸国的器物。罗布泊出土的简牍中，有月氏人的名籍和婆罗门（古印度称为婆罗门）文等，表明当时往来于河西走廊与塔里木南中北国际大道上有中原的官吏执行公务，还有西亚商人向内地运来毛皮、毛织物、香料、珠宝和各种奢侈品，用以交换中国盛产的丝织物以及金属器物。有绵延的长城相伴，驼铃声声，漫漫丝路上承载的商流，是灿烂辉煌的东西方文化相互交流交汇形成的新通廊。

为什么称长城是历代先进生产力和文化交汇的通廊？

长城沿线历代的屯田农垦，保障着丝绸之路的畅通和关市贸易的正常进行。

秦汉时期，累计军屯、民屯、塞边的兵民达千万之众，直接促进了屯垦区内经济的发展，中原农业区先进的生产技术与经营方式广泛应用。关市贸易、屯田农垦极大地促进了北疆的社会经济，蒙古草原不仅羊马遍野，而且进一步发展起农业经济，"其耕具有牛、有犁，其种子有麦、有豆、有黍"，瓜、茄、芥、葱、韭之类，种类俱全，汉蒙人民共同开发塞外，"南至边墙，北至青山，东至威宁海，西至黄河岸，南北四百里，东西千余里"。

为什么称长城是博大精深的艺术宝藏？

长城是中华民族几千年传统文化艺术的结晶，从辽宁牛河梁女神庙，到新疆克孜尔千佛洞，长城沿线分布着无数的名胜古迹、自然景观、古墓古城和珍奇文物。

马家窑文化遗址出土的彩陶，表明长城区域是中华文明的发源地之一；嘉峪关魏晋墓壁画，描绘出千百年前河西走廊各族人民社会生活的场景；驰名中外的敦煌莫高窟，是长城沿线石窟艺术的顶峰；崇山峻岭中的摩崖石刻，铭记着东方各族人民对祖国山水的热爱；边塞文学丰富的诗词杰作，吟咏着长城雄关险隘风情。

长城边关诗词在我国文学史上占有极其重要的一页，汉代蔡琰《胡笳十八拍》（已证实为后人假托，伪作，此引用仅供参考）中的"夜闻陇水兮声呜咽，朝见长城兮路杳漫"、"杀气朝朝冲塞门，胡风夜夜吹边月"，李白的"长风几万里，吹度玉门关"，王昌龄的"秦时明月汉时关，万里长征人未还"、"琵琶起舞换新声……高高秋月照长城"，王维的"劝君更进一杯酒，西出阳关无故人"，高适的"校尉羽书飞瀚海，单于烈火照狼山"，岑参的"忽如一夜春风来，千树万树梨花开"，王之涣的"黄河远上白云间……春风不度玉门关"等名句千载传诵。古代的边塞诗词人已经成了独树一帜的诗词流派。

毛泽东的"天高云淡，望断南飞雁。不到长城非好汉"、"北国风光，千里冰封，万里雪飘。望长城内外，惟余莽莽；大河上下，顿失滔滔"更是把长城与壮丽的河山景色结合，抒发了雄壮的革命胸怀。孟姜女的故事已成为中国民间传说故事中最为广泛流传的作品之一，《送寒衣歌》至今仍在广泛传唱。古往今来，长城诗词、边塞文学作品之多数不胜数。

艺术家们曾为长城绘下了雄伟的形象。摄影、绘画、雕塑、版画、油画……长城可以容纳各种美术艺术形式。就连长城本身也开了军事工程建筑艺术和长城装饰艺术的先河。如在墙顶与垛口的交接之处砌出菱角花牙的边饰，在射孔、擂石口处做成壶门雕饰，在吐水嘴、滴水尖等凡有隙用艺之地，雕刻家们都大显身手加以设计美化。在山西雁门关、大同得胜口等处的敌楼券门上，现在还保存了明代雕刻家们留下的垂花门罩砖雕艺术。

河北唐山迁安市的白羊关、洪峪口选用了红白双色的华美大理石筑城墙 10 余千米，其造型文饰、雕刻的精美富丽，足可与皇家、王公府第工程媲美。

万里长城就是一座中华民族大地型艺术的宝库，犹如一条巨龙，蜿蜒在中国北方崇山峻岭、溪流险滩、高原戈壁，它驰越沙漠草原和平原沃野之上，展现出源远流长的悠久历史和光辉灿烂的东方文明。

长城如何以战争之城、观光之城成为世界和平友谊之城？

"不到长城非好汉"，毛泽东的诗句已经成为中外人民、专家学者、旅游观光者认识中国、了解中国的至理名言。

中华人民共和国成立之后，为了接待全国各族人民，接待友好国家的贵宾元首和国内外旅游者，根据著名文学家、历史考古学家、时任政务院副总理的郭沫若提议，首先维修开放了居庸关八达岭长城、山海关长城。1979 年发展旅游事业之后，维修开放了嘉峪关、金山岭、慕田峪、黄崖关、司马台、九门口、玉门关、阳关、居庸关等 10 余处地段的长城及其相配置的卫所、关口、墩台、烽堡，再现了长城当年的雄风。加强了保护，同时还增加了相应的旅游设计和设施，为大众旅游者提供观光便利，求知探险性的专题旅游项目，如长城沿线游、长城赛跑游、长城考察游、长城诗歌演唱、长城夏令营等兴起。

为什么说长城是历史上各民族共同修筑的？

有人误认为长城是汉民族修筑用来防御其他民族的，这完全是不了解长城修建历史的缘故，不仅汉族统治的朝代修筑过长城，其他兄弟民族统治的朝代也修筑过长城。自秦始皇修成万里长城之后，汉族统治的朝代修筑长城的只有汉、隋、明三个。其他兄弟民族统治的朝代修长城的就有北魏、东魏、北齐、北周、辽、金、元 7 个。他们大都在内蒙古自治区之内。元代在入主中原统治了全国之后，对大都（今北京）西北的要隘居庸关多次扩建，至今在居庸关关城内还留下了一座关城式的白石云台。修建起第一道万里长城的秦始皇，其祖先也并非汉族，而是由"僻处西戎"

的一个小诸侯逐渐强大起来的。如果加上秦始皇就有 8 个兄弟民族统治的朝代修筑过长城。

外国类似长城的军事防御设施有哪些？

在国外，也有一些类似中国长城这样的军事防御设施，但规模均没有长城这么大。

公元前 457 年欧洲希腊半岛雅典筑长城，有效地保护了通往出海口的通道。城墙全部用石块砌成，长 70 余千米，厚度在 7 米以上，外侧用铁和铝的夹板加固。

公元前 404 年欧洲希腊半岛雅典拆长城。伯罗奔尼撒战争，雅典战败，被迫拆毁长墙以削弱海军。

83 年欧洲罗马帝国筑"木墙"，以阻止外族渗入。木墙从莱茵河中游延伸至多瑙河上游，再折向里舍以北，是罗马帝国北部边界的防御线。

117 年欧洲罗马帝国修筑防御墙，阻挡可能侵犯帝国的日耳曼人。以原"木墙"为基础扩建加长，全长 584 千米。

121 年欧洲罗马帝国始建不列颠岛长城，以阻止北方凯尔特人南侵。全长 118 千米，由方形巨石砌成，高 4.5 米，宽 2.5 米，内外两侧还挖有深壕。

142 年欧洲罗马帝国修长城。在不列颠岛长城北边又筑一道长墙，但不久废弃。

808 年欧洲丹麦国兴建边墙以防止日耳曼人北侵，全长 17 千米。

934 年欧洲丹麦边墙曾被入侵的德国皇帝亨利一世破坏，以后丹麦又重建、扩建。

974 年欧洲丹麦边墙被德国皇帝奥托二世拆毁。

1033 年亚洲高丽修筑长城以抵御中国北方契丹族入侵。西起鸭绿江入海口，向东经过 17 座城市，全长 1000 余里，墙体用高、厚各 8 米的巨石砌成，1044 年全线竣工。

1848 年欧洲丹麦重新修复、加固 808 年修建的边墙，用以抵御普鲁士人的入侵。

1864 年普鲁士人攻打丹麦，将边墙全部拆毁。

1961 年 8 月 12 日欧洲德意志民主共和国首都柏林兴建界墙，以防止西柏林居民随便出入东德。开始为铁蒺藜路障，后为带有铁蒺藜的 2 米高墙，1970 年墙体增至 3 米高，墙体为混凝土板结构，墙顶上包巨型圆水泥管，使人无法攀缘。至 1979 年 5 月，共筑混凝土板墙 104.5 千米，混凝土墙 10 千米，铁蒺藜网 55 千米，防汽车壕 123.5 千米。

1989 年 12 月东欧政治形势剧变，东德决定拆毁柏林界墙。

长城这种防御体系是如何演变而来的？

长城的起源，可追溯到 2500 多年前的中国春秋战国时期，而筑城用以防御，则早在此前便已出现了。当原始人类过渡到以农业为主的定居生活之后，便已懂得在居住区周围挖掘壕沟，夯土垒石筑墙，作为保护自己的防御措施。随着生产力的发展和私有制的产生，这种防御设施不断改进，到商周时已发展成具有防御功能的城堡，遍及各地及边境，形成环形的独立的防御要塞，拱卫天子都邑。春秋战国时期，各诸侯国为了防御其他诸侯国和外族入侵而修筑了长城。从防御建筑工程发展的过程推测，最初的长墙形式，可能是由彼此相望的烽火台或连续不断的防御城堡等单体建筑延拓而成，而用城墙把烽火台和列城联系起来形成长城。春秋时期列国争霸，相互攻伐，促进了御敌设施的加强和发展。

　　长城是中国数千年来攻守防备合一实践的产物，城障相连、烽燧相接、蜿蜒起伏的万里长城，正是在史前文化的沟壕、土墙等原始防御设施的基础上，逐渐产生并发展起来的。长城是中国古代各族人民智慧与血汗的结晶，也是人类历史上伟大的军事防御工程之一。

目前存留的最早的长城有什么特点？

　　早在秦始皇统一中国的 300 多年前，楚、齐两国率先用墙体把边境线上的城堡连接起来，利用山河之险，构筑成具有战略防御性质的"楚国方城"和"齐国钜防"，长城从此出现在华夏大地之上。

　　楚长城　楚国的长城史书上又称"万城"、"方城"。战国时代，楚国又将方城自鲁阳关向西扩建，连接栾川县东南境翼望山，再向南折，直至邓县北境，形成完整的矩形。

　　楚长城建筑结构的特点是因地制宜，利用山河之险以为城，依山为壁，临水作堑，连山相接，在无土之处，堆累石加固。楚长城，经行大体为：自今河南邓州市东北起，沿内乡、镇平县交界北行，至湍河上游翼望山，折向东行，沿伏牛山而东至叶县西南境，再转向东南，连接泌阳县之中阳山而终。但是目前仅在河南方城县东北大关口发现残长千余米依山而筑的一段春秋时期残垣基础。

　　齐长城　战国时期齐国的长城。齐国最初的长城是利用济水的堤防再筑墙连接山脉而成，史称"长城钜防"，"足以为塞"。以后，代有修筑，逐渐向东延伸。齐长城西起今山东平阴县东北古济水之滨，东北行入长清县南境，经五道岭，入泰安县界。绕泰山西北路山岭东行，经历城县南界之梯子山，沿章丘、莱芜两县市交界之劈林尖山东南行，经博山县南境，入临朐、沂水两县交界地曲折东行，逾穆陵关，经安丘县西南界太平山，傍莒县高华岭而入日照县北境，沿昆山，诸城县雷石山，东至胶南县小珠山之东入海。

齐长城在平地多用黄土夯筑，山岭上则用石块垒砌。在地面上往往留下长长的碎石带。

秦始皇为何要修筑万里长城？

秦始皇公元前221年统一六国，结束了诸侯割据称雄的混战局面，建立起统一的封建王朝。对于秦王朝的统治，最主要的威胁是来自北方草原的匈奴，始皇三十年（前217年），即秦统一六国后的第五年，为解除北方边患，开始了修筑万里长城的大业。

▲ 秦皇岛市秦始皇祭海雕塑

始皇三十三年（前214年），秦始皇命蒙恬率兵30万，发起北逐匈奴的战争，把统一战争期间趁机入居塞内的匈奴部落驱出塞外。活跃在北方草原的匈奴乘秦始皇统一六国之际南下，侵占原属赵国的河南地（今内蒙古河套以南），对秦国构成严重威胁。为确保中原地区的安宁，秦始皇以巨大的人力、物力和财力，开始修筑长城的大业，延绵万余里。它利用了战国时期燕、赵、秦三国北部长城的基础，进行了大规模的修复、连接和增筑，并在若干地段，随着秦王朝新拓疆域，向北扩展延伸，沿线设置12郡，分段防御，从而使西起临洮，东至辽东的整个长城防线，连贯为一。秦始皇筑长城，是中国历史上著名的事件之一。长城所行经地带，多是险峻要塞之处，上下高山，出入深隧，这样浩大的工程，在世界人类历史上，也是前所未有的奇迹。

秦始皇修筑的万里长城是什么样的？

　　"秦筑长城，因地形，用险制塞，起临洮，至辽东，延袤万余里。"横贯秦帝国整个北部边地的长城大体分为东、中、西三段。

　　秦始皇长城的东段：自东经 113° 30′内蒙古化德县境，沿北纬 42°往东经过河北康保县南、内蒙古太仆寺旗、多伦县南、河北丰宁、围场县北，内蒙古赤峰市北境及奈曼旗、库伦旗南境，辽宁阜新市北，至东经 122°之间。这段长城或沿用战国燕长城旧迹，或新筑。据文献记载在辽河以东，秦始皇长城一直延伸至现朝鲜境内平壤大同江北岸。

　　秦始皇长城东段所经过地带的自然条件差别较大，采取就地取材、"用险制塞"、"累石为城，树榆为塞"的不同方法。赤峰、围场、丰宁一带的长城多选在山岭上，就地取自然石块垒砌，约占调查过的长城长度的 50%。内外两侧均用较规整的自然大石，中间填以乱石碎块或砾石，基宽一般为 2~3 米，横断面呈梯形，下宽上窄，估计当时城墙高度为 3~4 米，顶宽 1 米左右。在石筑城墙残基上，有的地段发现明显的接痕墙缝，表明当时筑造长城是按地区分工分段的。敖汉旗以东长城蜿蜒于黄土丘陵之间，则多以土夯筑，土石并用。围场以西某些地段的长城外侧还挖掘平行的长壕，城子乡一带长 35 千米保存完好，长壕上宽 5 米，底宽 2 米，沟深 1 米，壕、墙共宽 12 米。在长城穿越河谷的地段，或以沟堑代替墙壁，或在河谷一侧增筑一段平行的墙壁，水地一段多为石筑，两山之间则用天然石块砌成石墙，开成"石门"。

秦始皇长城的中段：自东经114°以西至东经106°之间，沿北纬41°左右，由内蒙古兴和县，经黄旗海北岸，绕过集宁市北境，顺大青山而西，经察右中旗，武川县南部的南乌不浪，固阳县北部的大庙、银号、西斗铺，然后北依阴山，南障黄河后套，经五原、杭锦后旗北境，西抵乌兰布和沙漠北缘，这是秦统一以后，蒙恬北逐匈奴，辟地数千里，利用战国时期赵长城的基础，加以重新修缮而成的。阴山至贺兰山之间的广阔缺口当是秦统一以后新筑的。

由于基本上依托大青山和阴山，主要是用石块垒砌，在乌拉特中旗南部发现用石块垒砌的墙面有多次修缮的痕迹，基宽4米，高4~5米。沿长城内外，在连绵的山巅上，还用石块垒成供传递军情用的烽火台，史称"烽燧"、"亭燧"，山谷间的通道则构筑了一些关隘城堡设施，沿黄河岸还夯筑了一系列城堡，皆称作"障塞"，使秦统一以后的长城中段形成纵深防御体系。

秦始皇长城的西段：由于蒙恬收复河南地以后，横贯甘肃、宁夏南部、陕北、内蒙古的秦昭襄王长城已失去防御作用，西北边地已推进到黄河和贺兰山之间。秦始皇长城的西段是凭借黄河天险而成，以障塞城堡为主，未必修筑了互相连属的长城。贺兰山与阴山之间，因乌兰布和沙漠的移动，修筑的长城可能已陷入流沙之中。西汉曾沿贺兰山大修边塞，当时继承了秦朝的基础。今兰州、靖远黑山峡一带黄河东南岸的长城遗址，有明代边墙的一部分，但附近发现秦、汉时期的城址和大量墓葬，说明此段长城利用了秦始皇长城西段的障塞有所增补，有待实地和考古发现。

秦始皇修筑万里长城的效果怎样？如何评价？

秦始皇修筑万里长城是为了巩固刚刚建立的中央集权封建制统一国家的需要而采取的一种政治军事措施。秦长城虽然利用了战国时期赵、燕、秦三国原北边长城的基础，但某些地段已经在向外拓展，当时那里还是多半未经开发的荒芜之地。通过长城的兴建，军民垦殖，来管辖和开发这些地区，不仅巩固了秦帝国的北部边防，保障了农耕地区正常的社会发展和人民生命和财产安全，而且对开发边区，发展农牧业经济也起了积极作用。

秦始皇修筑第一条万里长城90年后，汉武帝为何又修筑了第二条长达两万里的汉长城？

历经"文景之治"，西汉王朝社会经济得以恢复和发展，此六七十年间，和亲成为汉对匈奴的主要政策。公元前140年武帝即位，开始对匈奴采取以攻为守，积极防御的战略。

汉元朔二年（前127年），武帝命卫青领兵出关中，发动河南战役，收复河套地区，"筑朔方，复缮故秦时蒙恬所为塞，因河为固"。

汉元狩四年（前119年），卫青、霍去病分别出兵定襄、代郡，发动漠北战役，汉兵出塞两千余里，临瀚海而还，匈奴残破，主力西徙。

汉元封元年（前110年），酒泉列亭障至玉门，至前101年，在此10年的时间里，汉武帝重创匈奴，打通了两千多里的河西走廊，设四郡，把烽燧亭障向西一直伸展到罗布泊。

东汉末年，局部修缮长城障塞，随之匈奴内讧及汉联南匈奴进攻北匈奴，长城沿线局势稳定下来，未再兴修筑之役。在历代所修长城中，唯独汉长城最长，东起辽东，西抵盐泽，达两万余里，其东段大抵是修复秦时故塞；阴山以北则增设亭障；河西走廊至西则是新筑。

汉长城分为哪几段遗迹？

汉长城历经千年，现存有三处遗迹：

汉长城东段的遗迹　指内蒙古商都县以东至辽东半岛的汉长城。河北省承德地区的汉长城位于秦、燕长城以南，明长城以北，构造仍然是"因险制塞"，城墙体与墩台配置而成，多为土筑夯打。内蒙古赤峰市的汉长城分布在战国时期燕长城和秦统一后的秦始皇长城以南，沿喀喇沁旗坤都河和宁城县黑里河流域。辽宁境内的汉长城遗迹是自辽宁阜新市往东，经彰武、法库、开原，然后折而向南，经新宾、宽甸，进入朝鲜境内。

汉长城中段的遗迹　指内蒙古商都县以西至额济纳旗之间的汉长城。汉武帝太初年间所筑的"外城"采用复线形式，分布在秦长城北面的荒漠草原上。这两条平行的长城，南北相距 5～50 千米。汉长城中段的建筑方式采用夯土筑与石块垒砌相结合，或利用山岭峭壁一侧墙体。

汉长城西段的遗迹　自东经 101°30′、北纬 41°30′内蒙古额济纳旗苏古诺尔湖畔起，沿额济纳河南下，至甘肃金塔县境循北大河向西折转，再沿北山山地南麓和疏勒河畔，直至敦煌市西北小方盘城（汉朝玉门关都尉所在地）。再向西经罗布泊、孔雀河畔的延伸，不再筑城墙，而是绵延的烽燧。汉代居延地区的长城和烽燧是为了切断匈奴与羌人的联系，屏障汉通西域的交通要道——河西走廊。现存遗址有 30 余处，包括塞墙、烽燧、都尉治所和侯官的治所。西段的汉长城基本上用夯土筑成或用土坯垒砌，夯土层间常夹着芦苇，以增强自身抗风蚀的能力，也有一些地段是内外两侧用粗石板垒成，中间填塞砾石；或仅用砾石压紧柴枝垒起。汉长城的西展，与武装征战相配合，历经武、昭、宣、元四代200余年，构筑成东起令居（甘肃永登），西抵轮台，南自氐池，北至居延的亭障烽燧系统，又筑阳关、玉门二关，关通西域，屯田种粮，确保了后世誉为"丝绸之路"的中西交通大道畅通。汉长城在历史上曾有力地阻止了北方游牧民族对南部农耕地区的侵扰，特别是障护丝绸之路，发展中国和亚欧各国的经济、文化交流起了重大的作用。现在仍是丝绸之路和中国西部公路、铁路旁的主要景观，成为汉长城的代表。

汉代长城较秦始皇长城在修筑上有哪些进步和特点？

汉代长城除有城墙外，还有列城、亭、障、烽、塞、堑、壕、土垒、塞墙、坞等，沿长城全线，五里一燧，十里一墩，三十里一堡，百里一城塞，烽烟相接，万里相望，形成一条严密的防线。

汉代烽燧，有系统的组织和完整的制度，其举烽种类大抵有三：燔积薪、举巨火、放烽烟。白昼放烟，夜晚举火，并依敌人远近、多少，有各种不同的信号，"城头烽火不会灭，疆场征战何时歇？杀气朝朝冲塞门，胡风夜夜吹边月"，正是汉代长城烽烟连绵，征战不已的生动写照。

金代为何修筑 5000 余里长的草原长城？

公元 12 世纪，兴起于中国东北地区的女真族灭辽，建立了金王朝。金灭辽破宋，统治北部中国。为了减少来自北方的威胁，

▲ 金代长城

稳定后方的形势，金王朝开始在与蒙古相接的北方沿边地带设置城堡，开挖界壕，进而连堡成而筑长城。金朝修筑长城的起始年代，文献中没有留下明确的记载，史学家认为始于金太宗天会年间（1123～1135 年）婆卢火驻守东北路泰州（今吉林白城市东南）浚界壕之际。

金世宗时期为镇压北方诸属部，尤其是日益强大的蒙古族的反抗，一面连年征伐，一面开始在北部沿边构筑堡戍，挖掘壕堑，直至金亡方告罢休，筑成历经今黑龙江、吉林、内蒙古，绵延 5000 余里的界壕边堡，这就是在历代长城中独具特色的金长城。金长城不仅筑以高墙，墙外边开有壕堑相辅，很少用石，多以土垒或版筑而成，用以阻挡蒙古诸部剽悍的骑兵，旧称"金界壕"。因元代在建国前后在此基础上设置了防御城堡体系，如成吉思汗镇、碾子山附近的丰荣古城等，当地亦有混称或俗称"成吉思汗边堡"。

草原长城的特点是什么？旅游者在哪能看到？

金长城的防御体系由长城界壕和边堡关隘组成。长城界壕的主要结构是挖一条堑壕，阻碍战马冲越，堑壕内侧垒筑长墙。主线长城比支线增修副壕、副墙和马面，形制有所区别。边堡关隘是金朝戍边军队的驻屯地，按形制和地理位置的不同，一般分为戍堡、边堡和关城三种。

金代长城的防卫体系较以前历代更为完备和适用，其墙、壕并列，显然主要是为了防御来自草原地带的骑兵，主、副墙并列及与戍堡、烽燧的配置，设计更为合理，这些都为后世明长城所继承。目前专业考察者和旅游者看到的金长城分别位于：齐齐哈尔讷河市西侧新建的大水库——尼尔基水库西侧；甘南县音河水库附近；在齐齐哈尔市碾子山区与内蒙古扎兰屯成吉思汗镇的省际公路交界处，呼和光村附近。

为什么明代继秦汉之后又掀起长城修筑高潮？

明朝是继 1500～1600 年前秦始皇和汉武帝之后，规模最为浩大、质量最为精良的长城修建时期。现在开放的可游览的长城旅游景区大都是以明长城为基础保护性开发的。明朝自立国起，便修筑长城用以防御北方民族，直至明亡，几乎没有停止过修筑之役。其工程规模之大，耗用精力之多，在中国历史上，是独一无二的。保存至今仍然完整的雄伟长城，就是明代修筑的。它东起鸭绿江，西抵嘉峪关，延亘 12700 余里，技术先进，设施装备齐全，在世界古代建筑史中，占有相当重要的地位。明初对于残余势力，采取以攻为守的武力防御战略，并对长城沿线的塞堡斥堠加以修筑。洪武元年（1368 年），即命徐达修居庸。

永乐年间，成祖五次出兵塞北，先后击溃本雅失里和马哈木的蒙古骑兵，北边局势基本稳定。洪武时期所修筑的长城多在西部，永乐时期对东部的长城也进行了修缮。建都北京后，更加强了京城地区边墙的修筑和防护。"土木之变"以后，明王朝政治日趋腐败，无力再对蒙古诸部进行远征。原已退回到漠北的蒙古贵族鞑靼、瓦剌诸部仍然不断南下骚扰抢掠；明中叶以后，女真族又兴起于东北地区，也不断威胁边境的安全。蒙古诸部的南下，也由"复元"转为以抢掠为目的。瓦剌、鞑靼经常于宣府、大同、延绥等地破墙入塞。为了巩固北方的边防，明对蒙古的战略转为单纯的防守，依凭守卫长城进行抵御，陆续修筑边关以西至固原及清水营至花马池的西部长城。山海关抵开原及抵鸭绿江的辽东边墙，中部地段的长城也进行了大规模的整治。为抵御蒙古攻掠，自嘉靖以来，明王朝国力更加衰落，边防局势日趋严重，"庚戌之变"（明世宗时鞑靼军进攻北京的事件），蒙古骑兵已威胁到京师，对北边的防御战略，已从单纯的军队防守变成凭城防守。长城的修筑，达到了登峰造极的程度。嘉靖三十年（1551 年），兵部督修宣大、蓟州各地边墙，后经张居正、戚继光等筹划，又修蓟镇边垣 2000 余里，增筑空心敌台，全线相连，完整的明代长城防御体系，就是在这一时期形成的。万历以来，女真崛起于辽东，逐渐控制蒙古诸部，大规模举兵入边，明廷不能禁，长城不能御。1644 年，李自成农民起义军攻入北京，明朝覆灭，长城也完成了其军事使命。

长城是怎样修筑成的？

长城城墙 战国时期各诸侯国所筑长城的城墙，主要有土筑墙和石垒墙两种：平地上用黄土夯筑成墙；山地或产石地区则用石块叠垒成墙。

黄土高原上一般用版筑夯土墙或土坯墙，现存临洮秦长城就是采用的版筑墙。玉门关一带的汉长城则是用沙砾石与红柳或芦苇层层压叠而成的，现存残墙高 5～6 米，无土之处就是垒成的墙，底宽约 6 米，残高 2 米，顶宽 2 米，有明显的收分。山岩溪谷间用摧折的树木做成的边墙，称为"僵落"。

遇有陡立的崖面，就以陡崖为墙，直接将垛口（雉堞）砌在崖顶上，是为"山险墙"；人工劈凿成陡立的崖面作边墙，是为

"劈山墙"。

版筑墙　以厚木板为模板，立于拟建墙的两侧面，中间填土，用木夯夯实。一般土要分层填夯，板也随之上移。这是一种最古老的筑墙方法。明朝以后主要采取外包砖式。

垛口　指城墙顶部外侧连续凹凸的齿形小墙的凹口，常引申指具有垛口的小墙。此小墙也称作"雉堞"或"垛口墙"。

女墙　也作"女儿墙"，指城墙顶上的矮墙，一般建于城墙墙顶的里侧，起护栏作用。

边墙　明代对长城的称谓，筑于边境上的界墙。外边指外长城，内边指内长城。

障　长城险要地段，用作士卒驻守戍边的小城堡，特指秦汉时期沿长城所设的堡寨。也作亭障。

关　指边境上的出入口。建置在险隘的山口或要塞处，又称为关口、关塞或关隘。关须设门，平时据以查验过往的商旅和行人，战时可闭门以御来犯的敌人。长城上的关还建有关城，出境和入境必须通过关城。长城的关，或以"关"名，如山海关、居庸关；或以"口"名，如喜峰口、古北口。

烽火台　古代边防上，供燃点烽火用以报警的高台，汉代称作烽堠、烽候、亭燧，唐宋称作烽台，明代称作烟墩或墩台，建于峰顶、高岗或易于相互瞭望之处。每隔一定距离（一般约为10里）筑一台。

烽火台的结构和构造与长城一样，有用夯土打筑的，有用石块垒砌的，有用砖石砌筑的，也有内部夯、外部用砖包砌的。

敌台　建于城墙之上并突出于城墙外侧用以防御攻城之敌的高台，也称"敌楼"。

明长城上的敌台，多骑墙而建，做成2~3层，中空，四面开有箭窗的楼台，称为"空心敌台"。这种空心敌台是明代名将戚继光主持修建蓟镇长城时创建的。

这些空心敌台一般由上、中、下三部分组成。下部为基座,用大条石砌成,高与城墙相同。中部为空心部分,有的用砖墙和砖砌筒拱承重,构筑成相互连通券室,有的用木柱和木楼板承重,外侧包以厚重的砖墙,驻守、存放粮食和兵器。上部为台顶,多数敌台台顶中央筑有楼橹,供守城士兵遮风避雨;也有的台顶铺墁成平台,供燃烟举火以报警。上、下台顶,有时在楼层间开洞,利用绳梯,有时在较厚的砖砌体中留出仅供一人通行的砖砌踏步通道。中部开箭窗的数量随敌台大小而异,一般每层前后各开三窗,左右各两窗一门,较大的敌台每面开四或五个箭窗,当地老百姓常按敌台每面的窗数称该台为"三眼楼"、"四眼楼"等。

筑 城黏结剂石灰是怎样发明的?为什么民间称作"万年灰"?

传说为了保住国土,燕王决定在他的国土边界山顶上筑起高高的城墙,以防外敌入侵。因为那时还没有石灰,他筑的城墙,石、砖都是用泥土抹的。为了抢时间,早日修好城墙,他下令冬天也不停工。天冷和泥得用热水,因此民夫们就把大铁锅抬到工地上,用三块石头支起来,添柴烧开水。天长日久,铁锅被烧了个大窟窿,满锅的水漏光了,把锅下的火浇灭了。可民夫们也意外地发现,水洒在支锅的石头上,热石头遇到水就炸开了,炸出许多白面面,民夫们瞅着、想着,好生奇怪。有个人把这白面面用水和和,觉得比泥还滋润,还有黏性,就把它抹在石条和砖缝里。后来民夫们发现,用这白面面抹的石条和砖缝,比用泥土抹的结实得多。燕国人得到了启发,从此就烧石灰来抹城墙缝。燕国人烧的灰质量非常好,被后人称为万年灰,意思是万年不变质。

116

那时北京叫燕京，北面燕国人烧灰用过石头的石灰石山统称为燕山山脉。后来，秦始皇统一了中国，也仿照燕王的办法兴工修筑了坚固的万里长城。石灰至今还是中国传统砖石建筑的材料。

坚固的长城砖烧制技术传承实例哪里有？

500多年来明代长城的坚固不朽和屹立不倒，让无数中外登临长城的人士感慨万千，而赋予长城如此坚固的神秘之源就是坚固的长城砖。2002年在山海关附近的板场峪发现了一个巨大的明代长城砖窑群。到2003年年初，共发现砖窑58座，其中码满砖的有24座。专家认定，现已发现的窑型有直焰窑和横焰窑，窑顶从上到下依次覆盖着耕地熟土、黏土、焦土。窑口直径为3.5～6米不等，窑深3.5米。里面大都保存着当时烧好的筑长城用的特制大砖，砖长36厘米，宽17厘米，厚9厘米，重10.5公斤左右。长城砖窑的发现有可能弥补中国砖瓦焙烧史上的两个研究空白。一是长城砖可能是用煤炭烧制的；二是当时中国先进的可以烧制出上等的瓷器和陶器的"龙窑"技术可能在砖瓦的焙烧上得到了应用。考古发掘之后，当地政府拟建"万里长城砖窑博物馆"。

长城上怎样分敌情举火燃烟报警？狼烟是狼粪点燃的烟吗？

烽燧　是古代军情报警的措施，即敌人白昼来犯就燃烟，夜间来犯就点火，以燃烟、点火为信号向内地和周围报警。唐宋以来，烽燧是指燃烟点火报警的墩台，即烽火台。

狼烟　古代烽烟，除烧薪草外，还烧狼粪，因其烟柱一直向上，远方易发现，所以普遍使用，故烽烟也作狼烟。明代燃烟点火的做法又有改进，一方面点火时加用硫黄、硝石助燃，一方面在点火时还要放炮。据宪宗成化二年（1466 年）的法令规定：举放烽炮，见敌人百人以下，举放一烽一炮；五百人二烽二炮，千人以上三烽三炮，五千以上四烽四炮，万人以上五烽五炮。

什 么是明长城的九边十一镇？

明朝为了有效地对长城全线进行防务管理和修筑，将东起鸭绿江、西至嘉峪关的长城全线划分为九个防守区，委派总兵官统辖，亦称镇守。初设辽东、宣府、大同、延绥（榆林）四镇，继设宁夏、甘肃、蓟州三镇，而太原总兵驻偏头，三边制府驻固原，称"九镇"或"九边"，加上昌平和真保（驻地保定）二镇，又称"九边十一镇"。

为 什么称明长城的建筑和装备是集历代长城之大成？

明朝继秦之后，又一次大规模修建长墙型的防御体系。由于九镇所辖长城总长度已超过万里，故称"明代万里长城"。长城自春秋战国时产生起，中经历代封建王朝的增修改筑，到明代发展到了最盛阶段。不仅工程浩大，建筑技术也有很大的改进和提高，垣、堑、空等建筑设施的用材、结构、布局，都较前代更加完整和科学，并充分发挥了因地制宜，用险制塞的传统构筑方式，在不同的地区和不同的段落中，墙体结构和构筑方式亦不相同。甘肃至山西一段，长城行经河西走廊和黄土高原，沿用的仍是战国以来的夯筑技法，就地取材，多是夯土版筑的城墙。山西至山海关一段，墙壁体两侧墙壁面全部用砖包砌，这是明代长城在建筑工程上的一大进步。尤其是八达岭以东，墙体底部砌以巨大石条，中间填土夯实，穿行于崇山峻岭之上，更增添了万里长城雄伟险要的气势，山海关以东的辽东长城，分布在辽西走廊和南部松辽平原上，因地制宜，形制多样，构成明代长城建筑结构上的又一特色。

明代长城依据自然地理形势，还有劈山墙、险山墙、栅木墙等多种形制，墙壁体结构基本包括上下马道、垛口、宇墙、障墙、望口、射洞、礌石孔、吐水嘴等；重要地段在墙体外侧开有壕堑和偏坡，构成明长城完整科学的防御建筑体系。

明长城不仅墙体雄伟坚实，而且在行经险峻之处，设置巍峨壮观的关隘。居庸、紫荆、倒马"内三关"，偏头、宁武、雁门"外三关"，以及著名的嘉峪关、山海关等，都曾起到非常重要的防守御敌的作用。空心敌台是蓟镇军民创造的一种建筑类型，它的出现极大地完善了长城的防御功能。烽火台在明代又称"烟墩"，沿用汉制，举烽是指积柴架炮都在墩台上进行。长城所经江河湖泊之处，多建有水门、水关，是明代长城建筑中"用险制塞"的又一范例，用以加强防御能力，有泄洪水门、战略水门、水栅门等多种。戍守长城军士的武器，分为冷兵器和火器两类，据不同兵种和不同御敌方式，分别装备，戚继光出镇蓟州后，武器装备更为改进和完善，冷兵器除弓、箭、刀、剑等外，还有钯、棍、长枪、镰、大棒、狼筅等；火器有佛郎机、无敌大将军、火枪、火箭、石炮、鸟铳等。配合各种长城防御建筑设施，构成系统的战略防御体系。

长城驻军的武器通常有哪些？

城及边塞要冲的长城是古代军事家主要攻克防守的对象，攻守城池边关是古代主要的战争形式之一，因此攻守城器械在古代兵器中逐渐发展成为重要的独特类型。这些攻城和守城的器械，如在居庸关、山海关等处长城的攻守战中互相配合，相辅相成，形成了我国古代一套完整系统的攻守防城器械武器。大致可分为：

（1）攻城器械：主要功能是迅速跨越壕堑等障碍，成功登上城顶，攻破城门城墙或挖地道遁入敌方城中。

越障器：如壕桥、折叠桥等；

登城器：如云梯、飞梯、竹飞梯、行天桥、木幔、布幔等；

破城器（车类）：如木牛车、尖头木驴、搭车、钩撞车、临冲、攻城锤等；

瞭望器：巢车、望楼；

挖掘器：地道、皮镘；

焚烧器：如焚车、铁锚、火钩、火镰、火叉。

（2）守城器械：主要为防御敌方攀城，及时发现并破坏其挖地道、掘城墙，击杀攀爬城墙的敌人，补救堵塞被敌人破坏的城墙缺口或城门等。

护城器：钓桥、铁撞木、暗门、塞门刀车、招蹄、拒马、地涩、铁蒺藜、木女墙、槎牌、遮箭架、叉竿、抵篙、铁提钩、守城木立；

御敌器：铁火床、游火铁箱、行炉、燕尾炬、飞炬、猛火油柜、狼牙板、夜叉擂；

灭火器：溜筒、水囊等；

击敌器：西瓜炮、毒药烟球、霹雳火球、威远石炮、火球、抛车、床弩、突火枪、火箭、火铳、铁火炮、百子连珠炮、佛朗机、红夷炮、神飞炮等。

历史上北京长城的走向是怎样的？

北京长城是北国风光名胜和中国长城之最的典型代表性景观，北京地区的长城呈半环状分布于北部山区，自东至西，横跨平谷、密云、怀柔、延庆、昌平及门头沟六个县、区。

从山海关奔来的长城，由平谷区将军关附近进入市界，在平谷区黄松峪、密云县墙子路一带呈南北走向，向北过密云县东北部黑关后，走向急转向西，基本走向是沿密云县曹家路、新城子、古北口、白马关一线的北部山区分水岭构筑。

过白马关后，走向转向西南，经密云县冯家峪、北石城、南石城而达怀柔区的神堂峪、慕田峪。这一带长城主要构筑于平原、谷地西侧的山麓地带。

从慕田峪向西，在怀柔区黑坨山（海拔1534米）附近，长城分成两支：其一，呈北西走向，经延庆县四海而达暴雨顶后分成东西两路，东路经白河堡东北出市界；西路经佛爷岭一带出市界，然后向河北赤城、宣化延伸。其二，走向南西，分成南北二线。北线从延庆县杨树台长城连接点开始，沿延庆海字口、东灰岭、小张家口、八达岭而达青水顶；南线从怀柔区旧水坑西南长城连接点开始，经昌平区黄花城、龙泉峪、黄花梁、西岭、八达岭而达青水顶。北线构筑于延庆盆地南缘，南线构筑于军都山中。二者在青水顶会合后，继续向西南延伸，在禾子涧以北再度分成南、北二线。北线，在黄楼洼越出市界后在镇边城以西重新进入市界，在笔架山、广坨山等地终断；南线沿郭定山、老峪沟、大村一带东山脊南延，至得胜寺转向西北后终断。向西长城在沿河城附近出现后经东灵山越出市界，然后向河北省易县、山西灵丘方向延伸。

北京长城的网结点在哪里？

    北京地区长城总的走向分布格局主要为东西、北西两个体系组成。二者在怀柔区旧水坑西南分水岭上会合，会合点位于东经116°30′6.3″；北纬40°28′55″，南会合点位于东经116°29′38.9″；北纬40°27′45″。其中南会合点，不仅在北京地区长城分布格局上，而且在研究两大长城体系上都具有重要意义。会合点命名为"北京结点"（以下简称北京结）。东西向长城体系，在北京结以东，以单层状为主，只在隘口附近才出现环状、多层状。在北京结以西，则比较复杂，除险要隘口附近构筑多层状、环状城墙外，在延庆盆地与北京平原之兵家必争之地，构筑相互平行的二道城墙壁，彼此形成完善的纵深防御体系。北西向长城体系，在北京市境地内主要为单层状，与前者相比，在结构上则简单得多，两大体系区别比较明显。

    在长城一些关口和险隘处，有环状、双层或多层墙体。这些墙体有的与加强险要隘口防御有关，有的从残留墙体性质特点上明显可见是不同时期的产物。此外，在主长城线两侧偶可见伸出支线，这些支线一般长几百米至几千米。这类分支墙体，其建筑特点及材料质量多数与主墙一致，但从空间分布特点看大部分无防御价值，推测其中部分可能是修建过程中因走向不合理而被废弃。也有专家认为有防御城下死角功能。

    在昌平区十三陵以北从外桃园至西岭一带，人工建筑的墙体比较零星，除大部分可能是年代久远毁坏殆尽外，可能沿线以山险墙代替有关。

    长城现状，主要是指长城建筑物如墙体、城台、关城的好坏情况。纵观北京地区长城，保存还是比较好的，这大致与墙体大多构筑于地形比较险要处，当年修筑质量好，加之附近山高坡陡、开垦不利，因而人为破坏强度不大有关。

长 城存毁的规律有哪些？

　　北京长城现状的重要特点之一，是有明显的"自然分段"，即在一个大段落中，毁坏情况十分相似。经研究，这一特征与诸多因素有关：从时间方面看，明前长城最晚从金代（1115～1234年）算起，至今已有700多年；明代长城（1368～1644年）至今也有300多年历史。大自然与人类对长城的破坏程度与年代成正比。长城年代越近破坏越小，越久远破坏越大。这次调查发现的一些较古老的长城，均已严重毁坏，而明代长城则比较完好；在城墙质量方面，明前长城构筑比较简易，材料以泥石为主，结构十分粗糙，极易遭受风化破坏。明长城以条石为基，以砖包墙体，以优质灰浆灌注，结构严密，不易遭受破坏。不过，明代长城中，随着修建时间不同、隶属关系不同以及地区不同等，其质量也各异。宣府镇长城质量就远劣于蓟镇长城。在蓟镇长城中，早期、中期修的就远不及八达岭、黄花城、金山岭、司马台等晚期修的质量好；在空间分布方面，长城所处地形可归纳为山脊、平原及河道三种地区。在山脊地区，主要受自然营力破坏，平原地区则人类破坏比较突出，河道地区河流及人类破坏两种因素都有。

　　北京长城大部分建在崇山峻岭之中，长城损坏

老百姓拆长城砖盖房，倚敌楼当猪圈、当仓房

主要因素来自大自然，大自然的营力主要为山区昼夜巨大的温差，风沙磨蚀，雨水冲刷，霜冻劈裂，以及植物根系的物理、化学作用等，这些自然营力作用的结果，是使不同年代修建的、质量差异很大的长城，产生毁坏程度各异的段落。人为因素，除延庆盆地南缘的北线长城被人严重拆毁外，其他段落则比较次要。长城沿线局部地段被严重毁坏，因素比较复杂，调查资料表明：在山脊地区，明显地与山体崩塌、滑坡、泥石流等自然灾害有关；在河谷地带，特别是河道附近，除河流侵蚀、冲刷造成毁坏外，更重要的是由于人类生产、生活需要以及战争等因素，这些地区的长城遭受严重破坏，甚至残迹也荡然无存。

造成北京地区长城不同程度损坏的主要原因：大自然的营力是造成长城区域性或局部性破坏的关键力量；人为破坏虽然强度较大，但作用范围有限，一般仅限于平原、河谷地带。长城的损坏程度与修葺年代、修筑结构、质量、长城分布的地质——自然地理位置等诸因素密切相关。

八 达岭北门锁钥的含义是什么？

八达岭位于北京西北部 60 千米处的延庆县境内。八达岭是军都山层峦叠嶂山岭中的一个狭窄山口，居于 40 里关沟的北端制高点。两侧山峰兀立，中峙居庸北口八达岭雄关，如猛虎警觉地注视着塞外高原，如巨屏庇护着通向京城的战略要塞居庸关诸口。如高屋建瓴，势若窥井。长城依山就势向两翼无限地舒展开来，蜿蜒起伏，似一条不见首尾的巨龙在绵亘的峰巅上腾越，气势磅礴，雄伟壮观，令人叹为观止，正合古人"居庸之险，不在关城，而在八达岭"的精妙之论。

全国长城首先旅游开放的八达岭是如何发展并屡获殊荣的？

自清代以来，八达岭早已无军争雄，逐渐沦为荒址。至 1949 年中华人民共和国成立时，八达岭一带长城已残破不堪。关城西侧"北门锁钥"的城台坍塌过半，东侧"居庸外镇"城额鼓裂欲坠。其他墙体部分的垛口、女墙、敌楼、马面及马道等多为残垣断壁。

1952 年担任新中国政务院副总理兼文化教育委员会主任的郭沫若先生，率先提议修复八达岭长城，用以接待到北京访问的国内外游人。政务院关于八达岭长城的修复决定做出后，人民政府及有关部门立即行动，于 1953 年和 1957 年分别重修了东西门和从南四楼至北四楼之间长城段 1300 延长米。而后，国家文物部门又曾多次拨款维护修缮。

进入 20 世纪 70 年代，游览八达岭旅游区的游人在节假日已形成一定规模。但由于原景区只以居庸外镇关城为中心，略向两翼展开，游览面积有限，活动内容单调，加上京张公路坡陡弯急，无上下道，客货运输与游览车辆都挤在狭窄的关门争行，车辆经常堵塞，尤其夏冬雨雪季节屡屡出现险情，游人视之为畏途，这些都限制了八达岭长城旅游事业的发展。

20 世纪 80 年代初，政府另选新线新建 107 国道，疏导走大部分往来的客货交通流量，又新辟一条旅游专线公路，与老京张路（110 公路）组成上下单行线，使行车安全系数和车辆通过能力都大大提高。1984 年邓小平同志"爱我中华，修我长城"的题词，使古老雄关旧貌增新容。先后修复敌楼 19 座，城墙全长 3741 延长米，加上近年在关内外新增设的项目，现游览总面积已达 1.9 万平方米。八达岭长城曾屡获殊荣：

（1）1961 年国务院将八达岭关城和城墙确定为全国重点文物保护单位；

（2）1982 年国务院批准将八达岭十三陵列为全国首批重点风景名胜区之首；

（3）1986 年八达岭被评为新北京十六景之一；

（4）1987 年联合国教科文组织将万里长城接纳为"世界文化遗产"；

（5）1991 年 8 月八达岭作为万里长城代表性精华地段，在北京接受了联合国教科文组织颁发的世界文化遗产证书；

（6）1991 年 12 月在"中国旅游胜地四十佳"评选揭晓命名大会上，以最多票数荣列榜首；

（7）1992 年八达岭长城又被评为"北京 10 个旅游世界之最"项目的第一名；

（8）2000 年被评为国家旅游 AAAA 级景区。

为什么世界各国的人们都向往长城？

八达岭作为中国万里长城向国内外游人开放最早的地段，其城体形象已作为万里长城的标志驰名海内外，毛泽东"不到长城非好汉"的著名诗句已为中外人士熟知并朗朗吟诵。1992 年接待人数突破 550 万，迄今已累计接待中外游客 5000 万人次，八达岭为北京和中国旅游事业的发展做出了独特贡献。先后有尼克松、里根、撒切尔夫人、戈尔巴乔夫、伊丽莎白二世、希思、布什、普京等 388 位外国首脑光临；中国著名的政治家、外交家周恩来、陈毅、邓小平也曾登临领略风采。如此众多的世界风云人物纷至沓来，云集同一景点，这在世界风景名胜区中尚为少见。八达岭给所有来访者都将留下深刻的印象和无尽的遐思，使他们能够从中体会领悟到中国历史和文明的真谛，理解中华民族精神与性格的丰富内涵。

八 达岭长城的魅力在哪里？

八达岭景区的独特吸引力在于其历史文化和大自然既相融合，又相映成趣，浑然一体。关城及两翼长城是八达岭景区游览的中心，又是规划的重点地段。为了突出古代战城的气势和历史沧桑感，规划安排：搬迁关城内和关城外一定范围内的商业、服务业用房和停车场，恢复关城原貌；打通天险沟——塞外的隧道，将公路绕开关城和八达岭火车站，改天险沟—关城—八达岭火车站路段和土石山路，使游人能以徒步或马车、毛驴等非机动交通方式进入关城，进一步突出以雄险的山峦为天然屏障，从而使景观意境升华；有意识地保留一些残垣断壁，配之以苍松古柏、荒原巨石，使长城别具残缺美感，为游人平添怀古情趣，开辟更多的登山线路，增设滚天沟、东沟、天险沟、青桥等新的登城点。

八 达岭长城有火力防御设施吗？

明代"神威大将军"火炮在八达岭瓮城登长城入口处，陈列着 5 门，它们是明代守长城的"重"武器。其中，最大的一门炮筒长 2.85 米，口径 105 毫米，铭文大字是："敕赐神威大将军"，小字有铁匠姓氏，铸造时间为崇祯十一年（1638 年）。另有 4 门小炮（俗称"牛腿炮"）和炮弹 235 枚，都是 1957 年整修长城时出土的。炮弹直径最大 12.5 厘米，重 6 公斤；最小的直径 4 厘米，重 0.25 公斤。大炮弹的直径表明，当时长城上还设有口径更大的"神威"火炮。使用这类火炮时，先将火药连同炮弹一起装进炮筒，再点燃引线，炮弹喷击而出，最大射程可达 500 多米。

明代是我国古代火炮制铸和使用最兴盛时期。元朝末年，朱元璋起义，和州人焦玉向他呈献 10 支新式武器"火铳"。这是用火药发射铁弹丸的管形火器，当时称为"火龙枪"。大将徐达使用后说，"势若飞龙，洞穿层革"。明王朝建立后，专门设有兵杖军器局，研制铸造火炮。明代守卫京都三大营之一，使用火炮的叫神机营。皇帝御驾亲征时，神机营随军出征，成为远程轰击敌方的主力。京城卫戍及长城关口要冲，都要配备神机营。

明成祖时曾下令在长城沿线安置火炮。一般山顶安置 5 门火炮，城上配备小型号的炮"佛郎机"。火炮居高临下，显示神威，小炮灵活机动，可移动狙击。还有一种用火药喷射的箭叫神枪。另外有一种类似现有手枪的小火器叫铜铳，由军士随身携带。这些枪炮射程 300 ~ 500 米。

全 国有几座长城主题博物馆？

由江泽民同志亲自题写馆名的中国长城博物馆，坐落在八达岭脚下，是一座以万里长城为主题，全面反映长城历史和现状的专题性博物馆。它共分 9 个展厅，展览面积 3000 余平方米，基本陈列由"历代长城"、"明代长城"、"建置武备"、"经济文化交流"、"民族艺术宝库"、"爱我中华修我长城"、"名胜之首，友谊长虹" 7 个部分组成。展览集中了全国长城沿线各地出土的文物、标本之精华，辅以翔实的历史文献、照片和模型，给予长城——这一中华民族的象征和各民族团结、融合的纽带以详尽的表述。重要展品中有联合国教科文组织世界遗产委员会 1987 年为中国长城颁发的《世界文化遗产证书》原件，有 47 年来 388 位国家元首、首脑登临八达岭的珍贵资料。这些展品在全国同类博物馆中是独有的。

　　另外，秦皇岛市山海关、嘉峪关以及河北滦平县金山岭等已开放的著名关城险段也建有地方性的长城专题博物馆和陈列室。

目前中国有能够看到长城全貌的影片和专门影院在哪里？

　　八达岭长城全周影院位于八达岭关城北 500 米处的滚天沟口南侧，总占地 1000 平方米。1990 年 9 月 2 日开业的全周式银幕电影观众厅，圆周长 60 多米，直径 20 米，高 7.5 米，总面积为 314 平方米。步入其间，你顿觉天高地阔。深灰色的地毯，墨绿色的墙裙，将圆周的 9 幅巨大屏幕映衬得分外洁白。该全周电影院采用了世界上先进的全周摄影技术，在 360 度的银幕上放映，并伴以立体音响。全周电影院的外形模仿古代八达岭军事指挥所墩台，其上部边缘垛口林立，势若龙蛇奔走。建筑物外壁的主体装饰材料，为褚黄色的花岗岩石条，透出粗犷。三座拱券式造型的大门高大古拙，上层为放映操作室，下层是总计可容 500 人的观众厅、内宾休息厅和两个外宾休息厅，内宾厅椭圆形的墙壁上一组 30 米长的不锈钢浮雕"兵车行"，再现了汉代的远征场景。外宾东厅墙壁 20 平方米的艺术挂毯，描绘了古代长城内外人民安居乐业的田园牧歌生活。

　　八达岭长城全周影院是亚洲同类影院和接待规模中的佼佼者。目前放映的影片，通过 6000 余千米长城古迹的春夏秋冬景色、历史故事及战争场面，向游人介绍了长城 2500 年的历史及历代长城绵亘近 5 万千米的全貌，会使人置身于长城那巨人的历史与现实交叉的空间。

居庸关长城有关系一国之兴亡的说法吗？

居庸关由南口沿关沟北上，其在历史上是中国北方战事最集中的地方。民间历有"关系一国兴亡成败"之说。如金破辽、元破金等，一旦居庸关下，政治军事局势就急转直下。从古代的公孙瓒、曹操、成吉思汗、戚继光、李自成，到近代的张作霖、冯玉祥、阎锡山等都曾在居庸关一带施展过武功韬略。至于帝王巡幸、文人骚客过往更数不胜数。

军都山属太行山脉。太行山从河南、山西经河北，横亘华北平原西北部数百里，其中从南向北只有 8 条山谷可通行，称为"太行八陉"（轵关陉、太行陉、白陉、滏口陉、井陉、飞狐陉、蒲阴陉和军都陉）。居庸关所在的关沟，在太行山北端因山而名，称为"军都第八陉"。自古是兵家争战之地，是中原与蒙古高原往来的交通要道。

战国时燕国在"居庸"设关塞，称"居庸塞"，《吕氏春秋》："天下九塞，居庸其一。"居庸称关始见《汉书·地理志》："居庸有关。"到了北齐天宝六年（555 年），居庸关与长城连成一体，成为长城上的一个重要关口。居庸关曾屡更其名，三国时称作西关，魏称军都关，北齐改称纳款关，唐代称作居庸关、蓟门关和军都关。辽、金、元、明、清仍称居庸关。

现居庸关城是在上关南面构筑的。居庸关扼翠屏、金柜二山，周长 6.5 公里，有敌楼 22 座。南北各设城门，东侧设南、北水门。居庸关同北面的岔道城、居庸外镇、上关南面的南口共同组成一套完整的军事防御体系。居庸关各门外都修筑瓮城，北门瓮城还设有吊桥，并在沟谷中设有水关门。今水门遗址已不可见，但明代画家王绂《居庸叠翠图》中绘有行人乘船过关，悠然自得

▲ 居庸关粮仓

的情景。关城把元代云台包在城中，并建有泰安寺和参将、指挥、巡关御史诸衙门及其他营房设施，同时还修了一座规模较大的"叠翠书馆"。现南关瓮城是于1983年重新修缮的，门额仍存原"居庸关"三字，旁边落款小字是"景泰伍年伍月吉日立"。有两座关门各向两侧山巅展开的城墙，似雄鹰展翅。依据《延庆卫志略》，有"城垣周围13里37步，东跨翠屏山，西跨金柜山，南北二面筑于两山之中，高四丈一尺，厚两丈六尺，东西二面依山建筑，高厚不等"的记载。

云台等古建筑是各兄弟民族共筑长城留存的长城艺术瑰宝之精华吗？

居庸关城内保留的一座建于元至正五年（1345年）的汉白玉石台，称为云台，又称"云中石阁"，明朝时，人们以其"望之如在云端"的高耸形状而取此名，其实它是元代皇帝过往驻跸所敕建的大宝相永明寺喇嘛"塔座"，座上曾建有三座石塔，称过街塔。塔毁于元末明初，明正统十二年（1447年）"因旧存塔基，建佛殿五楹，远望如在云端，康熙四十一年五月毁于火"。目前仅存一座石台，云台下基东西长26.84米，南北宽14.73米，台正中开道券门。券门宽6.32米，高7.27米，券长17.57米，五边折角式拱券，下可通行车马，台顶有两层桃石平盘，上刻云头，下刻兽面及垂珠。台顶四周的石栏杆、望柱、栏板和外挑龙头都保持元代石刻，这种由石块拼接成的大幅整幅雕刻，在中国古代雕刻中极少见。在雕刻之间，有用梵、藏、蒙古、西夏、维吾尔、汉6种文字雕刻的陀罗尼经咒颂文和造塔功德记，这在我国古代石刻中还是孤例，现已成为研究佛典和古代文字极珍贵的材料，整个洞壁有佛像2215尊。云台地面当年二三十厘米的车辙历历在目。它与居庸关城被共同列为国家文物保护单位。

"天下第一雄关"巨匾 南北城台之上各矗立一座高约20米，三重檐歇山式关楼，巍峨壮观，关楼二层檐挂巨匾，上书"天下第一雄关"。

永丰、丰裕、广积三座圆仓 在关城内之西，金柜山之麓，南环城垣，北枕关王庙。洪武年间设立隆庆卫，即永丰仓；永乐年间添设左右卫，即丰裕仓和广积仓。

关王庙 位于关城南券城门，共计三间，歇山起脊式。庙内塑像分别为关王及黄忠、马超、赵云、张飞等三国蜀汉名将。

表忠祠 位于关内西南侧。高台基上有正殿三间，左右配殿各三间，大门一座。为纪念明朝右副都御史罗通而建，正统十四年（1449年）罗通奉命镇守居庸关，击败蒙古族瓦剌部的进犯。祠内正殿设罗通及夫人坐像，南北配殿分设直言进谏的张钦、孙玺像。

国计坊 位于云台和南券城之间，形制为三门四柱七楼，面阔22.4米，顶部为绿琉璃瓦顶，中额书"国计坊"三字，两侧额为黄琉璃花板透雕"二龙戏珠"图案，下部为夹杆石，白石雕成。此坊为户部分司所立。

居 庸关为何设有马神庙、城隍庙？

在居庸关城南侧西山脚下，建有马神庙，它占地面积197.8

平方米，有正殿三间，坐西面东，歇山起脊式，南北配殿各三间，硬山式，庙门三间，内塑马祖、马王、水神和草神等神像。居庸关供奉马神是为了保佑军队马匹的康健、繁衍旺盛，有战斗力。这也反映了草原与农耕交错地带的文化特点。隋、唐、宋、辽历代都有官方祭祀马神的制度。民间蓄养车马人家都在农历六月二十三日祭拜。

居庸关内建城隍庙说明当年关城如同城池一样重要。城隍是道教尊为"剪恶除凶，护国保邦"之神。其建筑规制为正殿三间，寝殿三间，庙门三间，戏台（勾连搭形式）三间。东西配殿各三间。山神庙、土地庙各一间。正殿为起脊歇山式，配殿和庙门为硬山式。彩画为旋子大点金，建筑面积538平方米。

关沟南口有什么地质特点？

南口古称夏口，是居庸关四道防线中靠近京城的最后一道。南口城地处关沟的南口，其城墙还有迹可循。南城门及城外影壁还部分保存着。南口地质剖面，为我国北方著名的晚前寒武纪剖面之一，有中国中上元古界经典剖面之称。南口位于燕山沉降带的中段，附近元古代地层发育和元古代地层出露，以关沟（南口至八达岭山谷）南段的东园村至南口村为佳，以西坡为连续，叠层石等化石以东坡为丰富。关沟中段、北段有中生代岩浆岩（八达岭杂岩体），其间又残留有古代地层。

为什么将黄花城称作"极为紧要之区"？

黄花城长城位于北京怀柔区西北35千米处的明长城线上的险要关隘上。古称黄泥路、黄花镇。它地处京师北门，东有古北口，

▲ 黄花城长城

西有居庸关，北邻四海冶，境地内有长城10800米，敌台44座，城堡6座，战略地位极为重要。元曾在此设千户所，明置参将守备驻守。曾是历史上著名的军事要冲，是南卫京师、西卫明皇陵的"极为紧要之区"。

黄花城长城构筑异常坚固。一则城体均下砌石条，上砌城砖，依山就势，峰险峻坚固；二则关口、敌台设置密集。"黄花镇下隘口十：南冶口、大长峪口、小长峪口（俱永乐二年建）、本镇口（嘉靖十七年建）、鹞子峪口（嘉靖二十三年建）、撞道口（永乐二年建）、石湖峪口（正德八年建）、西水峪口、石城峪口、枣园砦口（俱永乐年建）。平均3千米就有一个关口，700米一座敌台。本镇口不但设有头道关、二道关，还在关口附近的山峰上附有独立的战台四座，与关口遥相呼应，为其他长城段所不多见；三是用于屯兵之城堡多。黄花城附近的数座城堡，都设有重兵驻守。

万里长城著名险峰景之一"十八磴"即在这里。"十八磴"处，山峰陡峭，长城依山就势，直上云端，人称"云梯"。文人骚客历经此地深感长城艰险，曾遗名诗数篇。章士雅黄花镇诗曰："天险曾开百二关，黄花古镇暮云间。平沙不尽胡儿种，绝徼时闻汉使还。万骑烟尘驱大漠，一宵风雪守天山。将军莫信封侯易，百战归来鬓已斑。"（引自《长安客话》卷七·关镇杂记：黄花镇）

黄花城关城今已所剩不多，但整体风貌仍存。从遗址中可看出，当年关城建在南北两山不足百米的狭口间，南北两山的长城与关城相连。现一座关门尚在，还有17层的大型石条门基残存，

约 10 米见方能明显看出当年关城雄姿。关城附近的山壁上刻有
1.9 米见方的"金汤"两个大字。

渤海所城在哪里？

　　渤海所城在北京怀柔区西北部 25 千米处，明嘉靖三十二年
（1553 年）建成。渤海所城四周群山环抱，形成一个小盆地，城
坐落在盆地北侧，紧依北山坡脚下。城墙全长 1467 米，宽 4 米，
高 6.8 米，墙体全部由石头砌成，城内面积约为 120.96 万平方
米。城有四门，北门封闭；东门匾额为"天山东府"；西内门的匾
额为"永固门"，西外门匾额为"拱护陵京"；南内门匾额为"渤
海城"，南外门匾额为"黄花路"。城内 18 米宽的大街直对东、
西、南、北，形成了宽阔的十字街，街道正中砌有一排石条，两
旁整齐地栽有上百棵古槐。城内外原有大小庙宇 16 座，即天地
庙、娘娘庙、五道庙、火神庙、庄户庙、龙王庙、观音庙、姑子
庙、相公庙、老母庙、老爷庙、山神庙、马王庙、药王庙、真武
庙、玉皇庙。城中心偏西是当年千总衙署，门口有高大石狮一对。
　　渤海所也是拱护明陵寝重地。原只有黄花路守备守护陵寝后
门。嘉靖三十二年（1553 年），移参将于渤海所驻扎，这样东可
御敌，西可卫护皇陵，为两宜适中之地。
　　现十字街路中心的石条还原地未动，衙门的石碑仍在，门口的
两只石狮子"文化大革命"时被埋在地下，部分城墙和几棵古槐
尚存。

为 什么将慕田峪长城旅游区称作北京第二八达岭？

慕田峪长城位于北京东北 70 千米处，为缓解八达岭长城的游人拥挤状况，1988 年 4 月正式接待中外游客。它是一个以长城为主体，兼有山林野趣特色的郊野风景游览区。早在 300 多年前，清代诗人孙学清就曾留下"若问谷中何所有，千树桃花万树柳"

▲ 慕田峪长城仿古守城

的诗句。与其他长城旅游区相比，具备三个不同特点：一是景区草木茂盛，果树成林，覆盖率达 70% 以上；二是景区内有三大矿泉：莲花泉、珍珠泉和龙潭泉，年涌出量在 2 万吨以上，是含钠量极低的优质饮用水；三是城体建筑奇特，气势险峻。1984 年 5 月 24 日慕田峪长城被颁为北京市级文物保护单位。1986 年，慕田峪长城旅游区被评为新北京十六景之一，现已成为北京地区继八达岭之后的第二大长城旅游区。

明 朝历代由大将亲自督造的慕田峪长城有什么特点？

慕田峪长城最早建于战国燕昭王时期，距今已 2200 余年，址已无考。明初洪武元年（1368 年）起，朱元璋手下大将徐达，在北齐长城的遗址上，亲自督建了慕田峪长城。明永乐二年（1404 年）慕田峪正关台建成，"慕田峪关"也随即命名。

　　1568 年，明穆宗朱载垕将命倭名将谭纶诏任兵部左侍郎、戚继光任蓟州总兵，统辖山海关至山西一线的军事防务。在他们任职期间，重修东起山海关，西到镇边关 1000 余千米长的长城，修建敌楼 1007 座。这是中国历史上长城修建规模最大，质量最高，最能体现古代先进军事防御思想的工程，而慕田峪长城又是这期间修复工程中施工精细、造型别致的一段。这段长城长 2250 米，有敌楼 22 座，多依山就势，以险守扼，建在外侧陡峭崖边，它"于明隆庆五年（1571 年）八月，由总督谭纶、总兵戚继光建成"。从此怀柔成为军事要地，堪称"怀邑虽小，而内拱京都，外连边障，山川关隘控扼形胜"。

　　慕田峪关是山脉中一隘口，不处交通要冲，属黄花路渤海所下辖的七个隘口之一。因其"外临大川"，战略地位十分重要，建筑结构及军事设施有独到之处：

　　正关台奇特。隘口关门由三座空心敌楼通连并矗，两侧楼体小室窄，正中楼室宽大，体高势伟。三座楼之上有三座望亭，构造雄奇新颖。关门不是从城台中开设，而在左右设门，沿陡坡筑成的阶梯进出，这种独特的关门建筑以及长城的双面垛口均为他处长城所罕见。

　　墙体坚固，敌楼雄险。通长大墙底宽 6 米，上宽 4 米，高 8 米，内外两面均以 13 层青色花岗岩条石起基包砌，十分坚固。城顶宽度虽比一些长城段窄，但城体富于变化，态势奇特，却创造出更高的军事防御价值和独特的景观价值。与八达岭不同之处在于：首先，内外两侧都筑长约 5 尺，宽 1 尺有余，高 2 尺有余的垛口。垛口之下设有箭孔，险要之处还修有炮台。其次，主墙体之外建有"支城"。即在长城内外侧山梁高脊处节外生枝，顺势再修出一段几米或几十米，并筑有敌楼的城体，当地人称为"刀把楼"。双垛口和"刀把楼"，据说是为吸取嘉靖二十九年（1550

年）庚戌之变，北方俺答从黄榆沟绕道突入，从背后袭击古北口守军，从而攻破长城，直逼北京的教训补充设计加修的。两侧垛口可同时设置滚木礌石，攻守自如："刀把楼"可控制制高点，缓解对主城的威胁。再者，敌楼不管规模大小，都建成上下两层，中间留有"品"字形或"回"字形的通道，既可驻兵又可囤物。通道四周建有箭窗，居高临下，踞险待敌。楼顶之上环以垛口，有些敌楼上还修有"箭楼"。这些都是在八达岭等处不能见到的。

慕田峪长城段内还有什么著名景观？

在慕田峪长城段内的著名景观还有牛角边、箭扣、鹰飞倒仰、九眼楼、铁矿峪水门关、天花洞和天花松、响水湖、沙峪乡北沟摩崖石刻、黑龙洞和三泉秀水等。

牛角边 地处海拔 1004 米的山脊，是靠近慕田峪关的长城最高点，势若劲牛，苍阔雄浑。

箭扣 在牛角边东南与正北均在数十丈深的悬岩绝壁上通过，在绝壁外沿的断岩处飞架两根粗铁梁，长城在铁梁上昂然凌空而过。

鹰飞倒仰 是这一带长城天险精华所在，地点在西栅子村的旧水坑西南，这里是黑坨山下两道长城的会合点，在沿笔直上升的陡峭山岭直立向上修筑大梯船形的城体，状似昂道耸立，举臂擎天。位于东经 116°29′38.8″，北纬 40°27′45″，从这儿直到

▲ "慕田峪关"溥杰题词刻石

桃峪口北楼，还有"擦边儿过"、"爬天梯"、"过单边"、"油篓顶"、"翻身下海"、"石门"等一路的天险。

九眼楼 在庄户水石山以北，其特点是这一敌楼每面都有9个箭窗，极为奇特。上有明代官员巡行到此时所立诗碑，诗为七律二首。其一如下："天际丹梯拱帝州，高台插汉眺燕幽；风云北极凭栏动，星斗西垂倚剑流。龙啸层巅朝雨霁，虹垂大漠夕阳收。幸簪白笔巡行暇，暂向青山记胜游。"

铁矿峪水门关 位于怀沙河源头的三岔村路口冲谷，两边花岗岩峭壁相对耸立，古人在光滑的花岗石悬崖上凿出洞砌上砖，西边陡崖上至今尚完好地保留着一段石基砖垛的长城，看上去好像悬空贴在巨石上的建筑，看了令人惊叹。而东岸的水上崖壁则仍残留有用硬矸挤入巨石中的城砖，有人说这象征着长城不断，也有人说是原计划由此造拱联结两山，但终未成，只得单置一关成临深渊之险。

天花洞和天花松 位于水门关下2千米的山沟内，在山脊长城一侧的半山坡上，一株傲视群山万水的巨大古松，名天花松。背面有一个巨大的岩洞名天花洞。洞门为竖立尖状菱形门，主洞口两侧各有侧洞，左方侧洞内有清康熙四十一年（1702年）宰相庄人杨守礼来此后所写供佛诵经等语。洞进深100米左右，有自然塌方堵塞。据测定，如清除堵塞，还有很深的洞有待开发。

响水湖 位于沙峪乡南沿与洞台之间的大臻峪庄户沟，即边坑水库的上游。有磨石口长城及明代石刻。现边坑水库的大堤筑在磨石口长城的水关关门上，一边在斧劈状的悬岩上，傲立着雄伟的长城；另一边在深沟巨壑中的响水河中流，骑河而立沟筑水门关。其势，上看长城耸入云霄，下看关门不着地。在明万历六年（1578年），河南灵宝县人许茂杞在关门下方一侧的峭石上，大书"天设金汤"四个摩崖石刻大字，以抒观感。附近还有一条溪流及源头清泉数个，统称响水湖。

沙峪乡北沟摩崖石刻　由沟口至顶长约 3 千米的路上，1983 年以来陆续发现明万历年间刻字多处，为明廷官员多次视察边关题写。字体约 80 厘米见方，均为阴文刻在自然石上。依次为：

第一处在沟口，横幅大字"警心慎辔"，右首竖刻小字"辛丑"；

第二处碾磨路东，竖刻大字"观澜"，左侧小字"怀野"；

第三处在水头子路西，横刻大字"秦皇归址"，竖刻小字"李逢时书"；

第四处在上旁，竖刻大字"秦皇归址"；

第五处竖刻大字"极关弥险"；

第六处在大石湖路西竖刻大字"名关"，左方小字"少山"。下方有形如巨砚的凹石一方；

第七处在立洞子路北竖刻大字"天限华夷"，左侧小字"怀野"；

第八处在脖车洼路北，大书"苍岩翠柏"四字，款竖书"万历十三年李逢时书"；

第九处在长城半截边山后，一处天然造景的巨石上刻有"如堆"二字。

上述各处除第一处"辔"字已残外，其余完好。

黑龙洞　位于慕田峪长城西 10 千米处的一座敌楼脚下，是个未经开发的石灰岩溶洞。洞口巨厅可容数百人，向里狭窄处一人需爬行而过，然后又有一豁然大厅，仍可容数百人。再向上还有几个通道，大厅穹顶的岩缝中有石钟乳。坐缆车顺慕田峪长城西行 1 小时可达。

三泉秀水　莲花泉在长城东侧，因泉水喷涌，形似莲花而得名，水质清冽，日出水量 6000 吨，珍珠泉因水珠上冒，晶莹如珠而得名，富含二氧化碳（＞1 克/升），所产华城牌矿泉水很受旅客欢迎；龙潭泉现在龙潭水库中，为饲养虹鳟鱼的优质水源。

雄峙密云水库西岸的鹿皮关有什么特点？

鹿皮关地处密云县城北部 25 千米处的深山峡谷中，是明代长城的重要关口之一。它北通河北省丰宁县，西北与北京市怀柔区接壤，是密云县西部的交通要塞和咽喉。它是近可据险守关，远可望尘迎敌的险要关口。据《密云县志》载："石塘路为密云首险，设有参将署"，驻有几千兵卒。石塘路在鹿皮关东部不足 10 里处的白河南岸，古为重要关隘及交通要冲，筑有四方营城，辖密云西部长城十三处关口。明嘉靖末年为蓟镇西协四路之一，明清两代曾设参将、都司、守备把总成之。鹿皮关是石塘路辖下的重要关口，其得失直接关系到石塘的安危和关口沿线的安宁，故在鹿皮关和石塘路中间又建一"骠骑堡"，派重兵驻屯，以保鹿皮关口。白河主流从北部山区流出，绕过横岭东部峡谷南流至鹿皮关下，然后过口入关，折东进入密云水库。明代长城从白河东西两山的顶部直插谷底，似双龙戏水，紧锁白河。原鹿皮关就设在白河的西岸边，口门仅容一人一骑通过。关门东西两侧悬崖峭壁，地势险要，易守难攻。因两壁山色似鹿皮斑纹，关由此而得名。

▲ 密云水库旁的鹿皮关

北京最新修缮的古北口长城有哪些景观？

　　古北口位于密云县东北部的潮河峡谷中的古北口镇，是去往承德避暑山庄的必经之道。本区的旅游资源类型多样，分布较为集中，当地群众形象地概括为"七郎坟、令公庙、琉璃影壁靠大道，一步三眼井，两步三座庙"。主要景观有：

　　古北口长城、关城，古北口镇辖卧虎岭、蟠龙山、五里坨三段长城。最有代表性的是水门关，因这里的长城横架于潮河之上，把东西两侧的蟠龙、卧虎二山连为一体，潮河水自长城水关下的三条水道中通过。河东岸有仅容一人一骑通过的古北口关门——铁门关，关门外向东北、西北两个方向各伸出长 750 米的夹墙，状如龙须，各建楼三座，稍远处设一孤楼相卫，关门西侧依山势建造了"双楼子"，人称"姊妹楼"，是万里长城中的孤例。关城原是古北口的营城，城墙均砌于山脊上，多为单面砖墙，墩台密度大。在地势较低的山谷处，原有东、南二门，现有北门即古北口过去的"口子"，仅容单骑过往。古驿道由此进入古北口镇后才可出关。

　　现存的古建筑还有营城北城墙上的玉皇庙、药王庙西侧的财神庙、古驿道边上的三眼井、古驿道上的御用小石桥。仅有遗迹的有蟠龙山长城南侧的营城、万寿山南侧山头上的镇（震）山塔、万寿山东临潮河的山顶上的三个镇（震）山亭以及河西村中央路北的提督府遗址。

　　著名纪念地有古北口抗日阵亡将士墓、古北口保卫战阵亡烈士纪念碑和烈士墓等。

　　地方民俗文化有药王庙会、传统节日、地方戏曲、风味小吃等。

金 山岭长城是如何命名的？

金山岭长城坐落在北京密云县与河北省滦平县接壤处。从北京沿京承公路出古北口到达滦平县巴克什营镇，向东南走一段清代修筑的北京通避暑山庄的御道入花楼沟，到沙岭脚下便可登城。或从北京方向司马台长城沿城西行也可达。金山岭之名，史无载亦无名。据传，金山为修建后川口西部的大、小金山敌台而始得其名。修建两座金山楼的是随戚继光北上的 3000 名江浙军士，因常年戍守他乡，思念故里，而把镇江大、小金山岛的名字借用来以寄托对故土的眷恋之情。1983 年北京市政府寻找对八达岭有分流作用的第二个长城旅游区，见此长城保存较为完好，因无威名，故根据传说先称金山长城。后欲与八达岭对比，又称金山岭，作为宣传报道的名称。20 世纪 80 年代初文物总局批准其为国家重点文物保护单位，始以金山岭长城之名正式命名。旅游区内有金山岭长城博物馆，陈列着修复过程中发掘出的大量文物，供游人观赏。1992 年 11 月 15 日，香港柯受良驾摩托车飞跃金山岭长城，观众达 5 万人。

金山岭长城段的桃春口、砖垛口、沙岭口、后川口等均是古北口路提调的下属关寨。《九边图说》所载镇图中，有桃儿冲寨、砖垛子关、沙岭儿寨等名。现在地图也注有桃春口、沙岭沟、砖垛子等地名。可见现称的金山段长城为古北口至司马台寨间明代所修建的几个关隘的统称。

重要关口由西至东随城墙走势现有桃春口、桃春楼、五眼楼、西梁砖垛楼、西方台、砖垛口、砖垛楼、东方台、库房楼、敞楼及四方台、西塔楼、沙岭口、黑楼、小金山楼、大金山楼、窑沟楼、后川口、花楼（将军楼）等。

砖垛口是古北口关东端4千米处的一个重要关口,因此地较为平缓,难守易攻,历来为兵家必争之地,或为攻克古北口之首选要冲。20世纪80年代复建时在这一带长城上发现了数量众多的火炮、手雷、铁蛋丸、铁箭镞等各式武器,证明这里曾是明代战事频发之地。1933年张学良所属部队在此曾与日军发生过多次激烈战斗。1948年年初,解放军曾集中兵力强攻国民党军占据的古北口,多日攻不下,后转破砖垛口、龙峪口等处,包抄古北口守军后路,始得以速克。

司马台长城为何被誉为"长城之最"?

司马台长城位于北京密云县东北部东庄禾境内,距北京东直门110千米,西南距密云县城60千米。京承公路从景区南部7千米处通过,京承铁路横于景区西北部,若在古北口站下车,沿长城步行至司马台,有10余千米路程。现旅游区规划范围东起望京楼,西与金山岭长城游览区衔接,南到司马台营城,北至北城墙,总面积约30平方千米。区内长城段全长19延长千米,敌楼35座。1989年正式开放,司马台长城构思精巧,设计奇特,具有军事、建筑、艺术等多方面科学考察价值,它集万里长城特色于一地,形成了这段奇妙的长城。司马台长城沿刀劈斧削般的山脊修筑,惊险无比。尤其是云梯和天桥两段,更是险中之险。云梯是单面墙体,长约80米,坡陡,墙窄,呈直梯状沿山脊上升,两侧是百丈深渊。

▲ 司马台长城险峻城堡敌楼遗迹

百级云梯东面是天桥，长 100 米，宽仅 30 厘米，两侧是悬崖绝壁。司马台长城敌楼密度很大，且敌楼和墙体的建筑式样奇特多变。东端望京楼、仙女楼是两处具有代表性的敌楼。望京楼是司马台长城的制高点，海拔 986 米，为空心三眼楼，二层砖石结构。长城还有一段从两个穿山溶洞上（绝壁）通过，为长城一绝。现主要景点有：

鸳鸯湖。原为司马台水库，于 1977 年竣工，库容 57.2 万立方米，面积 2.3 万平方米。水面的出现，赋予了长城灵性，并与长城组合成巨龙饮水之势。水库水源主要来自控山水及北侧的冷泉和温泉。两种不同类型的泉相距仅几十米，冷泉在水库内像珍珠般涌出，别有一番情趣；温泉水温 38℃，内含多种矿物质。两泉同入一湖，使水库出现上温下凉的奇特景象。

与明长城同期建造的遗址还有哪些？

现司马台村原为营城，是明代的军营，至今还保留着残缺的城门、城墙和一影壁。城大体呈长方形，周边石砌城墙长 100 米，宽 90 米，高 3.5 米，厚 0.5 米，城内面积约 9000 平方米。南北两城门不对称，北门偏西，南门偏东，门均呈拱形，高 5 米，二重门深 4 米，北门前有一块保存极为完好的影壁，砖石结构，长 5.7 米，宽 0.57 米，高 3 米。近长城山脚下有明砖窑共 4 座，是当时筑长城烧砖的古窑址，如今多被砖石填塞。水库南侧有司马台寨堡遗址。

司马台长城修建有什么特点？

司马台长城以险、全著称。

险　指墙体沿刀削斧劈似的山脊修筑，状若向东狂奔玄驹骤惊，刹那矗立，势不可挡，雄健无比。云梯和天桥更是险中套险。云梯仅为单面墙体，最窄处不足半米，呈直梯状沿山脊跃升，两侧皆万丈深渊。此景观被命名为"万里长城绝险处"，实不过誉。

全　是指敌楼和城墙的建筑式样奇特多样。从外观来看，敌楼有单眼楼、双眼楼、三眼楼、四眼楼和五眼楼；有单层楼、上下相通的双层楼和三层楼。它们均为空心敌楼，大小不一，形式各异，是按照驻军的官衔等级、驻防人数以及地势险要程度分别制造的。从内部结构来看，有砖结构、砖木结构、砖石结构，有单室、双室、多室之分；房间布局有"四"字形、"日"字形、"井"字形、"川"字形；楼顶变化多端，有平顶、穹隆顶、八角藻井顶、覆斗顶；门窗也新颖别致，有边门和中间门，有砖券和石券，还有技艺精湛的雕花花岗岩石门，这都是长城不可多得的珍贵文物。东段上的望京楼和仙女楼具有代表性。

司马台长城的望京楼和仙女楼有何特点？

望京楼是司马台长城的制高点，海拔986米，为空心三眼楼，二层砖石结构。登临其上，视野开阔，景色壮观，隐约可见北京城的轮廓，故名。它可以东观"雾灵积雪"，西望"蟠龙卧虎"，北看"燕山翠叠"，南瞰"云水明珠"。

仙女楼是敌楼中建造得最美的一座，它掩映在老虎山山腰的花丛中，下部条石合缝，上部磨砖达顶，内部用青砖砌成两道大拱、三条甬道、十个券门。顶部正中心砌成蛛网状的八角藻井，四边砌四个砖柱。人在里面歌唱，能出现悦耳的共鸣回音。楼门石柱上，还雕刻着两朵并带花捧着一个仙桃。整个楼处处给人以精巧、细腻、秀丽之感，仿佛它不是人间战争的防御设施，而是一座仙境楼阁。

巧　主要体现为进可攻，退可守，步步为营的障墙。而云梯上的障墙可谓登峰造极，在 20 米的垂直落差内，从顶上的障墙箭孔射箭，一直能穿过所有障墙的箭孔，到达最下面的障墙，其精巧之至，令人赞叹，由此可以领略昔日戍边将士苦战御敌的战争场面。

奇　是指有一段长城修建在绝壁的两个穿山溶洞顶上，为长城一绝，奇景险山，扣人心弦。

坚　是指兼用土、石、砖三种材料所筑之城坚固无比。这一重要特点在筑城之时就受到朝廷官员的高度评价。它反映了我国古代南北方工程技术的交流与融合，长城工程是这种融合的代表之一。司马台长城原状保存完整度在国内称最。除人迹难至因素外，由于当年施工工艺精良，后来的毁拆费力费工，是墙体保全至今的原因之一。

沿河城是沿水而建的长城吗？

沿河城是明长城防御重地，位于北京西部门头沟区沿河城乡，由于城靠近永定河河道，所以称为沿河城。属明代长城内三关之一的紫荆关所辖，原称"三汊沿河水口，设都司把守。景泰二年（1451 年）由卫所调官员把守，嘉靖三十二年（1553 年）建守备公署。隆庆五年至万历三年（1571～1575 年）依次建成沿河城守备属下的 40 千米地段山口要隘的敌台和石墙，在山坡平缓处间断筑石城墙 2 千米，做工精良的敌台 17 座，敌台附近有烽火台 8 座。沿河城的城墙东、西、北三面为直线，南墙为弧形，总长度1182.3 米。城墙以条石和巨型鹅卵石砌筑，东西墙上各辟砖石砌筑的城门一座，南北城墙上辟有券形水门，北城墙长 462 米，两端筑有角台，中间有马面三处，城东西门之间为街道。

明长城东端和西端起点各在哪里？

明长城东端起点虎山，位于辽宁省丹东市宽甸县的虎乡，因长城坐落在虎山村的虎头山而得名。据记载，虎头山南临鸭绿江，与朝鲜隔江相望；西濒爱河，地势险要，为关守重地。山脚下原有一高丽旧城址，明修长城时利用旧城址建江沿台堡。现尚存50余米的台堡、堡基和部分堡墙，均用巨石垒建，通道宽3米。长城由虎头山开始，沿爱河东岸和北岸山脉向北延伸。

明长城西端的重要关口嘉峪关，位于今甘肃嘉峪关市西，东距酒泉市约26千米。地处酒泉盆地西缘谷地，扼控河西走廊西端咽喉，曾有"山河襟带限东西，南挟黄流一径通"之说。历史上嘉峪关地区曾经是西戎活动地，汉初为匈奴地。汉武帝时期修筑亭障、烽燧，形成河西长城。明洪武五年开始置关筑城，弘治八年（1495年）建关楼，十四年筑罗城。正德元年（1506年）建内城东西二楼及各种附属设施。嘉靖十八年（1539年）筑外城，修长城与关城相连，成为完备的戍防要塞。嘉峪关作为明长城西部的要塞，除关城外，周围还设障城、城台、墩台等。现嘉峪关市所辖长城多建于明嘉靖到万历年间，共计65千米。分肃州西长城、肃州东长城和肃州北长城三段。

"天下第一关"——山海关完整的军事防御系统有哪些？

山海关又称榆关或渝关。万里长城重要关口。位于今河北秦皇岛市东北，北靠燕山；南濒渤海，扼守中原与东北要冲，为历代兵家必争之地。有"天下第一关"之称。山海关关城并不是一座单体防御设施，而是以关城为中心，包括由罗城、翼城、哨城以及周围附近的城墙、城台、城堡、敌楼、烽燧等组成的完整防御体系。在总体布局上分内、外两层，内层以关城为核心，关城居中，外有瓮城、罗城防护主城；外层是散点式建置的哨城、各路关隘、烽堠，形成坚固的防线。

关城占地 126 万平方米，平面呈不规则梯形，北高南低，城垣周长 4796 米，平均高 11.6 米，厚 10 余米。东墙是长城主线，长 1378 米，上建 6 楼 1 台。关城四面各设一门，东门城楼为"镇东楼"，即著名的"天下第一关"；西门城楼为"迎恩楼"；南北城门分别为"望洋门"和"威远门"。城东南和东北角分别建有角楼，城中有钟楼。关城街巷呈棋盘式布局，民宅为四合院落式，城内还有官署衙门、演武场、牌坊等建筑。关城四门之外建有瓮城（又称月城），是关门的近体防御性城堡。东西城外建有套在瓮城之外的罗城，成为关城的前后防卫。关城南北 1 千米处还有翼城两座，用来存放粮草、武器和驻军。两座哨城分别为东部的威远城和南部的宁海城，前者为关东防线的前哨堡垒，后者为关城的海防哨城。

与山海关关城相配套的长城防御体系从南至北全长 26 千米，依次为：老龙头长城、南翼长城、关城长城、北翼长城、角山长城、三道关长城和九门口长城。

明长城入海端为何叫老龙头？

明代长城入海的端头部分，为蓟镇长城起点。因长城入海似巨龙之首而得名。始建于明万历七年（1579 年），由戚继光、吴惟忠监修，清康熙七年（1668 年）重修。老龙头由入海石城、靖虏一号敌台、王受二号敌台、南海口关、澄海楼、宁海城以及滨海城等部分组成。入海石城伸入海水中，坚固异常。当初是用来抵御女真和蒙古骑兵从浅海滩涂进入关内。一号和二号敌台遥相呼应，形成包抄老龙头海湾地区的钳状封锁口。其中一号敌台全部由花岗岩条石砌筑，构成封锁海面的制高点。二号敌台为近体防御工事。南海口关是明长城在滨海设置的唯一一座关口；澄海楼初建时为守城箭楼，明末曾在此设龙武营。滨海城墙即老龙头长城，位于一号和二号敌台之间，呈南北走向，长674米。城墙呈梯形，下宽15～16米，高9.35米，砖石混筑，下石上砖，白灰膏砌缝，城墙上端有垛墙、女儿墙等防御构筑。入海长城毁损严重，只遗留下花岗岩长城基石，散存于海中、岸边。20世纪80年代中期对老龙头长城加以整修、重建，现已同山海关关城一起开辟为旅游区。

为什么说九门口是明长城蓟镇重要关隘？

明洪武十四年（1381年）与山海关同建，明万历四十三年（1615年）和天启六年（1626年）均有修缮和扩建，景泰元年都御史邹来学重修关城。九门口是明长城蓟镇重要关隘，有九江河横贯其间，历史上曾是东北进入中原的咽喉，与山海关唇齿相依。九门口因有一座长110米，高出水面10米的过河城桥，桥有水门9个而得名。又因过河桥东西有用12000多块花岗岩条石铺砌的近7000平方米河床，每块石间四面用双关铁榫卯连接、固定，故又叫一片石。九门口南距山海关15千米，与山海关属共同防御体系，凡历史上发生在山海关的重要战役，九门口同时为主战场。明末崇祯十七年（1644年）四月李自成农民起义军同吴三桂及清兵的山海关大战，就是九门口方向进攻部队溃败后，导致全线崩溃。1924年直奉战争中奉军攻打山海关，久攻不克，奉军绕道先取九门口才获大捷，顺利入关。

天津市的长城名关是黄崖关吗？

　　黄崖关位于天津市蓟县城北 25 千米处，明长城蓟镇重要关隘。始建于明永乐年间，当时建了正关、水关及由关城向两侧延伸的城墙，关城东侧山崖陡立，岩石为黄褐色，在夕阳照射下，山体金光耀眼，有"晚照黄崖"之称，黄崖关也因此而得名。嘉靖二十九年（1550 年）庚戌之变后，长城向两侧延伸，东至现河北遵化的马兰关，西接平谷区将军关。隆庆元年（1567 年），戚继光带兵修筑大量空心敌台。万历十五年（1587 年）和十九年（1591 年）又分别砖包了关城和城墙，前后历经 200 余年。

　　黄崖关城随地势修建，为不规则的长方形，相传有九门九洞。为加强防御能力，关城中间还砌了一道南北向的隔墙，将城分为东西两部分，东城外有瓮城一座。发源于兴隆县的沟河横切燕山南流，河谷为燕山山脉间的一条重要通道。黄崖关就横坐在这条谷地之上，扼守沟通燕山南北的重要通道，所以封锁河谷的水关是黄崖关的重要组成部分，在数十丈宽的沟河河床西侧，原来各建有一座空心敌楼，楼间设铁栅。另外在河床谷地，还有一座拔地而起的孤峰，高达百米的峰顶上建有砖砌空心敌楼一座，令人赞叹不已。

　　黄崖关长城现为天津市重点文物保护单位，已经基本恢复了明代原貌。同时建有一座长城博物馆和一座 8 米多高的戚继光

▲ 黄崖关

花岗岩雕像。长城脚下的"百将碑林"镌刻着107位新中国开国将领的墨迹。

号称"理石筑城水关之最"的白洋峪关长城在哪里？

白洋峪关位于河北省唐山迁安境内北郊大崔各庄乡，明长城蓟镇关隘，关城顺山势而建，洋河由北向南流入关内。关城为石筑，高一丈四尺。白洋峪关东南还有一座水灵寺山，山腰有一泉，曰绵羊。水灵寺山北的长城上有保存完好的敌楼，敌楼中间四周砌有数个向墙里凹进去的大小不等的"壁橱"，为驻守戍兵放置物品之用。白洋峪关西北长城的一个马面上建有一座仿木结构的砖楼。楼西开一门，东、南、北各有三个箭窗，窗呈"品"字排列。楼门额上嵌有门匾，阴刻楷书"神威楼"三个大字，并署有"游击将军张进忠题"，"万历丙申仲夏吉立"。此长城的特点为双道水关，并有明朝使用当地产出的红白双色著名的大理石筑造的精美长城数千米长。

娘子关是古代娘子军筑造并驻防的吗？

娘子关是万里长城重要关隘。位于山西平定县东北，地处华北平原和太原盆地之间的山地里，是纵贯南北的太行山脉主轴的中央地带。据《平定州志》载："娘子关即古苇泽关，唐初因高祖李渊的三女子平阳公主曾率娘子军驻此设防，创建关城，故名娘子关。"现在娘子关还留有点将台、避暑楼、洗脸盆等与平阳公主有关的传说遗迹。娘子关关城建于崖顶，崖下有桃河奔涌而过，地势十分险峻。现存城关为明嘉靖二十一年（1542年）所建，城有东南两座门，东门为砖券门洞，门额石匾上书"直隶娘子关"，

152

南门为石筑，上书"京畿藩屏"四字，门外只有一条坡度在45度左右的坎坷石道可以进城，关南门城台上建有"宿将楼"。

娘子关方圆几百里都是奥陶纪石灰岩，石间缝隙极多。地表水容易渗透到地下，清泉流水随处可见。娘子关城东北凹地处有著名的娘子关瀑布，石壁飞流，蔚为大观。

木兰围场长城遗址都是什么年代的？

木兰围场长城遗址位于河北承德地区，滦河上游。清康熙二十年（1681年）建木兰围场。境内北部为高原，南部为山地，平均海拔1200米，最高峰大光顶子山海拔为2067米。在木兰围场东西绵亘200多千米的地带间有斥堠屯戍，系燕秦时期所修筑的长城。城北内外还有同时期城址10余座，证明早在2000多年前的燕秦时期，中国长城以北广大地区就已被正式列入中国版图。为今人研究先秦时期的重要军事设施长城和中国疆域史，提供了重要的实物依据。战国时期燕秦北界长城西自今河北怀来县东北，行经赤城，从围场向东北延伸约192千米，直至辽东鸭绿江畔。秦汉长城东段，基本沿袭燕北界长城。木兰围场主要名胜还有岱尹城古城遗址、半截塔古城址、东庙宫、木兰围场七十二围等。

张家口宣化区是当年宣化长城镇城吗？

宣化长城是明长城宣府镇镇城。宣化城历史悠久，有"北方古城"之称，是北方军事重镇。明洪武二十七年（1394年）在原宣德府土城的基础上，将宣化城扩展为城周12千米左右的规模，有关门7座，分别为昌平门、宣德门、永安门、广灵门、高远门、定安门和泰新门。建文元年（1399年）燕王朱棣发兵"靖难"，

▲ 张家口宣化长城——清远楼

驻守宣化的谷王朱棣进京前，将宣德、永安、高远三门堵塞，留下四门。永乐年间（1403～1424年）分别修建了4座城楼和4座角楼。近年对宣化城的破坏比较严重，仅存城墙1万米左右。

张家口长城的大境门和小境门当年各自的功能是什么？

张家口至今仍有"首都北大门"之称，作为万里长城重要的关隘，历来是兵家必争之地，张家口堡始建于明宣德四年（1429年），城堡为方形，东南两面开门，称"永镇"和"承恩"。嘉靖八年（1529年）改筑城堡，在城北开门，始称张家口。清顺治元年（1644年）在明代张家口长城开豁建大小关门各一座，东称小境门，西为大境门。大境门为官府所用，条石基座，砖筑拱门，额匾上是1927年察哈尔都统高维岳所书"大好河山"四字，颇为壮观。小境门供汉、蒙古商人经商往来所用。此处长城由大境门东西两侧随山势盘旋而上，城墙都是开山采石，就地取材，白石灰勾缝，十分坚固。该段城墙与众不同之处在于墙体顶部为封闭式，戍卒只在敌楼和烽台上监视敌情，城墙之上不设把守。

▲ 张家口长城的大境门

紫 荆关是长城古隘口之一吗？

紫荆关长城是万里长城重要关隘，也是长城千百座雄关中历史最为悠久的险隘之一，在中国古代战争史上具有十分重要的意义，紫荆关位于河北省易县西北 45 千米处，因关城踞于紫荆岭上而得名。据传当时关城内外遍布紫荆树，盛夏荆花开放，香飘万里，"荆关紫气"曾是易州十景之一。关于紫荆关的记载最早见于《吕氏春秋》，当时称为"五阮关"，是著名的天下九塞之一。紫荆关在秦汉时仅是一座土石混筑的小城，明洪武初年旧城改筑，并建新城一座，墙体均为花岗岩条石砌筑，顶部和垛口用青砖筑就，明代历年均有修筑。紫荆关有城 9 座，水门 4 座。里外城相连，城门环环相套。作为兵家必争之地，这里历史上曾发生数百次战斗，是研究长城关隘建筑、古代军事科学的重要遗存。

边 靖楼杨家祠堂有何特点？

边靖楼位于山西省代县县城，俗称鼓楼。建于明洪武七年（1374 年），明成化七年（1471 年）火焚后增台重建。古时同雁门关南北对峙，构成了完整的纵深防御体系。楼上悬挂有"声闻四达"、"威镇三关"、"雁门第一楼"三块巨额牌匾。边靖楼为砖木结构，外观雄伟古朴，楼基高大，梁架精巧，结构严谨，历经数百年风雨侵蚀和多次

▲ 山西边靖楼

地震，至今完好无损，是我国北方所存较大的木结构古楼之一。

杨家祠堂位于代县县城东 20 公里处的鹿蹄涧村，为纪念宋代爱国将领杨业父子而建。元代杨家 17 世孙奉旨建祠，明清时曾重修。祠堂前院奉祀杨业后裔，后院悬山顶正殿五楹，内塑杨业与妻佘太君的坐像，8 个儿子的彩塑分列两旁。祠内有"宗祖图"碑一通，碑文铭记着杨业后裔世系。大殿前竖有鹿蹄石一块，形状奇特，雕刻秀美。

榆林镇北台是长城中最大的城台吗？

镇北台是万里长城中最大的一座城台，它位于陕西榆林市红山最高处，东西有长城相连，为榆林南北来往咽喉要地。建于明万历三十五年（1607 年），是为保护榆林红山马市贸易而设的观察哨所。背倚长城，怀抱红山，锁南北要口。镇北台为方形，似塔，共 4 层，高 30 余米。第四层顶部曾建砖木结构瞭望棚，清末被毁。台全部由青砖包砌，第二层向南开有拱门，门额嵌阴刻横书"向明"匾，为建台巡抚涂宗浚所书。附近的名胜红石峡为茶马互市的咽喉通道，布满了大量民族团结、内外一家等内容的名人题刻。

春风难度的玉门关在何处？

玉门关是汉长城著名关隘，是西汉通西域时的重要交通门户，对中外交通及文化、经济交流都发挥了极为重要的作用。相传西域和田等地进贡美玉，都取道此关，玉门关由此得名。汉代玉门关自汉武帝元封三年（前 108 年）设置，到东汉延光年间的 200 多年里，曾三废三关，自魏晋南北朝以来，战争不断，玉门关随着丝绸之路的衰落而废弃。到唐代，通西域走新北路，即经安西通哈密一道，以至于汉代玉门关的确切位置不为世人所知。唐代诗人吟诵的玉门关位于今甘肃安西县双塔堡附近。而真正的汉长城玉门关遗址一说是在出敦煌西北的小方盘城，一说在小方盘城之西或西北。

近代穿越长城最有影响的工程和人是京张铁路与詹天佑吗？

　　詹天佑（1861～1919年）是中国近代科学技术界的先驱，杰出的爱国工程师。詹天佑是广东南海人，12岁投考"幼童出洋预备班"被录取。同年8月，詹天佑等第一批学生30名，官费赴美留学，1878年他考入美国耶鲁大学雪菲尔德理工学院土木工程系学习铁路工程，是最早通过大学考试及格的中国学生之一。1905年，清政府任命他为京张铁路总局会办兼总工程师。同年10月，京张铁路开工。八达岭是全路段的最高处。从南口经青龙桥至岔道城，虽然只有22千米长，但必须穿过军都山险陡的关沟地带，工程非常艰巨。要开凿居庸关、五桂头、石佛寺和八达岭共长1645米的四座隧道，其中八达岭隧道最长，达1091米，按期打通了隧道后遇到的难题是，从南口至青龙桥车站，坡道达千分之三十三的高度，即在直线距离1000米内，要升高33米。从青龙桥再往前修，坡度若再升高，列车就爬不上去了。让列车爬上关沟的最高峰八达岭，若沿山直上，坡度太大，行车危险，而且工程造价过高。詹天佑深入调查，创造性地利用折线办法，从青龙桥起，依山腰设计出"人"字形轨道，车到这里改用两辆大马力机车，前后一拉一推，这样不仅缓和了坡度，而且免除了机车掉头的麻烦。

201 千米长的京张铁路工程，比原订计划提前两年完工，节约白银 28 万两。1909 年 10 月 2 日，从西直门开出了第一列火车，成为当时轰动世界的奇迹性新闻。周恩来总理曾赞誉他是"中国人的光荣"。

詹天佑铜像与碑 詹天佑铜像矗立在青龙桥火车站站台北侧。像座上镌刻"詹天佑之象（像）"六个大字。像高 2 米，为熟铜浇铸。詹天佑身着西装，一手插裤兜，一手握手套。在铜像旁边，有中华民国八年（1919 年）所立大总统孙中山颁给之碑。

詹天佑夫妇墓 詹天佑及夫人谭菊珍墓地，原在北京海淀区万泉庄。1982 年 5 月迁来青龙桥。墓地在铜像后面的山腰间。新墓地由墓冢、墓碑、墓墙、月台和台阶五部分组成，1984 年 5 月被北京市人民政府颁布为北京市文物保护单位。

詹天佑纪念馆 位于八达岭关城西门外 0.5 千米处京张公路东侧詹氏当年主持建筑的八达岭隧道顶部。灰褐色的建筑分布在两层平台上，外形简洁朴素、和谐庄重。纪念馆陈列面积 1100 平方米，除瞻仰厅和序幕厅外，设有三个陈列厅，展示詹天佑生平各个时期的爱国业绩和文物史料。庭院正面有反映詹天佑生前时代背景和重要贡献的大型花岗岩浮雕，全长 41.8 米，高 5.4 米。这些也从一个侧面折射中国清朝末年的洋务运动及民国初年的产业发展脉络。

慈禧太后与长城哪些地方有关系？

望京石 "居庸外镇"关门前大道南侧的一块天然花岗石，原石高 2 米，长 7 米，石北面刻"望京石"三个大字。古代行人站立石上，可南望 40 里关沟峰峦叠翠，山岚变幻。1900 年，慈禧太后为躲避八国联军逃离北京，路过八达岭时，曾站在这块石头上回望京城良久。

岔道城 八达岭关城北约 1.5 千米处的岔道村，原是明嘉靖三十年（1551 年）修筑的兵营岔道城的遗存。因此地南去八达岭、西去张家口、北往延庆、东去永宁四海诸路从此分开，故称岔道。城依山据险，水源丰富，早在宣德年间，就是设防的重点。岔道城建筑坚固，是八达岭的前哨防线。城墙墙基为条石垒砌，墙体用黄泥夯筑，外面包砌城砖，城上设马道，外侧宇墙设垛口、瞭望孔、射口。东西长约 1100 米，南北宽 500 米。城中原建有练兵的校场，还有粮秣、武器弹药仓库。城的东北西侧山顶各筑一座堡垒，周围山峰筑有 6 座瞭望敌情的烽火台。建成后，镇守官兵常驻守备 1 名，把总 3 名，兵丁 788 名。岔道城与八达岭关城相呼应，形成纵深防线。到清代以后，岔道城不再驻军设防，渐演为村落民居。现四周尚存残缺城墙，东、西、北三城楼门洞犹存，南临水沟处的砖墙依旧。1900 年八国联军进犯天津后，清慈禧仓皇离京，路经八达岭时，曾宿于岔道城内。岔道城周围山峦起伏，每当金风习习之日，天高云淡，红叶满山。"岔道秋风"曾经是延庆八景之一。

李 自成是从哪里突破长城防线入京的？

现已开放的石峡关残长城是八达岭长城防御体系的西大门，位于八达岭长城西南 5 千米处。明崇祯十七年（1644 年），李自成率军自西安东征，兵临八达岭，久攻不下，转而奔袭石峡关，设计谋破关直入，兵逼北京城。在残长城处还发现了两处颇具考古价值的遗址，一为当年修长城的石料场，另一处是当年烧砖的砖窑群。

石佛台 位于八达岭与居庸关之间，此地原有一座石佛寺已于

1901 年毁于八国联军之手。寺中的石佛多已身首异处。1986 年京张公路改建时，当地政府将四乡散落的 10 多尊佛教和道教石雕像收集整修，在原寺遗址处筑台陈列，供过往游人观赏。台正中是"千手千眼佛"，两侧其他石雕像随意排列，有一些石像是 700 年前的元代遗物。台前还陈放着当年寺内的两通石碑。

弹琴峡公路隧道　在关沟新公路的上段。隧道洞口仿照八达岭关城大门形状修筑，上有垛口，门额上方是"弹琴峡隧洞"五个镏金大字，中间有汉白玉石雕龙头，与远山的长城遥相呼应，关沟七十二景中的"别有洞天"正在这里。隧道全长 78 米，径宽9.5 米，高 6 米，洞内宽敞明亮。洞顶首创双曲拱形衬砌，可降低汽车的噪声。

居庸叠翠乾隆诗碑今何在？

"居庸叠翠"在金章宗时即被钦定为燕京八景之一，明永乐年间又被列入北京八景。清高宗（乾隆皇帝）曾亲笔题写"居庸叠翠"四字，刻碑立于关城东南侧。抗日战争时期修公路，已将碑身垫在路基下，现只有碑座遗存在此。

40 里关沟还有什么景观？

居庸关是长城重要关口，云台是元代雕刻艺术中的珍品，叠翠山是风景优美的胜地，加之居庸关附近的历史故事和民间传说，如李闯王飞兵下居庸、明代大将于谦埋金柜子南口村及附近的中元古代地层出露的最佳地段。

仙枕石与点将台　过四桥子村约 0.5 千米处河沟中，有一块如长方似半圆的巨石，好像一个大枕头。石高 4 米，上面较为平坦，面积约 60 平方米。此石又称为"穆桂英点将台"。至今石上留有大小 28 个圆孔，不知是哪个朝代搭帐篷的篷杆眼。巨石西面南石壁上，有多处题刻。"仙枕"两个隶书大字，落款为"吕贲书"。旁小字是明朝兵部尚书许论从居庸关入援古北口记事："嘉靖乙卯三月十二日，虏犯古北口，奉命率三镇兵二万余众，第由居庸关入援。二十二日虏败遁，二十五日班师，取道怀来郡、虎阳河。总督军务兵部尚书灵宝许论题。"题记证实居庸关是蓟、宣府、大同三镇兵防调动的重要出入口。

骆驼石 在三堡隧洞两边的半山腰上，有一块形状像头大骆驼的巨石横卧。

仙人桥 在三堡火车站对面的公路两侧山崖上，有一座长 1 米多，宽 50 厘米的天生小石拱桥，悬于峭壁之上，桥上写有"仙人桥"三字。桥头石缝中有小树一株。

金鱼池 在弹琴峡隧道南口约 50 米处的路基下，砌有一个石龛，内建方池，额书"金鱼池"。原地曾有水潭，潭中天生一尾大金鱼。民间传说关沟天旱，只要淘一淘金鱼池就会下雨。新建公路要从金鱼池经过，特意建了龛洞庭，保留景物。

五郎像 沿弹琴峡隧道南口的停车场东侧 60 级石级之上平台石壁上有一尊两米多高的浮雕佛像，民间传说是杨五郎在金沙滩败后，到五台山身着袈裟的形象。实际上是阿弥陀佛。佛像结跏吉祥坐姿；两手做"上品上生"手印。古时，这岩坎之下是关沟大道中最险要的地段，而且有传说的"五鬼头"作祟，于是刻下阿弥陀佛像，保佑行路平安。

五桂头山洞 旧京张公路的隧洞，现已废止，路基已拆除。紧傍其西侧已新辟弹琴峡隧洞。"五桂头"原名乱柴沟、五鬼头，历史上曾被列为关沟七隘口之一的防守重地。

弹琴峡 弹琴峡隧道北口东侧溪水旁，题刻有"弹琴峡五桂头"六个大字，这里即关沟著名景观弹琴峡。古时这里溪水跌宕而泻，在石罅之间淌流，引得两岸石壁为之共鸣，如弹琴声清脆悦耳。元朝诗人陈孚曾写诗"月作金徽风作弦，清声岂待指中弹？伯牙别有高山调，写在松风乱石间"。人们只能面对石壁题迹，遥想当年溪水荡峡的回梁之声。

弥勒听琴　弹琴峡隧道北口大桥东石级下，有个小龛洞石券门上镌刻着"听琴弥勒"四个字，洞内刻工粗犷的弥勒石像高 1.45 米，宽 1.35 米。

六郎像　石佛寺隧道西洞口半山腰的峭壁上，有一尊凿刻年代不详的佛像，高约 2 米，民间传说是杨六郎像。

棺材石　六郎像对面半山腰，岩石形态大头小尾，状似棺材，与六郎像相望。

猴面壁　棺材石侧下的赭色峭壁岩面平整像个猴子脸，散布其上的石棱上，生长着黑绿色的青苔小草，位置恰如眉眼口鼻。

磨刀石　在猴面壁东南的山头上，一堆巨石垒成的台地上，有一块略小的岩石两端上翘，中部平凹，俗称磨刀石。

青龙潭　八达岭林场对面的西山沟中有碧水一潭，清澈见底；四周树木浓荫匝地，人称青龙潭。传说这里住一条青龙，主管关沟一带的阴晴旱涝。过去遇天旱，人们到这里祈雨。

天险　八达岭林场停车场附近的山崖上刻"天险"两个大字，相传是明朝人题迹。下方另外镌刻着的小字是："知延庆州事四明童恩摩崖，同游元和朱骏声，四明张忠恕，四明张嗣鸿，道光十五年四月，辽阳刘振宗镌。""天险"东北山壁是天险沟。

青龙倒吸水　天险沟口停车场京张公路北侧山脚，现有个四方形铁盖，下面曾是一池清水。铁盖旁的岩壁上一片赭红色的石崖中，有一道青灰色的石脊，随山势蜿蜒而下，伸向清泉，石脊宽 20 多厘米。此景观连同清泉，合称"青龙倒吸水"。而今，因岭上植被水资源短缺，虽"青龙"仍在，但已无水可"吸"。其景观名气虽减，但由此而命名的青龙桥火车站却随京张铁路卓越的设计而扬名天下。

　　石羊山　八达岭火车站西面的山坡上遍布白色圆石，夏秋季山草青青，犹如群羊在吃草。

戚继光留在北京的诗踪哪里可见？

　　龙泉寺与戚继光龙潭诗碑坐落在密云县城东北 25 千米处的白龙潭风景区内，是一座四合院式的佛教寺庙。寺最初建于元世祖忽必烈至元二十四年（1287 年），明清两代多有修缮。寺坐东朝西，前后两层大殿，前殿三间为仪门殿（或称天王殿），门内两侧有四大天王的泥塑彩绘立像，正殿三间为寺主殿大佛殿，正座高台上是三尊铜铸镏金三世佛坐像，两旁泥塑彩绘十八罗汉坐像，栩栩如生，形象逼真。正殿前月台两侧各有两间禅堂，为住持僧人占用。月台上下，有明代栽植的六株柏树。北禅堂东西两侧青砖砌筑的碑亭各一，两亭内两座碑上镌刻了清代直隶总督李鸿章及袁世凯为整修龙泉寺撰写的碑记。

　　大佛殿门外北面有一座镌刻明代名将戚继光手书"游龙潭诗"碑。明万历三年（1575 年），都督同知总理蓟州、昌平、保定三镇总兵戚继光，在镇守古北口期间游览了距石匣 7.5 千米的白龙潭胜景，并在龙潭寺内挥笔写下了气势磅礴的《龙潭》一诗："紫极龙飞冀北春，石潭犹自守鲛人。风云气薄河山迥，闾阎晴开日月新。三辅看天常五色，万年卜世属中宸。同游不少攀鳞志，独有波臣愧此身。"

地 处辽国的古北口令公庙是谁所建？

  杨令公庙是为纪念宋朝名将杨业而建立的庙堂。位于密云县北部 60 千米处古北口乡河东村的东山坡上。1983 年被列为县级文物保护单位。令公庙山门外东西两壁书写着 1 米见方的 8 个大字"威震边关，气壮山河"。字迹遒劲，气势磅礴。庙坐北向南两进院落，前后两层大殿，总占地面积 950 平方米。前展厅内塑有杨家众男将，后殿内雕杨家巾帼英雄。前殿东西两侧各有配房和禅堂，供祠内僧人和来客使用。前后殿之间有月门相通。

  前殿内端坐的主帅杨业（杨继业）名重贵，北宋名将，麟州人（今陕西神木）。杨业原为北汉大将，号称"杨无敌"，官累迁至建雄军节度使。杨业投宋后戎马倥偬，据考他从来没有到过古北口区。在当时为辽人契丹族活动和聚居的古北口，辽邦人士为宋邦将领塑像建祠，既出于人民对民族英雄的一片怀念，也表达了辽邦统治者对异族报国志士的敬重。宋朝做过贺辽使臣的苏颂、苏辙拜谒后，留下的"驱驰本为中原用，常享能令异域尊"诗句，也印证了这一点。宋辽和好后，这里又是互通使臣和贸易往来的必经之路。宋至和二年（辽重熙二十四年即 1055 年），长于博物考古的宋朝刘敞出使辽国，途经古北口时，在杨业庙拜谒，留有

▲ 古北口令公庙

《杨无敌庙》诗一首："西流不返日滔滔，陇上犹歌七尺刀；恸哭应知贾谊意，世人生死等鸿毛。"从刘敞使辽的时间推算，令公祠的修建时间约在宋朝的太宗和英宗之间（986～1055 年之间），

距今已有千年的历史。

宋以后的各个朝代，对令公庙都进行了很好的保护和多次维修。据《密云县志》载："明洪武八年（1375）徐达重建杨业祠"；明成化年"敕赐威灵庙"；"嘉靖年、清康熙年又两次重修"；"民国初和北京解放前夕，爱国将领冯玉祥将军驻军古北口，曾捐三千大洋再次重修杨令公祠"。中华人民共和国成立后，北京市政府也曾拨款维修过。1992 年在各级人民政府支持下，古北口人民又筹措资金复建此庙。

古北口令公庙与山西代县杨家祠堂，是全国仅有的杨家将尊奉处，而古北口的杨门女将塑像为全国所独有。

戚氏兄弟同修过一段长城吗？

相传明代戚继光曾任蓟州总兵，领山海关、居庸关一线防务。他在带领民工修长城时，非常体贴民工的疾苦，并用"修长城，保京师，保家乡"的口号来鼓舞士气。库房楼坐落于砖垛口和沙岭口之间的一险峰之上，是金山岭长城最有代表性的一座敌楼。设有战台，挡马墙和火炮防御墙，形成层层设防的军事设施。1985 年秋，在库房楼上侧支墙上曾发掘出一块石碑，文中记有"总理练兵兼镇守蓟州等地方总兵官，中军都督府右都督戚继光、山东领春班都司戚继美"等文字。这是朝廷为修筑长城做出贡献的官员所立的铭记，证明民间关于戚氏兄弟合筑长城的佳话。

十三陵

为什么明朝开国皇帝朱元璋的陵墓建在南京，而自成祖
以后的明朝皇帝都葬在北京郊区？

这与明朝都城位置的变迁有关。因为按照古代的习俗，皇帝
陵墓一般都建于都城附近，这样不仅便于后世嗣帝拜谒祖先陵寝，
而且也便于对陵寝的管理和保卫。朱元璋创建明朝后于洪武八年
（1375 年）定都南京（时称"京师"）。所以，他的陵墓——孝陵
也建在了南京城附近的钟山脚下。明朝第三帝成祖朱棣是朱元璋
的第四子，被封燕王，镇守北平（北京）。太祖朱元璋去世后，因
皇太子朱标早逝，遂由皇太孙朱允炆继承皇位，是为建文帝。朱
允炆为防止诸王拥兵篡位，采纳兵部尚书齐泰、太常寺卿黄子澄
的意见，采取削藩措施。从洪武三十一年（1398 年）八月到建文
元年（1399 年）六月不到一年的时间里，先后有周、湘、齐、
代、岷五位亲王的爵位被削除。朱棣见削藩就要轮到自己头上，
便以朱元璋所定祖训中有"朝无正臣，内有奸道，必举兵诛讨，
以清君侧"为由，指齐泰、黄子澄为奸臣，打起"靖难"（意思是
为皇帝解除危难）旗帜，举兵南下。经过 4 年的激战，朱棣打败

了建文帝，在南京称帝。由于朱棣是篡权得帝，其骨肉相残的行径有悖于封建正统思想和伦理道德观念，尽管他找了许多冠冕堂皇的理由为自己辩解，但"得罪于天地祖宗"的不安心理使他在南京的皇宫中生活总有一种难以解脱的心理压力。再加上建文帝的一些旧臣心里还在怀念建文帝，甚至想刺杀朱棣，为建文帝报仇，因此朱棣即位后就有迁都北京（原称北平，永乐元年正月朱棣下诏升北平为北京）的想法。因为北京曾是朱棣做燕王时的封地，以自己的"龙兴之地"为都，不仅可因远离南京而减轻心理压力，还可以利用北京的"王气"为自己的称帝找到有利的依据。这是朱棣想迁都北京的政治原因。另一方面，就军事形势而言，元朝蒙古贵族的残余势力最早在明太祖朱元璋在位时即退居漠北，但仍有相当的军事实力，且不时南下侵扰，严重地影响着明朝北部地区的安定。由于朱棣称帝时明朝的都城仍是南京，而南京城地理位置偏处江左，去中原地区颇远，很难控制西北长城沿线的军事形势。但北京却有得天独厚的地理优势，它不仅是辽、金、元三朝古都。而且地理形势"左环沧海，右拥太行，内跨中原，外控朔漠"，如果以北京为都，则具有军事信息可速达京城，便于朝廷组织防御和出击等优势。所以，永乐十九年（1421年），朱棣毅然将都城由南京迁到了北京。此后因终明之世北京一直是明朝的都城或中央政权所在地，明朝自成祖而后诸帝遂均葬在了北京的郊区。其中，景泰帝死后以王礼葬于京西金山，其余十三帝均葬在了京北天寿山陵区内。

明 朝的皇帝共有多少位？十三陵埋葬的是哪些皇帝？

明朝自太祖朱元璋开国到崇祯帝朱由检自缢煤山，明朝灭亡，共有16位皇帝。分别是太祖朱元璋、建文帝朱允炆、成祖朱棣、仁宗朱高炽、宣宗朱瞻基、英宗朱祁镇、代宗朱祁钰、宪宗朱见深、孝宗朱祐樘、武宗朱厚照、世宗朱厚熜、穆宗朱载垕、神宗朱翊钧、光宗朱常洛、熹宗朱由校、思宗朱由检。明十三陵埋葬的分别是成祖（葬长陵）、仁宗（葬献陵）、宣宗（葬景陵）、英宗（葬裕陵）、宪宗（葬茂陵）、孝宗（葬泰陵）、武宗（葬康陵）、世宗（葬永陵）、穆宗（葬昭陵）、神宗（葬定陵）、光宗（葬庆陵）、熹宗（葬德陵）、思宗（葬思陵）13 位皇帝。

为什么明朝皇帝和皇帝陵墓数量不相等？

　　明朝的皇帝和皇帝陵墓数量不一致是有其特定原因的。

　　一是因为有的皇帝根本就没有陵墓。明朝第二位皇帝建文帝朱允炆，在建文四年（1402 年）四月十三日燕王朱棣率"靖难"大军攻入南京城时，皇宫起火，下落不明。有人说他从皇宫地下水沟逃出，剃度为僧，浪迹于四川、云南等地，最后不知所终。还有人说他在正统年间因年老回到皇宫，经太监吴亮验证身份，养在宫中，人称"老佛"，死后葬于京西金山寺后，却"不封不树"，没有修建陵墓。可是，明末清初时王崇简、孙承泽到西山寻找却又毫无踪迹。而仁宗朱高炽在他撰写的《大明长陵神功圣德碑》则说，其父朱棣率兵进城时，"奸臣"知罪不可赦，关闭了皇城门，"胁建文君自焚"。朱棣还"备天子礼敛葬"。但当时既没有置陵守冢，后人也不知陵寝究竟在何处，所以建文皇帝实际上并没有陵墓。

　　原因之二是有人生前虽然没当过一天皇帝，但死后儿孙当了皇帝，因此被追尊为皇帝，并将原来的坟墓按皇帝的礼制建造或改建成皇帝陵墓。这样的陵墓有皇陵、祖陵、显陵三陵。皇陵位于安徽省凤阳县，是明太祖朱元璋父母的陵墓。朱元璋的父亲原名朱五四，后来朱元璋投身元末的农民起义，有了一定身份后给他起名为朱世珍。朱世珍生前是个贫苦佃农，妻子为陈氏。夫妻都在元至正四年（1344 年）闹灾荒和瘟疫时病故。后来朱元璋做了吴王，下令就父母原来的坟地"积土厚封"，开始建造陵寝。洪武元年（1368 年）正月，朱元璋称帝，追尊父亲为仁祖淳皇帝，母亲为淳皇后，并按帝制继续建造陵园。该陵初名英陵，洪武二年（1369 年）改名皇陵。祖陵位于江苏省盱眙县，是朱元璋高祖父母、曾祖父母和祖父母三代祖考妣的衣冠冢陵墓，也是其祖父母的实葬之地。朱元璋的高祖父朱百六、高祖母胡氏，曾祖父朱四九、曾祖母侯氏，祖父朱初一、祖母王氏生前都是贫苦本分的农民。朱元璋当了皇帝在追尊父母的同时对三代祖父母也进行了追尊。朱百六被尊为德祖玄皇帝，胡氏被追尊为玄皇后；朱四九被追尊为懿祖恒皇帝，侯氏追尊为恒皇后；朱初一被追尊为熙祖裕皇帝，王氏被尊为裕皇后。但祖陵的营建却迟至洪武十八年（1385 年）才开始。这是因朱元璋此前一直没有找到三代祖父母的葬地，后经同宗人龙骧卫总旗朱贵指点，朱元璋才得知祖父母的确切葬地。显陵位于湖北省钟祥市。原为兴献王朱祐杬的坟墓。后因兴王世子（明代藩王嫡长子称为世子）朱厚熜入继大统，当了皇帝，朱祐杬被追尊为兴献帝，朱祐杬的王坟遂按天寿山陵制改建成皇帝陵。

在 明十三陵，与皇帝合葬的皇后共有多少位？

在明十三陵共有 23 位皇后与皇帝合葬。其中，仁孝文皇后徐氏与成祖合葬长陵，诚孝昭皇后张氏与仁宗合葬献陵，孝恭章皇后孙氏与宣宗合葬景陵，孝庄睿皇后钱氏、孝肃皇后周氏与英宗合葬裕陵，孝贞纯皇后王氏、孝穆皇后纪氏、孝惠皇后邵氏与宪

宗合葬茂陵，孝康敬皇后张氏与孝宗合葬泰陵，孝静毅皇后夏氏
与武宗合葬康陵，孝洁肃皇后陈氏、孝烈皇后方氏、孝恪皇后杜
氏与世宗合葬于永陵，孝懿庄皇后李氏、孝安皇后陈氏、孝定皇
后李氏与穆宗合葬于昭陵，孝端显皇后王氏、孝靖皇后王氏与神
宗合葬在定陵，孝元贞皇后郭氏、孝和皇后王氏、孝纯皇后刘氏
与光宗合葬庆陵，孝哀悊（音 zhé，意为明智、知人。系"悊"
的古字）皇后张氏与熹宗合葬德陵，庄烈愍（音 mǐn，意为怜悯。
谥法中又指"在国逢难"、"在国遭忧"、"祸乱方作"等意思）皇
后周氏与思宗合葬思陵。

为什么有的陵墓有一位皇后与皇帝合葬，另外一些陵墓却是两位或三位？

　　明朝的皇帝行一后制，即每位皇帝只立有一位皇后。因此，
在正常的情况下每个陵只应有一位皇后合葬。但是在两百多年的
明朝历史上却有一些特殊的情况发生，于是又有了一帝两后甚至
三后的情况，陵园也就有了两后、三后合葬的情况。其原因有如
下几方面。

　　一是原配皇后没有生育皇子，嗣帝由妃嫔所生，于是母以子
贵，这些妃嫔或生前或死后便被嗣帝尊为皇太后而入葬帝陵。这
种情况有裕陵的周皇后、茂陵的纪皇后、永陵的杜皇后、昭陵的
孝定李皇后、定陵的孝靖王皇后、庆陵的王皇后和刘皇后。其中，
裕陵的周皇后系宪宗生母，原为贵妃，宪宗即位尊为皇太后，弘
治十七年（1504 年）葬裕陵。茂陵的纪皇后为孝宗生母，成化十
一年（1475 年）六月去世，谥恭恪庄僖淑妃，葬京西金山，孝宗
即位后追谥为皇太后，迁葬茂陵。永陵的杜皇后为穆宗生母，原
为康妃，嘉靖三十三年（1554 年）正月去世，葬京西金山，穆宗

即位，上尊谥为皇太后，迁葬永陵。昭陵的孝定李皇后，为神宗生母，原为皇贵妃，神宗即位尊为皇太后，万历四十二年（1614年）二月去世，合葬昭陵。定陵的孝靖王皇后为光宗生母，万历三十九年（1611年）九月去世，时为皇贵妃，葬天寿山东井的左侧。后其孙熹宗即位追尊为皇太后，迁葬定陵。庆陵的王皇后为熹宗生母，原为才人，万历四十七年（1619年）三月去世，熹宗即位追尊其为皇太后，葬庆陵。刘皇后为思宗生母，原为淑妃，死后葬京西金山。思宗即位，追尊其为皇太后，迁葬庆陵。

二是皇帝在位时，原配皇后去世或原来的皇后被废而新立皇后，新立的皇后理应合葬帝陵。这种情况有永陵的方皇后。世宗的原配皇后为陈氏，陈氏去世后，世宗立张氏为皇后。不久世宗又废张氏立方氏。方氏于嘉靖二十六年（1547年）十一月去世。因她在嘉靖二十一年（1542年）的"宫婢之变"中救过世宗的命，且是皇后身份，死后遂葬在了陵内。

三是皇帝在当太子时，妃子早逝，葬于他处，皇帝即位后遂追封为皇后，后来便葬在了帝陵。这种情况有昭陵的孝懿庄皇后李氏。她于嘉靖三十七年（1558年）四月去世，葬京西金山丰裕口。穆宗即位后追谥其为皇后，穆宗去世后，嗣帝神宗将她迁葬昭陵。庆陵的孝元贞皇后郭氏，万历四十一年（1613年）十二月去世，当时的身份也是皇太子妃，葬于天寿山长岭之前，熹宗即位追尊为皇后，迁葬庆陵。

明十三陵分别建于哪一年？各用多长时间？

明成祖的长陵建于永乐七年（1409年）五月八日，永乐十一年（1413年）正月玄宫建成，永乐十四年（1416年）享殿建成，宣德二年（1427年）三月陵园殿宇工程大体告竣。陵宫主体建筑的完成大约用了 18 年的时间。此后，正统初年（1436~1438 年）又陆续修建陵园神道石像生等墓仪设施，陵园建置基本完备。嘉靖十九年（1540 年）又在神道南端增建了石牌坊，嘉靖二十一年（1542 年）又在陵宫第一进院落内增建碑亭一座。如果算上这两座建筑，长陵的营建跨时已长达 130 余年。

明仁宗的献陵，洪熙元年（1425 年）七月动工营建，八月玄宫落成，正统七年（1442 年）十二月建明楼，次年三月陵寝建筑全部完工。历时 18 年建成。

明宣宗的景陵，宣德十年（1435 年）正月十一日营建，天顺七年（1463 年）三月十九日工毕。其间断断续续共历时 28 年。

明英宗的裕陵，建于天顺八年（1464 年）二月二十九日，六月二十日工竣，历时约四个月。

明宪宗的茂陵，建于成化二十三年（1487 年）九月十九日，弘治元年（1488 年）四月二十四日建成，用时七月余。

明孝宗的泰陵，弘治十八年（1505 年）六月五日动工营建，正德元年（1506 年）三月二十二日竣工，用时近 10 个月。

明武宗的康陵，建于正德十六年（1521 年）四月三十日，嘉靖元年（1522 年）六月十七日完工，历时一年有余。

明世宗的永陵，嘉靖十五年（1536 年）四月二十二日申时动工营建，其建成时间在嘉靖二十一年至二十六年（1542~1547 年）之间，营建用时在 7~11 年。

明穆宗的昭陵，地下玄宫建于嘉靖十七年（1538 年）十二月，次年建成，原系世宗皇帝为安葬其母，迁葬其父所建造的"显陵"玄宫，因世宗弃置未用，后遂用为穆宗昭陵玄宫。地面建筑建于隆庆六年（1572 年）六月十五日，万历元年（1573 年）六月二十三日竣工。地面建筑的营建用了一年多的时间。

明神宗的定陵，万历十二年（1584 年）十一月初六辰时动工营建，万历十八年（1590年）六月十日完工，历时近五年半建成。

明光宗的庆陵，建于天启元年（1621年）正月十九日，天启六年（1626年）六月二十一日完工，历时五年半建成。

明熹宗的德陵，建于天启七年（1627年）九月九日，崇祯五年（1632年）二月二日竣工，历时四年半建成。

明崇祯帝的思陵，其玄宫建成于崇祯十六年（1643年）十二月，地面建筑完成于清顺治二年（1645年）至顺治十六年（1659年）。

天寿山这块"风水宝地"选自何时？是谁选定的？

天寿山风水吉地选定于明永乐七年（1409年）五月。永乐五年（1407年）七月，成祖的徐皇后在南京宫殿内病故。成祖因有意迁都北京，所以下令将徐皇后暂时安放皇宫内，并于第二年派人前往北京郊区卜选陵地。奉命卜选陵地的是礼部尚书赵羾（音hóng）、钦天监阴阳训术曾从政、钦天监阴阳人刘玉渊。此外还有谙晓风水之说的官员以及从民间请来的风水术士。在这些人中最著名的是江西风水术士廖均卿。廖均卿是江西赣州府兴国县人，出身于风水世家。他的先祖廖三传师从唐代著名风水大师杨筠松（时称"杨救贫"）和卜则巍，是江西派风水术亦即形势宗风水术的早期代表人物之一。廖均卿继承家学，在卜选天寿山陵地时立下了大功，被授为钦天监五官灵台郎（博士品）。永乐八年（1410年），他因年迈，以上有老母在堂，下有五子未婚为由，请求辞官回家。成祖挽留，并许以赏赐金银、升授官职。廖均卿不为所动，仍坚持告老还乡。成祖只好同意他的请求，并赠他两首诗。

其一为：

> 江西一老叟，腹内藏星斗。
>
> 断下金石鲤，果中神仙口。
>
> 赐官官不要，赐金金不受。
>
> 赐尔一清风，任卿天下走。

诗中追述了天寿山卜地时的一段插曲：廖均卿曾说穴中有一石盆和一对鲤鱼，后来果然挖出，成祖因此视他为神仙一流的人物。这首诗写在成祖赐他的一柄扇子上。

其二为：

> 忆昔当年杨救贫，此仙之后有谁人？
>
> 出去寻龙一身雨，回来跨鹤两袖云。
>
> 地理图中观地理，天文机中会天文。
>
> 一杯饯别顺天府，同昌山河乐太平。

成祖赠完诗，告诉他："卿荣旋归家，可架造一救书阁。匾云'诰敕褒荣'。"但是，廖均卿上路不久，又被成祖派人追回，赐四品职衔供养在钦天监衙门，直至永乐十一年（1413 年）五月病故，才被恩准由其第五子廖信厚护送回乡安葬。

此外，曾从政、僧人吴永也都在当时很有名望。曾从政，按文献记载，为唐代著名风水大师曾文迪之后，曾文迪亦为杨筠松弟子。曾从政因卜天寿山升授钦天监漏刻博士。僧人吴永，又名"非幻和尚"，原系宝陀庵住持僧。他"谙儒书，精地理，尝应召相地天寿山，锡以金紫"，并授予僧录司右阐教一职。他去世后，成祖曾于永乐十八年（1420 年）遣使祭奠其墓。

因卜选天寿山陵地而升授官职的还有如下数人：知县王侃升授州同知，给事中马文素升授太常寺博士，钦天监阴阳人刘玉渊升授漏刻博士。上述卜地人均见载于明官方文献《明太宗实录》。

廖 均卿等人是依据什么理论选得天寿山吉壤的？

廖均卿等人卜选到天寿山吉壤的理论依据是流行于当时的风水理论。

风水理论，在古代又有"堪舆"、"地理"、"青鸟"等称谓，是古代用于择地的一种理论。它既讲究自然环境的幽美、壮观、和谐，又讲五行八卦的相克相生关系；既含有一定的美学、科学价值，又充斥着迷信愚昧观念。其内容庞杂纷纭，门派不一。文献记载，宋朝时已有江西之法和宗庙之法流行于民间。江西之法又称形势宗或峦头派，相传创自唐朝的杨筠松和卜则巍。二人均以通晓阴阳地理之术供职司天监。黄巢之乱后，他们躲避到江西，传其术于廖三传和曾文迪（又作曾文辿或曾文遄，文献记载不同）。该派风水理论的特点是讲究龙（墓葬背后的山脉）、穴（墓葬的开穴处）、砂（墓葬左右和前面的山脉，亦即风水格局中龙以外的其他山脉）、水（水流、河道）形态的生动完美和配合关系，拘忌较少。宗庙之法，又称理气宗或方位派。开始时流传于福建一带，到了宋朝时有位风水大师王伋推行其说，才形成一个有名的风水流派，后来又流传到浙江一带。这一派的风水理论对于龙、穴、砂、水吉凶的确定主要是采用五行生克的星卦之说，以罗盘确定龙、穴、砂、水的方位，有三吉、六秀、八贵、二十四山、七十二龙以及八煞黄泉等诸多讲究。

元明时期，江西之法的风水术士们在理论上又吸收了一些宗庙之法的理论，"参其异，而会其同"，因此，他们为皇家卜选陵地时，基本是形势、理气两说全用，均为吉壤的地方才敢取用。

廖均卿选到天寿山吉壤后，对十八岭峰（天寿山）的赞美之词就说明了这一点。他在给明成祖的《朝献山图表章》中说："详察各处山川，堪建陵基者惟昌平州东黄土山一十八道岭峰美丽，真堪陵室根基。其脉天皇出势，天市（天市垣星局。风水中，指龙脉临于艮地的垣局）降形，贪狼木火以为宗（此处以九星中的贪狼、廉贞阐述来龙的星峦形势。其中，贪狼的星峰，有尖、圆、平、直、小等多种形式，在五行中为'木'；廉贞的星峰形式为山势高大巍峨，石骨、尖顶，形如熊熊火焰，在五行中为'火'。在风水理论中，贪狼星峰形式的来龙，必须以廉贞星峰形式的山为祖山，才算吉地），势若鸾翔而起，主太乙双降屹立于斗牛之间，天乙呈祥奋迅于奎娄（奎、娄为西方七宿中的两宿）之位，三台（三峰相排，耸壑凌霄，而中峰尤高，称为'三台'）华盖（指圆如覆釜的山形）拱帝座以弥高，四辅紫微（紫微垣星局。风水中，指龙脉临于亥地的垣局。因为它坐北朝南，垣局星辰最足，所以被认为是只能'留与皇朝镇家国'的最尊贵的垣局）面坎宫而作极。东黄土景堂堂乎三阳开泰，十八岭峰巍巍乎四势（指墓葬前后左右四面的山峦）呈祥。形肖铜锣，穴居中央。礼部尚书赵羾相六秀（指艮、丙、巽、辛、兑、丁六个方位的山峦）皆足、八贵（指六秀加亥巳两方山脉）堪评。天门（指西北方，即八卦的乾位）山拱震（八卦的震为东方）垣，地户（风水中指东南方，即八卦中的巽位为地户）水流囚谢（形势宗风水术指水流盈满后又溢泄而去的状态为'囚谢'。理气宗风水术指墓、绝、死、病、胎等方位为'囚谢'。要求河流的来方在生、旺、冠、临、养等方位，去方在'囚谢'方位，其水流才算吉祥）。凤阁龙楼（指结穴之山为圆顶宝盖形的贪狼星峰形态），卓列罗城。捍门华表（形势宗风水术称隔水两山'相对特峙'为捍门。理气宗风水术指子方为捍门，辰方为华表），镇塞星河。山如万马奔趋，水似黄龙踊跃。内有圣人登殿之水，世产明君；外有公侯拜午之山，永丰朝贡。四维趋伏，八极森罗。青龙奇特，白虎恭降。太微（太微垣星局。风水中，指龙脉临于巽地，和垣局方正的星局）天马（风水中称南方的山为赤兔胭脂马，西北方的山为御史马，两者又都称作'天马'）尊于银潢（即银河、天河。此处指横行于穴前的大水流）之南，少府紫微（风水中称以亥方山脉为来龙的风水堂局为'紫微垣'星局）起于天河之北。维皇作极，俾世其昌。发龙气旺，帝业最胜。山河巩固，地势宽平。艮亥脉作癸山丁向，卦例相合；五星（指金、木、水、火、土五种星峰形式的山峦）聚会，主大臣股肱协力。木火得局玉叶庆，衍蕃昌悉合仙经。宜任陵室。"

为 什么说天寿山的地理环境真像廖均卿等人描绘的那样，是非常完美的"风水吉地"？

毋庸置疑，廖均卿等人对天寿山陵区风水吉地的描述是有夸大其词或牵强附会之处的。但是，如果用古代流行的风水理论去衡量，天寿山的确称得上是个形局完美，形势、理气诸吉皆备，非常难得的风水吉地，而且廖均卿对天寿山风水的概括也基本上是合乎实际情况的。

例如，廖均卿描述天寿山的星峦形势是"天皇出势"，有华盖、三台拱护帝座，有太乙、天乙左右随护，又有四辅星拱卫坎宫的紫微垣星局，并且兼有天市、太微两个星局的特点。其来龙又是以贪狼木为穴星，廉贞火为祖山。审视天寿山的地形，的确与其有相似之处。其中，长陵宝城后的穴星，即结穴之山，其山脉来自天寿山主峰，天寿山主峰像一座大帐在它的后面遮护。而结穴之山又是从帐里起伏连绵，蜿蜒而出，像一条斜带飘舞下来，这样的走势，被称为"贪狼上岭鼍（蛇）"。其位置处于中峰之前，正合紫微垣中天皇星的位置。这座结穴山上顶圆浑，状如宝盖，又含于贪狼星的星峰形式。后面的天寿山主峰，在群山中最高，是穴星的祖山（也称少祖山），它三峰并起，中峰最高，且石山、尖顶，又是"三台"和康贞火的星峰形象。其东西两峰及西面的大峪山等又分别是随护而来的太乙、天乙星。天寿山的走向由亥地临于艮地，是紫微垣中带有天市垣的特征。天寿山陵区，地势方正，因此又带有太微垣的特征。天寿山陵区东面的蟒山、西面的虎峪山等山脉，又相当于拱揖紫微垣帝座的"四辅"星宿。又如，廖均卿说天寿山吉壤是"巍巍乎四势呈祥，形肖铜锣，穴居中央"，也与天寿山的地形相一致。所谓"四势"，古代风水理论中指的是墓葬前、后、左、右四面的山脉。前面的山称为"朱雀"，又称"朝山"、"案山"。其形象必须呈"翔舞"之态，即"耸拔，端特活动、秀丽朝揖而有情也"。后面的山称"玄武"，又称"主山"、"来山"。因所在位置、层次不同，又有发祖之山、少祖山、父母山、穴星之别。所谓发祖之山，是墓葬后山脉的起源之山，此山应在千里、百里之外，要求其形象巍峨迥异、秀拔独尊，风水中，一般都把昆仑山说成是发祖之山；所谓少祖山，是指发脉之山逶迤而来，在墓葬所在地可视范围内，又突兀而起的高大山峦，这座高山离发祖之山已远，但距离墓葬所在地之间还间隔有三道或四道较小的山峦；所谓"穴星"，又谓之"胎息"，或结穴之山，是墓葬后与墓葬距离最近的山峦，它应该尖圆方正，像个"凸堆"；所谓"父母山"，即少祖山与穴星之间的两座或三座山脉，这些山脉都比少祖山要小，一起一伏，起到"束气"的作用。古代风水术书中要求"玄武"要有"垂头"之意。即"自主峰渐渐而下，如欲受人之葬也。受穴之处，浇水不流，置坐可安，始合垂头之格也"。墓葬左边的山，称为"青龙"，又作"龙砂"，要求其形象要有"蜿蜒"之态，即"活软宽净展掌而情意婉顺也"。墓葬右侧的山，称为"白虎"，又作"虎砂"，要求其山呈"低头俯伏"，"蟠卧而不惊"的"驯 "之形。所谓"形肖铜锣，穴居中央"，是指墓葬周围的山脉对墓葬呈环抱合围之势，像铜锣一样，四面高起、团团围住，而中间则呈低平之势。

天寿山的形势恰是这样：长陵北面有天寿山主峰。是长陵的少祖山，其山势来自太行山，远接昆仑，为古人所说的中国三大干龙之一的"北干龙"。天寿山主峰之前接着又有几座小山包，是长陵的父母山和穴星。长陵东面有蟒山，西有虎峪山，分别是长陵的青龙和白虎。长陵前面有宝山，圆净秀美，是长陵的朱雀。长陵的"四势"山之间，即东北、西北、东南、西南也有山峦与四势之山连成一体，形成了一个闭合的铜锣形圆环。长陵恰恰位处玄武山之前，群山之中。所以，不少古人看过天寿山陵区之后都情不自禁对其大加赞赏。清康熙年间梁份在所著《帝陵图说》中说："天寿山……西接居庸，北通黄花镇，南跨昌平州，盖燕京之北屏也。太行山起泽州，蜿蜒绵亘，北走千百里，山脉不断至居庸关。居庸，万峰矗立、回翔盘曲而东，拔地特起为天寿山。山崇高正大、雄伟宽宏、主势强、力量全、风气聚、穴道正、水土深厚，昆仑以来之北干王气所聚矣。内则蟒山盘其左，虎峪踞其右，凤凰翥其南，黄花城、四海冶拥其后；外则西有西山、东有马兰峪，群峰罗列如几如屏、如拱如抱、如万骑簇拥、如千官侍从。其东西山口一水流伏如带在腰，近若沙河、白水，远若卫漳河江，若大若小，莫不朝宗，水土之袭如此，一祖十二宗二百四十年一统无外之河山，宜其祥钟也。"清高宗乾隆五十年（1785年）作《哀明陵三十韵》也称赞天寿山是"太行龙脉西南来，金堂玉户中天开。左环右拱实佳域，千峰后护高崔巍"。

此外，天寿山陵区的水流和陵园的坐向等也都符合风水的吉壤要求。

古人以风水理论为指导选择墓地，核心的思想是所谓的"乘生气"。即认为把葬地选在"生气"凝聚的地方，便可使死者安宁，并福荫子孙。反之则不仅亡者不宁，子孙也会遭殃。生气，又称"龙气"或"五行之气"，它行于地下，来之龙脉之中。因为它有"乘风则散，界水则止"的特性，所以好的葬地必须四面环山以"藏风"，前面和左右两侧要有屈曲抱合而来的水流以"聚气"。对于水的流量还有"未盛"、"大旺"、"相衰"、"囚谢"的不同要求。"未盛"是指墓葬区水流汇合之前，各条分流的水流水势处于较弱的情况；"大旺"是指小流合成大流，越聚越多的情形；"相衰"是指水流"钟聚"后水势"潴蓄停渊"、"水势已煞"的情形；"囚谢"是指水势盈满之后"溢为余波"。天寿山陵区内的水流来自长陵两侧的山壑间，其起源处水势自然较小，各水汇聚于长陵前的七空桥一带水量大增，且由西向东不断聚流，渐呈"停蓄"之势，最后水流从东南方（按八卦方位为"巽"方，又称"地户"）折而南流汇入沙河水。由于陵区水流符合如上风水诸说，所以廖均卿有"水似黄龙踊跃"，"内有圣人登殿之水"，"太维天马尊于银潢之南，少府紫微起于天河之北"的说法。

　　长陵的坐向取坐癸山朝丁向，配以巽方水口，也符合风水学说。清赵九峰《地理五诀》卷七《十二水口吉凶断法》称，癸山丁向，右水倒左出巽方，为"地理中第一吉向"。《明熹宗实录》记载庆陵取癸山丁向时也有"至尊至贵"的描述。可见，天寿山的地理环境在古人心目中的确是上好的风水吉地。

在"风水"理论中有大量的迷信观念，是否可以说它不存在任何科学研究价值？

　　"风水"理论在古代又有堪舆、地理、青囊、青乌、卜宅、相地之称。这一古老的学说，在我国各类建筑的选址、规划、设计、营造的过程中产生了深刻的影响，几乎成了古人从事建筑实践活动中须臾不可离开的金科玉律式的指导性理论。

这一理论尽管由于受到古代社会发展水平和科学水平的限制，始终没有摆脱迷信观念的桎梏和羁绊，五行生克、吉凶祸福及各种无稽拘忌比比皆是，似乎应该在今天的文明社会被人们嗤之以鼻，视为文化糟粕而彻底摒弃。然而，以科学的态度对它进行深入探索，揭开其神秘的面纱，却发现这一古老的学说具有我国古代哲理、美学、心理、地理乃至生态、景观诸方面的丰富内涵，包含着人类应该如何顺应自然的大量论述。

尤其是在建筑美学方面的贡献，"风水"理论，即使是其中的一个分支——阴宅风水术也非常引人注目。

以明十三陵为例，在江西派风水阴宅理论的指导下，每座陵园位置的选择、朝向的确定，乃至建筑的布局、体量的设计，都达到了人文美与自然美的有机、完美的结合。各陵在"峰峦叠拥、众水环绕"的地理环境中，依山面水而建，"叠嶂层层献奇于后，龙脉抱卫，砂水翕聚……山川之灵秀、造化之精英，凝结融会于其中"，形成了非常宜人完美的视觉效果，也产生了陵寝这一纪念性建筑物所应该具有的肃穆、庄严、永恒的强烈的艺术感染力。英国著名科学史家李约瑟曾经说："皇陵在中国建筑形制上是一个重大的成就。……它整个图案的内容也许就是整个建筑部分与风景艺术相结合的最伟大的例子。"他还说，当人们来到十三陵，"在门楼上可以欣赏到整个山谷的景色，在有机的平面上深思其庄严的景象，其间所有的建筑都和风景融会在一起，一种人民的智慧由建筑师和建筑者的技巧很好地表达出来"。英国的一位城市规划专家爱德蒙·培根对十三陵在建筑美学方面所取得的成就也给予了高度评价。他说："建筑上最宏伟的关于'动'的例子就是北京明代皇帝的陵墓。"他认为，依山面水而建的十三座明代皇陵，"它们的气势是多么壮丽，整个山谷之内的体积都利用来作为纪念死去的君王"。

这些评价是比较客观和公允的。应该说，"风水"理论，这一无论是都邑、村镇、聚落、宫宅、园囿、寺观、陵墓，以至道路、桥梁的营造都深受其影响的传统学说，在今天看来仍然具有一定的科学价值。

皇帝陵墓的卜吉通常是由哪些官员负责？

明十三陵中，长、永、定三陵在卜吉过程中，不仅有相关衙门官员参加，还特别在民间以及朝廷其他衙门中选取一些精通风水术的人员参加。这种情况在十三陵中实属皇帝预卜寿宫的特殊情况。

在一般情况，皇帝陵墓的卜选并不这样兴师动众。而是由礼部

▲ 陵区瑞雪

尚书或侍郎，以及司礼监、内官监太监率钦天监官员进行卜吉。钦天监设有阴阳训术、阴阳人等官员，是专门为营建皇帝陵寝、王坟、妃坟卜选吉地、确定吉时的风水专业人员。他们在选好一处或数处陵寝吉地后，要画出地形图，附上说明文字（"画图贴说"），进呈皇帝御览。最后由皇帝做出决定是否采用。

天 寿山陵寝的建筑规制通常应由何人拟定？

陵寝建筑规制涉及朝廷的礼制问题，其拟定理应由礼部官员负责。但从文献记载看，礼部在拟定陵寝规制时往往是按照皇帝的意图进行的。有时甚至有皇帝亲自拟定陵寝规制的情况。例如，长陵的规制就是明成祖朱棣亲自拟定的。献陵的陵寝规制是宣宗皇帝亲自规划的。

永陵的规制虽系礼部尚书夏言等人所拟，但明世宗却对夏言做出明确指示："陵寝之制量仿长陵之规，必重加抑杀。"

定陵规制仿照永陵，是神宗皇帝的意见。大臣朱赓上奏说："昭陵在望，制过之，非所安。"但神宗仍坚持己见，所以，十三陵中只有定陵和永陵规制相似。甚至宝顶的尺度都是神宗亲自确定的。

明 朝时负责天寿山陵寝营建的是哪些官员？

明朝时负责天寿山陵寝营建的主要有如下官员：

担任武职的功臣 其等级有公、侯、伯三等。负责督率军民匠役施工，属于"总督工程"的总负责人。如负责长陵营建的是武义伯王通，竣工后被封为成山侯。

工部官员 由尚书或侍郎与武职功臣共同负担"总督工程"的责任。此外还有工部的司属官员，如郎中、员外郎、主事等。其中最主要的是屯田清吏司官员。负责工程设计的是工部营缮所官员。但工部在陵寝营建过程中，其侧重点一般为工程设计、施工安排及建筑材料的准备和质量检查、监督等方面的事务。即"鸠工会材，以时程督之"。

兵部官员　由尚书或侍郎率司属官员若干员督率参加陵寝营建的官军。

科道官　主要是工科官员、御史，职责是监督工程。

其他各衙门官　各选取多才干练者一员，协同工部兼理工程。

辅臣　始自永陵，其后各陵沿以为例。辅臣，即内阁大学士。明朝，自洪武十三年（1380年）废中书省、罢丞相后，仿宋朝制度设殿阁大学士以后，至永乐年间又创设内阁，以翰林官入内廷文渊阁参与机务，到了仁、宣以后阁臣品高位重，逐渐成了无宰相之名的宰辅。尤其是内阁中的首辅大学士，几乎是朝中的重大事务无不参与。所以，辅臣参与陵寝营建事，往往也是以"总督工程"的身份出现。

内官　主要是内府二十四衙门中的内官监太监。一般派遣2～3员，职责是提督工程。他们不仅对朝廷大臣的权力有一定的钳制作用，而且其职责范围和外官一样，也涉及工程的各个方面。

明 十三陵的陵名是什么时候定的？它有什么特定含义吗？

明十三陵的陵名都是在墓主去世后入葬之前这段时间内确定的。不管陵园是皇帝生前建的，还是死后建的都是这样。例如，长陵的墓主之一徐皇后，病故于永乐五年（1407年），永乐七年（1409年）开始建陵，永乐十一年（1413年）正月地下宫殿建成，停灵于南京宫殿的徐皇后即将安葬陵内了，这时才定陵名为长陵。又如，永陵建于嘉靖十五年（1536年），陵名的确定却在陵园建成后，方皇后死后即将入葬的嘉靖二十七年（1548年）二月时。当时嘉靖皇帝对辅臣说："朕思太祖、成祖俱是二后先安玄宫，其陵名荐在何时，可令礼臣祭查故事以闻。"于是，礼部尚书费寀上奏说："洪武十五年九月十三日孝慈皇后葬孝陵，永乐十一年二月十六日仁孝皇后葬长陵，皆命名在先，卜葬在后，载两朝《实录》中。"嘉靖皇帝据此定陵名为永陵。再如，定陵建成于万历十八年（1590年），但陵名的确定却在泰昌元年（1620年）八月神宗帝后入葬之前。当时，内阁大臣拟定了四个陵名进呈御览，光宗钦点了定陵作为陵名。其余各陵，有的是在玄宫刚刚落成或即将落成时把陵名定下，也有的是刚刚建陵时就定下陵名，但都是在墓主死后，入葬之前确定的陵名。

各陵的陵名一般都含有褒扬吉祥之意，与汉朝时皇帝陵按照地名去取名不同。例如，长陵的"长"字，有"久远"、"长远"之意。献陵的"献"字，按宋苏洵《谥法》，寓意"聪明睿哲"、"知质有圣"。景陵的"景"，寓"大"和"光明"之义，此外还有"仰"、"慕"等含义。裕陵的"裕"，可指衣物丰饶，又可指行宽政，百姓安宁殷实。茂陵的"茂"有"丰盛"、"美好"之意。泰陵的"泰"有"平安"和"安定"之意。康陵的"康"，有"安"、"乐"、"昌盛"之意，《谥法》还有"渊源流通"、"温柔好乐"、"令民安乐"的解释。永陵的"永"，有"遐"、"远"之意。昭陵的"昭"，有"光"、"明"之意。定陵的"定"字，寓"安"、"静"之意，《谥法》则释义为"纯行不差"、"安民法古"。庆陵的"庆"字，有"善"、"福"之意。德陵的"德"字，为"善美正大光明纯懿"之称，又寓意"绥柔士民"，"谏争不威"和"执义扬善"。思陵系清朝为崇祯帝陵起的名称。"思"字含有"思念"、"痛悼"之意，体现了清朝为加强统治缓和满汉两族关系的政策。

明 十三陵的分布有什么规律吗？它是否体现着古代的宗法礼制关系？

　　天寿山一带是明朝迁都北京后的帝陵区域，但明成祖朱棣开始卜选陵地时考虑的却只是长陵应该建在何处。至于子孙后世诸帝是否应葬在陵区内，乃至如何布葬，明成祖以及廖均卿等风水术士们却都没有做过认真的考虑，也没有制定相应的规划，以致出现了各陵之间的位置在礼制关系上体现得不够明确，甚至较为混乱的情况。

　　从地理环境看，宣宗为其父营建献陵时，就是从"风水"角度确定位置的。因为，如果按照宗法礼制关系确定陵墓位置，长陵居中是"祖"陵，仁宗的献陵应建在长陵左为"昭"，再后之陵建于长陵之右为"穆"，此后的帝陵再依辈分按左昭右穆的关系顺序布葬。但献陵却建在了长陵右侧，即"穆"的位置。其原因史书没有明确记载，但综合各种情况分析，当与长陵右侧风水优于左侧有关。献陵的所在地名黄山寺二岭，该地山川聚合，龙砂环抱，是理想的"内明堂"风水格局，而长陵的左侧，即今景陵所在，虽处昭位，背后山象也较好，却地势逼仄、左高右低悬殊，左右水流也乏环抱萦回之势。为此，建造景陵时，宝城不得不建成纵向修长的形状，为修建殿宇，又不得不将右侧地面垫高找平，并在陵右河边帮砌了高高的泊岸，以增加陵寝院落的宽度，但即使采取了这些措施，景陵的院落还是比较狭窄。嘉靖十五年（1536 年）九月，奉命审视阳翠岭吉地的风水术士廖文政在与世宗一同观览天寿山各陵风水时也曾对世宗说："献陵格局小巧，砂完气聚。景陵砂水无情，穴法不明。"由此可见，导致献陵建于长陵之右乃"风水"地势的原因。

　　那么，宣宗营建父陵时为什么不把宗法礼制关系放在首位？其原因当是依据"风水"说趋"吉"而葬先人,本是古人卜葬的根本信念。而且,献陵建于长陵之右,虽不在昭位,但仍属长陵之侧,且将陵园规模建得比较小,建筑比较俭朴,从礼制的角度看,仍不失子居父侧、以子随父及在规模上逊避父陵之意,因此并非完全不可取。况且,仁宗在位时,有意将京师(首都)迁回南京,曾下旨改北京为行在(陪都),宣宗刚刚即位,各种政务还没来得及全面梳理,在当时还不可能马上否定父皇的决定,如果有朝一日将京师迁回南京,则此后诸帝陵寝就不会建在天寿山陵区了。故此,在京师位置未最后确定、此后诸帝陵墓还是否建在天寿山陵区的问题还没有结果的情况下,宣宗皇帝为父皇建陵,不考虑"左昭右穆"的宗法礼制,而将"风水"择吉而葬放在首位,也是情理之中的事。

献陵的营建既不行"左昭右穆"之制,此后在诸帝的心目中,虽然像神宗皇帝所说的那样,"我祖宗山陵既卜于天寿山,圣子神孙,千秋万岁皆当归葬此山",将陵墓建于天寿山陵区视为不二之则,但在陵寝的布葬上则仍沿用献陵故事,不受"左昭右穆"的羁绊,或按右昭左穆之势布葬,或按子居父侧的方式一代一代一字排开,或完全不考虑上述情况,完全从择"吉"而葬的角度出发追逐"风水",出现了布葬方式无一定规律、极不统一的局面。

明 十三陵都是坐北朝南吗?中国古代帝陵有朝向一致的情况吗?

明朝天寿山诸陵在朝向的设计上,以南向为尊,一般不取坐南朝北的方向,这是毫无疑问的。这是因为在明朝人的心目中,"天子负黼扆(音 fǔ yǐ,古代帝王座后的屏风,上有斧形花纹),南向而立"是礼制的体现,所以,陵寝建筑也最好是坐北朝南,因而在卜选神宗定陵时，大臣曾上奏说，石门沟山"坐离（南）朝坎（北），方向不宜"。

当然，坐北朝南方向的选取只能是个大致的方向。事实上，十三陵各陵的方向并不完全统一。它们根据"风水"龙脉及朝案山的位置，往往取用不同的方向。经实际测量，长陵的朝向为南偏西9°，献陵为南偏西20°，景陵为南偏西55°，裕陵为南偏西20°，茂陵为南偏西17°，泰陵为南偏东5°，康陵为南偏东60°，永陵为南偏西53°，昭陵为南偏东38°，定陵为南偏东54°，庆陵为南偏西16°，德陵为南偏西88°，思陵为南偏西5°。可以看出，各陵的方向虽然各不相同，但不同程度地偏向南方却又是一致的。

明十三陵朝向的不一致性，根源于当时流行的是形势宗风水术。因为这派风水术强调的是龙、穴、砂、水乃至明堂（墓葬前平坦的开阔地带）的相配关系，对方向没有统一的要求，所以，各陵的方向也就因地制宜，各不相同了。

但是，在中国古代帝陵中，的确也有陵园方向完全划一的情况。例如，宋朝时的帝陵因受"五音姓利"风水说的影响，便都是"必取国音坐丙（南偏东15°）向壬（北偏西15°）之穴，而不博访名山"。

所谓"五音姓利"，就是将人的姓氏按宫、商、角、徵、羽五音划分，分别与土、金、木、火、水五行相对应，由此在阴阳地理书上找到与其姓氏相对应的墓地位向。宋朝的皇帝姓赵，属角音。按当时阴阳地理书的规定，角音的大利向（最吉方向）为壬向，其墓葬应取坐丙（朝壬向的方位才最佳。此外，角音还有小利向（次吉方向）的丙向，安坟时须坐壬向丙；又有自如向（再次吉方向）为庚向，安坟时须坐甲向庚；其粗通向（不吉不凶之向）为乙向，凶败向（不吉方向）为卯向。皇帝陵寝的吉凶关涉朝廷安危、王朝盛衰，所以必然要取大利向。宋朝皇帝陵寝的取向便因此都是坐丙向壬了。

明十三陵的卜选，因不取"五音姓利"之说，所以，各陵的朝向也就不完全一致了。

明十三陵都是皇帝（墓主）生前建造的吗？

明朝皇帝陵寝的营建时间，与历史上一些朝代不同。汉朝时，皇帝即位的第二年，就派遣负责营建工程的将作大匠（汉朝官名，职掌宫室、宗庙、陵寝及其他土木工程营建事宜）营建陵墓，所以按照汉代礼制都是皇帝生前建陵。宋朝时则均由嗣帝组织先帝陵园的营建，所以都是皇帝死后建陵。明十三陵则是两种情况兼而有之。其中，长、永、定三陵都是皇帝生前为自己建造的，献、景、裕、茂、泰、康、昭、庆、德九陵则都是皇帝生前没有建陵，死后由嗣皇帝组织营建的。思陵情况比较特殊，其地下宫殿本是明朝时建造的妃坟地宫，地面建筑则是清朝时营建的。

为什么明朝时有的皇帝生前为自己修建了陵墓，有的则在死后由嗣皇帝组织建陵？

明朝皇帝生前就为自己建好陵墓，一般是出于如下原因。

一是皇帝虽健在，但皇后已先死或已病情危重，明朝制度实行帝后合葬制，所以，为葬皇后便在生前修建了自己的陵墓。出于这样的原因修建的陵墓有明太祖朱元璋的孝陵和成祖朱棣的长陵。明太祖朱元璋的孝陵，地宫动工时间和建成时间文献没有确切记载，但按《明太祖实录》记载，朱元璋为建孝陵，于洪武十四年（1381年）九月迁蒋山寺（太平兴国禅寺）于独龙冈之左，次年八月皇后马氏病故，九月葬孝陵，说明孝陵营建一定是因为马皇后病重才进行的。

二是皇帝想通过陵寝的营建强化自己的政治权威，以达到巩固皇权的目的。属于这种情况的有永、定二陵。在古代，陵寝建筑和宫室建筑一样，都属于礼制性建筑。既然是礼制性建筑，则必须具有宏伟壮丽的规模和造型才能发挥其"正名分、辨尊卑、别上下"的礼制渲染作用。用汉朝一代名臣萧何的话说，就是"无壮丽无以重威"。这是历朝皇帝陵寝的规模比人臣坟园大的原因所在。正是由于陵寝建筑具有"立威"的礼制渲染作用，所以，一些在皇权的争斗中获得胜利的皇帝便因皇权意识的膨胀而大规模地为自己营建陵墓，力图通过宏伟壮丽的陵墓建筑去体现皇权的崇高伟大，使之以高屋建瓴之势对参拜的臣子产生巨大的威压和心理震慑作用。永、定二陵正是在这样的历史背景下建造的。其中，永陵的墓主世宗朱厚熜，因其堂兄武宗无子而以兴王世子身份入继大统。他在即位之初曾面临过以皇太后张氏及首辅大学士杨廷和为代表的"后党"势力强大的制约力的束缚。最后，他通过"议礼"之争，在数年内的政治权力角逐中获胜，彻底摆脱了这种制约。为了继续维护皇权运用的绝对自专性，这位出身皇室旁系的皇帝采取了种种树立自己权威的措施。其中包括在嘉靖十五年为自己营建陵园。定陵的墓主神宗朱翊钧，虽然是皇太子出身，是理所当然的皇位继承人，但他在即位后的开始十年，却因首辅大学士张居正在皇太后的支持下锐意改革，勇于任事，客观上形成了对皇权的"侵犯"。当时，神宗虽迫于皇太后的压力，屈从于张居正，但心理上却存在着一种太阿（古宝剑名，象征国家权力）旁落的失落感。万历十年（1582年）张居正去世，神宗即削夺张居正的封赐，抄了张居正的家。紧接着便在万历十一年正月拟订了到天寿山卜选陵地的计划，并于万历十二年开始营建陵寝。基于此因，永定二陵规模都很宏大（永陵仅次于长陵，定陵仅次于永陵），而且非常奢华。

而明朝的仁宗、宣宗、英宗、宪宗、孝宗、武宗、穆宗、光宗、熹宗诸帝则均因以皇太子身份继承帝位，皇位基础稳固，没有必要通过奢华的陵寝建筑提高自己的皇权地位，所以生前都没有建造陵园。献、景二陵的墓主仁宗和宣宗还留下遗诏，要求从俭为自己建陵。显然，他们觉得，在皇权十分巩固的情况下，从俭建陵，以"俭德"打动谒拜臣子的心灵，更会提高皇帝的威信，更有利于江山社稷的稳固。

天 寿山各陵的营建耗用了多少银两？这些费用都出自国库吗？

天寿山诸陵营建究竟耗用了多少白银，文献没有准确的记载。但据《明实录》的记载，长、永、定三陵的营建都耗用多达800余万两之巨。昭陵在十三陵中属中等规模，但不计嘉靖年间建造玄宫，仅隆庆六年（1572年）六月至万历元年（1573年）六月营建地面建筑，就耗用了工部四司库存银50余万两。德陵规模与献、昭等陵相似。天启七年（1627年）十月，工部估算其营建费用为二百余万两白银。据此估算，不计思陵在内天寿山十二陵的营建费用当在4200万两以上白银。其数额之巨的确十分惊人。

营建陵寝的费用，最早均出自国库，自嘉靖年间营建永陵开始，又开纳了事例银。所谓事例银，就是让老百姓向朝廷纳银，然后朝廷根据交纳银两的数额赐给他们一定官职，或在科举考核方面给予一定的优惠或照顾。神宗在营建定陵时，因"大库诎乏"，银两困难，便是用事例银采办的楠木和石料。但当时采取这一措施筹措银两是被视为"万不得已之计"的。

但到了天启、崇祯年间营建庆、德二陵，由于国库空虚，陵园又不能不依制营建，事例之开愈行愈滥。为此，大臣们不断提出停止开纳事例银的请求。天启二年（1622年）十月，监察工程工料右给事中刘弘化上言："事例之原起于汉之募民入粟塞下，而本朝纳粟、纳马因之，无非不得已为实边储计耳！陵工何工？正皇上不以天下俭其亲之巨典也。而新开一事例，又题之曰陵工事例，万世而下称斯举也其谓之何？况通判临州县之上，运判管财利之权，锦衣以执戟而号亲军，贡生以明经而称吁俊。率意开之，有伤国体。乞敕部速行停止。"天启三年（1623年）二月，巡视厂库工科给事中方有度也上疏力陈开纳事例银的弊端。他说："廪生纳贡，贳郎纳通判、运副、正提举等官非是！"又说工部不能"仰赞孝思，力持大义，止以事例塞责"，是"贻朝廷以卖官营葬之名"。结果，二人的意见未被采纳。方有度还被斥为"率意妄说"，罚俸半年。

除开纳事例银外，在德陵营建中，由于费用实在匮乏，朝廷又采取了向各州县额外加派、责令大臣捐献俸禄、提前预征盐税、增加部分收税关卡的税额、搜括各衙门办公年例银等多种措施。

明天寿山诸陵的营建费用，初时几乎全赖国库支出，中叶则辅之以事例银，晚期则加派、捐助、搜括无所不用其极。这建陵费用支出渠道变化的三部曲，影射出了明朝国力由盛到衰的变化过程。

哪些杰出的建筑技术人员参加过天寿山陵寝营建？

在天寿山明陵的营建过程中，有不少杰出的建筑工程技术人员是当时陵工的设计者或施工的组织者。明天寿山诸陵辉煌的艺术成就，巧夺天工、绝妙无比的建筑艺术佳作，与他们的聪明才智是紧密相连的。

工部尚书吴中，是长、献、景三陵营建的主要工程组织者。他"勤敏多计算"，使施工井然有序。

工部侍郎蒯祥和陆祥是裕陵营建的主要工程技术负责人。两人技艺超群，在当时很有名望。蒯祥，出身于江苏吴县香山木工家庭。他"能主大营缮"，永乐年间建造北京皇宫、正统年间重建皇宫三大殿等工程都是出自他的"营度"。他能双手握笔画龙，画毕合之如一。每当宫中有营缮工程，负责工程的太监对他说明要求后，他随即测量设计，表面看上去似乎不太经意，但建成后尺度却十分合适。到了明宪宗时，他已年过八十，但仍持技供职工部，宪宗皇帝常称呼他为"蒯鲁班"。陆祥，江苏无锡人，原来只是隶籍工部的普通石工。后因技艺精熟不断升迁，成为工部大员。他曾经用一寸见方大小的石料，刻镂成方池献给皇帝。他用微雕的手法竟把水中的鱼、龙、荇、藻之类的动植物表现得惟妙惟肖，曲尽其巧。

工部侍郎蔡信曾参与景陵的营建工程。他是江苏武进人，少习工艺，曾先后担任过工部营缮所正、工部主事等官职。永乐年间营建北京，"凡天下绝艺皆征至京，悉遵信绳墨"。

工部尚书毛伯温，嘉靖十六年（1537年）时曾奉命提督天寿山陵寝工程。当时"诸陵石柱，道远难推，劳费千百。伯温以意制八轮车，前后联络，随地险易为低昂，工作易就"。

此外，参加天寿山明陵营建工程的还有不少工部低级官员，甚至是普通工匠，他们之中有的也同样身怀绝技、才华出众。如，吴淞华亭人毛荣，父祖数代精于石雕技艺。而毛荣"尤有能名"。永乐十一年（1413年）他随驾来北京，因"琢造精坚"，成为带班工头，永乐十九年（1421年）提升为工部营缮所丞。洪熙元年奉命参加长陵营建工程，晋升为营缮所副。这位技艺超群的石雕艺人，虽然没有在史书上留下姓名，但其生平阅历却在其父毛贵二的墓志中记录下来。

为什么皇帝生前建造的陵墓有"寿宫"之称？

在古代，皇帝生前建造的陵墓在陵名确定之前均称"寿宫"，其工程则称"寿工"，为此工程而专门烧制的砖则名为"寿工砖"。古人这样称谓实际上是一种婉转的词汇。就如同将死者未死时制作的棺材称作"寿材"，将死者未死时制作的装老衣称为"寿衣"一样，是古人的习惯说法。

明十三陵中哪些陵葬有殉葬妃子？殉葬的具体情节是怎样的？

明代的妃子殉葬，始自太祖朱元璋。后来，成祖、仁宗、宣宗也有妃子殉葬。所以，十三陵中只有长、献、景三陵葬有殉葬妃子。其中，长陵殉葬妃子或曰16人，或曰30余人，文献记载数量不一。献陵殉葬妃子为5人，景陵为10人。

诸妃殉葬时的情节非常凄惨。朝鲜《李朝实录·世宗庄宪大王实录一》记载了长陵诸妃殉葬的情况："当死之日，皆饷之于庭。饷辍，俱引升堂，哭声震殿阁。堂上置木小床，使立其上，挂绳围于其上，以头纳其中，遂去床，皆雉经而死。……诸死者之初升堂也，仁宗亲入辞诀。"

书中还记载了一位韩姓的朝鲜妃子殉葬的情况。她是韩永矴的大女儿。她的哥哥韩确因她入宫受到永乐皇帝的宠爱被授予鸿胪寺少卿的官职。韩氏在宫中被册封为丽妃，却因一次宫闹大案而被幽闭空室。当时，永乐皇帝有两位吕姓的妃子。一位是中国商人的女儿，一位是朝鲜女子。商人的女儿想与那位朝鲜女子结为

194

同姓的好姐妹，朝鲜女子不同意。后来永乐皇帝的宠妃权妃死了，商人的女儿便诬告朝鲜的这位吕妃用毒药放入茶中毒死了权妃。永乐皇帝大怒，下令诛杀了朝鲜的吕妃，被牵连的妃嫔、宫人及宦官多达数百人，韩氏就在其中。韩氏被关起来后，几天不给饮食，守门内官可怜她，时常偷偷地为她放些食物在门内，韩氏才没有被饿死。不料事情刚刚平息不久，又赶上殉葬。在仁宗与殉葬妃子们辞诀时，韩氏曾恳求仁宗："吾母（乳母，名金黑）年老，愿归本国。"仁宗连连应允。韩氏随后对乳母金黑说："娘，吾去！娘，吾去……"但话还没说完，旁边的内官已将木床撤去，韩氏便活活被吊死了。

宫人殉葬的事实，用血和泪控诉了封建社会夫权和专制帝王威权对妇女的迫害，暴露了封建统治阶级提倡贞节、节烈等伦理道德观念的反动本质。明朝的宫人殉葬制度，作为皇帝的一项丧葬礼制内容，直到英宗遗诏止殉葬才告结束。《明英宗实录》记载，天顺八年（1464 年）正月十七日英宗去世，他在弥留之际，召皇太子及太监牛玉等至榻前，对他们说："殉葬非古礼，仁者所不忍，众妃不要殉葬。"从此，明朝的妃嫔才得以在皇帝死后仍能终享天年。

在实行妃嫔殉葬制度的时候，是否皇帝死后，他生前册封的妃嫔都要殉葬？

在妃嫔殉葬制度存在的时代，并不是皇帝死后，其生前册封的妃嫔都要从死殉葬。一般说来，凡生育子女的例应免殉。

另外，还有特恩免殉的情况。例如，仁宗去世前二月，曾封英国公张辅之女为敬妃。仁宗去世后，敬妃张氏遂因其祖父在"靖难"之役中立有战功，为勋臣之女而特恩免殉。又如，成祖殉葬丽妃韩氏，有一妹名桂兰。生于永乐八年（1410 年），宣德二年（1427 年）被选入内廷宫闱。但宣宗死后，也没有让她殉葬。直到成化十九年（1483 年）时她才因病去世，享年 74 岁。赐谥"恭慎"，葬于京西香山一带。吏部尚书万安为她撰写了墓表，户部尚书刘珝为她撰写了墓志铭。韩桂兰没有殉葬宣宗，应当也是出于特恩。大概是因为她的姐姐已殉葬成祖。

天寿山陵区是埋葬皇帝、皇后的地方，为什么还有妃子、太子、太监墓？

明朝迁都北京后，天寿山陵区成了明朝帝后升遐归葬的"万年吉地"，而皇帝的妃嫔乃至太子、诸王、公主则大多葬于京西金山一带。但也有些妃子、太子甚至太监葬在了天寿山陵区内，其原因多是出于皇帝的恩宠眷念。

东西二井，是永乐皇帝的妃坟，二坟墓主明代官方文献没有确切记载。但考之文献，永乐皇帝的贵妃王氏和贤妃喻氏均应系入葬陵区内的人，而且各有坟茔。明宪宗的皇贵妃万氏，世宗的皇贵妃阎氏、王氏、沈氏，贞妃马氏，荣妃杨氏，贤妃郑氏，贵妃文氏，靖妃卢氏，哀冲、庄敬二太子，神宗的皇贵妃李氏、郑氏，顺妃李氏，昭妃刘氏，端妃周氏也都葬入了天寿山陵区内的妃坟中。

这些人大多在生前备受皇帝宠爱。宪宗的皇贵妃万氏，山东诸城人，年长宪宗 17 岁，虽身材高大，声类男子，但她机警善媚，颇得宪宗欢心。宪宗每次出游她都衣着武士服装随侍，宪宗越发对她宠爱。为了她，宪宗竟废黜皇后吴氏，对继立的皇后王氏也是"终其身不十幸"。其他妃嫔凡怀孕生子的，不是大人就是孩子大都不明不白地被她害死。孝宗幼年的坎坷经历及孝宗生母纪氏之死都与她有关。但是由于宪宗的宠爱，死后她被葬在了陵区内苏山脚下。

世宗的皇贵妃阎氏生哀冲太子朱载基，王氏生庄敬太子朱载壑，所以世宗下令将两对母子葬入了陵区内。

神宗的皇贵妃李氏，原为敬妃，生惠王常润、桂王常瀛。她生前颇得神宗宠爱，死后神宗曾打算把她葬入定陵地宫右配殿。后礼部和内阁大臣加以反对，认为在悼陵左右相择吉地埋葬，距离寿宫（定陵）不远，又不像葬在金山那样与帝陵相隔太远，同样体现"皇上亲厚优重之意"。所以，神宗下令在陵区内银钱山下修建坟园下葬。皇贵妃郑氏是神宗皇帝最宠爱的妃子。她是顺天府大兴县人，福王朱常洵的生母。她姿色娇媚，神宗对她情有独钟。郑氏倚恃神宗的宠幸，在宫内培植亲信，蓄谋夺嫡，让朱常洵当皇太子。她曾约神宗到大高玄殿拜谒真武神。行香之后，神宗对神发誓，许立朱常洵为皇太子。又"御书一纸，封缄玉盒中，储贵妃处为信"。后因群臣一再敦请立储，孝定皇太后也坚持立皇长子朱常洛，郑贵妃的阴谋才没有得逞。郑氏于崇祯三年（1630年）去世，崇祯帝下令葬于银钱山皇贵妃李氏坟内。

司礼监秉笔太监王承恩得以葬入天寿山陵区内思陵之旁，是一个特例。按明代礼制，太监是没有资格葬入皇帝陵区内的。但是，因为王承恩是在李自成农民起义军攻进北京后和崇祯帝一起在煤山自缢身亡的。所以，清廷在以帝礼重新为崇祯帝举行葬礼后，于顺治二年（1645年）四月又将王承恩葬在思陵旁，以表彰他"殉难从死"的忠君行为。

天寿山陵区内有多少座妃子、太子和太监墓？各园寝的墓主是哪些人？

天寿山陵区内计有妃坟六座，妃子、太子共为一园寝的墓葬一座，太监墓一座。

六座妃坟分别是东井、西井、万贵妃坟、世宗三妃墓（悼陵）、贤妃坟、神宗五妃坟。

东井、西井是成祖妃坟，分别位于长陵东的馒头山和西面大峪山脚下。其墓主按清初学者顾炎武、梁份的推测系成祖殉葬16妃。但这一推测并无道理。因为，如果长陵的殉葬妃子别有葬处，为什么献、景二陵也有殉葬妃子却没有埋葬殉葬妃子的墓葬园寝呢？而且，《大明会典》对殉葬妃子都是用"从葬"的说法去阐述，凡是别葬他处的妃子都特意记明墓葬所在地。可见，殉葬妃子随皇帝一起葬入帝陵地宫内应该是合乎情理的事。另外，东井的墓室于1996年曾被人局部挖破，发现墓室顶部采用斜面形蓑衣砖封顶，呈庑殿顶式，其前部被拆部位显现出里面有砖券，外有类似定陵地宫金刚墙式的砖墙壁。因为墓室的顶部距离墓冢顶部仅0.4米左右，墓冢又是个外廓清晰、高出地面的封土堆，所以从地望情况不难看出，墓冢内的墓室仅是个面宽不超10米，进深不超15米的小型砖墓室。这样一个小墓室说它埋葬着10来个有棺木的殉葬妃子是绝不可能的，因为里面根本容纳不下。而且，墓室的外部结构也证明，顾炎武所说的，两座妃坟之所以被称为井，是因为妃子棺木不是由隧道进入，而是由上面直下放进墓坑内的推测也是错误的。

那么，二井的墓主应该是成祖的哪些妃子呢？依据文献分析，二井墓主当分别是永乐十八年七月去世的昭献贵妃王氏和永乐十九年三月去世的昭顺贤妃喻氏。按《明太宗实录》记载，昭献贵妃王氏的葬事是"悉如洪武中成穆故事"的，而喻氏的葬事又是"视昭献贵妃云"。可见王、喻二妃的葬事都是按照洪武时成穆贵妃的葬事进行的。按《大明会典》记："孝陵四十妃嫔，惟二妃葬陵之东西，余俱从葬。"明沈德符《万历野获编》亦记："太祖孝

198

陵，凡妃嫔四十人，俱身殉从葬。仅二人葬陵之东西，盖洪武中先后殁者。"明太祖的成穆贵妃孙氏，洪武七年（1374 年）九月去世，当即是葬于孝陵东西的两名妃子之一，则王、喻两妃之墓也应在长陵两侧。既然长陵两侧成祖妃坟只有东西二井，那么，东西二井的墓主便理应是王、喻二妃了。

万贵妃坟位于昭陵南苏山东麓，墓主即宪宗的皇贵妃万氏。

世宗三妃坟位于万贵妃坟南袄儿峪东麓，原为悼陵，葬世宗元配皇后陈氏。世宗去世葬永陵，陈氏也迁葬永陵。后世宗皇贵妃沈氏、贵妃文氏、靖妃卢氏先后葬入该陵地宫，皇后陵寝遂降格为妃坟。

贤妃坟位于悼陵北，嘉靖十五年葬世宗贤妃郑氏。

神宗五妃坟位于银钱山东麓，葬神宗皇贵妃李氏、顺妃李氏、皇贵妃郑氏、昭妃刘氏及端妃周氏。

妃子、太子共为一坟园的是世宗的四妃二太子坟，位于悼陵与贤妃坟之间。葬有世宗皇贵妃阎氏、王氏，贞妃马氏，荣妃杨氏和哀冲、庄敬二位太子。该坟因葬有太子，明朝时也曾以陵相称。

太监墓一座，葬明崇祯帝的司礼监秉笔太监王承恩。

明 十三陵的规制、布局以及同类建筑的形制和用材都相同吗？

不少游人由于对明十三陵不十分熟悉，往往认为各陵的规制、布局以及同类建筑的形制都是一样的，没有什么区别。其实是有同有异，有的还有很大区别。

从建筑规制、规模上看，长陵有布局深远、排列着各种墓仪式建筑（如石像生、龙凤门等）的神道。而其他各陵则仅有碑亭、石桥，建筑种类较为简单。陵宫建筑中，长陵祾恩殿重檐九间，左右配殿各十五间，祾恩门五间，宝城直径达明尺一百零一丈八尺，在十三陵中居于首位。永陵祾恩门虽亦五间，但祾恩殿却是重檐七间，左右配殿各九间，宝城直径为明尺八十一丈，在十三陵中居第二位。定陵基本仿永陵修建，但宝城直径小于永陵，左右配殿各为七间，因此居于第三位。思陵系妃坟改建，初建时殿仅三间，且无明楼宝城之制，因而最小。其余献、景、裕、茂、泰、康、昭、庆、德九陵宝城均小于长、永、定三陵，虽彼此略有不同，但享殿、配殿均为五间，祾恩门各为三间，基本同处第四位。

从布局看，长、永、定三陵陵宫宝城前均设三进院落，而其他各陵则仅有两进院落。永、定二陵在宝城和方院之外又分别建有明代其他各陵都没有的外罗城。即使是规模基本相同的献、景、裕、茂、泰、康、昭、庆、德九陵，布局也有两种不同形式。献、庆两陵因"风水"原因，宝城前的两进院分别建于龙砂前后，中隔小山，彼此不相连属，而景、裕、茂、泰、康、昭、德七陵则前后两院连在一起。

各陵同类建筑的形制及用材就更是有同有异了。同样是神道，长陵北五空桥以北的神道路面以及永、定二陵神道路面，中间御路部分均用条石铺砌，两侧散水铺砌条砖。献、裕、茂、泰、康、昭六陵则御路部分用条砖铺砌，两侧散水墁砌小块鹅卵石。而景、庆、德三陵又是御路部分铺细料方砖，两侧散水铺条砖。

再以陵宫建筑为例，同是祾恩殿，但长、景、永、定四陵均设有后门，其他各陵则没有。同为栏板望柱，但长、永、定三陵的望柱头雕龙凤图案，其他各陵则是二十四气式（望柱头呈圆身尖顶形，周圈刻有二十四条纹路，以象征一年有二十四个节气）。同为祾恩殿或祾恩门台基的御路石雕，但长、景二陵雕二龙戏珠图案，永、定、庆、德四陵雕龙凤戏珠图案，而献、裕、茂、泰、康、昭六陵则雕刻云纹。同为方城，长陵方城下面的甬道平面呈"T"形走向，献、景、裕、茂、泰、康、昭、庆、德九陵的方城甬道却直通前后，永、定二陵的方城下则不设甬道。同为明楼，永、定二陵斗栱、额枋、檐椽、飞子（位于檐椽之上，断面多为方形）乃至榜额都用石雕，内部用砖砌券顶，而其他各陵在明代时则是木质构件，顶部用梁架结构。同为宝城内墓冢，早期的长、献、景、裕、茂、泰、康七陵都采用的是自然隆起的山丘形"宝山"（长陵墓冢封土填满了宝城，其余各陵则是从宝城内墙根里面开始起冢封土的），而永、昭、定、庆、德五陵则是在宝城内满填黄土的基础上，在宝城内封土的中央部位再夯筑起一座上小下大圆柱形的"宝顶"。

总之，十三陵的陵寝建筑从宏观的角度看确实大同小异，具有相对统一的风格。但从微观角度看，各陵的建筑又存在着微妙和丰富的变化。

明陵的"月牙城"和"哑巴院"是怎么回事？

明陵中的"月牙城"是指陵寝宝城院内墓冢前的拦土墙。其作用是防止墓冢封土前部滑坡。"哑巴院"则是指"月牙城"与方城及其两侧宝城墙之间的院落。"月牙城"、"哑巴院"的建筑形制创自明太祖朱元璋的孝陵。后来，十三陵中的献、景、裕、茂、泰、康、昭、庆、德九陵及湖北显陵都采用了这种形制。不同的是孝、献、景、裕、茂、泰、康、显八陵的"月牙城"均比较低矮，而昭、庆、德三座后建的陵的"月牙城"则修筑得像宝城墙一样高大厚实。后来，清朝帝陵高大的"月牙城"就是仿照明陵中昭、庆、德三陵建造的。

然而，这种陵寝建筑形式虽创自明陵，其名称却不见于明朝文献的记载。《清实录》、《大清会典》等清朝官方文献也没有记入。只有清朝时样式雷绘制的清朝帝后陵寝设计图中有这两个名称。如，咸丰皇帝定陵设计图中《遵照呈览准烫样并按平子合溜尺寸埋头砖灰中立样》上面就有"月牙城至方城院当进深三丈一尺三寸"、"穴中至月牙城外皮进深十三丈一尺九寸"、"自大槽底至哑叭院上皮通高二丈三尺三寸"的文字标注。只是在标注时误将哑巴的"巴"字标成"叭"了。

样式雷是清朝时在工部样房主持宫廷建筑设计的雷姓数代匠师。其最早步入宫廷建筑设计的是雷发达（1619～1693年）。他在清朝初年曾参加过皇宫太和殿的重建工程。此后二百余年，因其后代一脉承守家业，世代服务于宫廷，人们遂称他们为"样式雷"。

雷氏图中"月牙城"名称的得来，当是因为墙体平面走势带有弧形，像个"月牙"。这一象形说法的推断是合情合理并不难理解的。但是，月牙城与方城及其两侧宝城墙之间的院落为什么叫"哑巴院"就令人费解了。

民间的解释有两种。一种是建陵时，朝廷担心泄露地宫秘密（哑巴院下为地宫隧道），用哑巴在这里干活。另一种是，朝廷怕修建地宫的工匠说出地宫情况，发生盗墓现象，所以，把参加地宫营建的工匠都用药毒成哑巴。

但是，像样式雷这样对陵寝营建情况非常熟悉的高级匠师，其图注是不会源自前述毫无根据的民间说法的。因为，明清两代的帝陵都有军队保护，普通百姓根本没有机会进入陵内，他们不了解陵内有月牙城和哑巴院的情况，自然也就产生不了前述的民间说法了。至于明清两代的工匠，虽然参加地宫营建的人对地宫建筑情况有所了解，但并不是哑巴，也没有被毒成哑巴的记录。况且，地宫工程如此浩大、坚固，又有重兵守卫，他们也没有盗挖地宫的能力。朝廷也不会为此担心。既然清朝时不会有前述的民间流传的说法，哑巴工匠的事又不是史实，则样式雷图样中的"哑叭院"标注当与工匠系哑巴之说不会有什么关系。

那么，"哑巴院"一名的来历又当作何解释呢？样式雷的图中和其他文献都没有明确的答案。估计这也是象形的说法。因为，这是一个封闭且进深很小的院落。人们从方城甬道进去，随即被一堵带有琉璃照壁的墙体（月牙城）挡住视线，再不能径直前行，就好像咽喉被堵塞，哑巴不能说话一样。称此院为"哑巴院"或许是出于这个原因。

至于"月牙城"和"哑巴院"的功用，则是因为这些陵上登方城、宝城的踏道（俗名台阶）均设在宝城院内方城两侧，只有修建"月牙城"，并空出这一"哑巴院"，才能保证方城甬道和方城两侧踏道通畅，发挥其使用功能。

各 陵现存的古树都是建陵时栽植的吗？十三陵陵区内曾有五代时窦禹钧手植槐树吗？

明朝时各陵陵内外及神道两侧都栽植了许多树木。陵园的树木都是松柏树，而陵监（神宫监）、行宫等栽植国槐以及银杏等树木。

明朝时陵区内树木茂密，"大红门以内苍松翠柏无虑数十万株"，至清初始被伐尽。长陵神道两侧原各有松柏六行，现已不存。但各陵陵宫内依然是松柏遮天蔽日、郁郁葱葱。特别是各陵两柱门和石供案两侧，大多松柏成列，仍是明朝时的原有样式。庆、茂等陵陵前神道两侧还有排列整齐的松柏树。这些树木有的是陵园营建时栽植的，不仅枝干粗壮，而且分布非常有规律。也有些是后来滋生的，这些树木排列无序，还有的生长在建筑物上。

明朝时昌平城东有苗圃地名"松园",方圆数里均植松柏,以备陵园植树之用。

长、献、景、泰、康等陵陵内不仅有大量的松柏树,还有许多高大的橡树,有的树龄达数百年之久。据清梁份《帝陵图说》记载,陵中的橡树都是"不植而生"自己繁衍生长的。

关于"窦槐",据《昌平山水记》载:"东山口内二里景陵果园之旁有古槐一株。其大数十围,中空,可容十人坐。相传为燕山窦氏庄。自陵木尽而槐亦伐矣。"《历代陵寝备考》引黄百家《北游纪方》:"窦氏植槐在景陵瓜园中,顺治四年伐去。"然而古槐虽无,却有明崇祯时所立石碑保存。该碑记:"窦槐,传系禹钧家旧物。先是萧然偃卧,提督申公敏华暨十二陵诸公恢其南垣,扶诸委干。于是,翠影高飞,苍颜益健。相期雨后聚首其下,就壁漫书:'山色何峥嵘,浓绿摩苍舞;霏微堕宿云,精神畅新雨;入碧俨披堂,寻阴谬移午;灵椿孰与老,良木肯同腐;花不为人黄,风但清环堵;蔚蔚蟠龙碑,圣迹相千古。'崇祯辛巳仲夏之杪,滨宛刘余祐。"

营建明十三陵所用石料采自哪里?

石料是营建明十三陵的一种重要建筑材料。像牌坊、石像生、石碑、殿基、御路等,石料的使用非常普遍。石料的品种多种多样,有汉白玉石、花斑石、青白石、青砂石等,其用途和开采地各不相同。汉白玉石,又名"白御石",是最上乘的石料。它柔而易琢、莹澈无瑕、洁白如雪,往往用于图案精美的殿宇栏杆、御路石雕等处。这种石料采自北京房山大石窝。该地距十三陵陆路为 120 千米。由于石料须从水塘中开采,采前必须撤干塘水,所以开采困难,工价也高。

青白石，是稍次一等的石料。其特点是颜色青白相间、纹理清晰，但石质坚实耐风化。十三陵的石牌坊、石碑、殿宇的阶条石、台阶、御路条石、地宫用石大都用的是这种石料。这种石料大多采自北京房山的独树石厂、北京顺义的桃山和北京怀柔的石唐山。

青砂石，是又次一等的石料，其特点是石质较粗糙、颜色呈暗淡的青绿色。陵寝的御路条石、神宫监、祠祭署等附属建筑的阶条石、柱础石有的采用的是这种石料。其产地有北京房山的马鞍山、北京顺义的牛栏山、北京昌平的白虎涧等地。

花斑石，又称"文石"。是陵工用得较少而又比较讲究的石料。该石"黄质紫章"、色彩斑斓，具有很强的装饰效果。例如永、定二陵宝城墙的垛口石、定陵地宫后殿地面的石板用的都是这种石料。其产地有河南浚县和河北丰润县等处。据文献记载，定陵的花斑石均采自河南浚县。相传当时大名府知府王之辅奉命去浚县督采花斑石，挖了很多地方都没有开采到。后来有个老农说，有个地方夜里"火光烛地，状如星陨"，天明时王之辅率人赶到那里，发现了上万方花斑石。

建陵时，巨大的石料是怎样运到陵区的？

营建天寿山各陵所用石料，不仅数量巨大，而且不少石料的体积之大也十分惊人。如长陵神道的一尊石像，包括基座在内接近 30 立方米，这样巨大的石料在当时技术落后、没有现代化设备的情况下，是用什么方法从遥远的山区运到天寿山陵地的呢？

按文献的记载，当时，大块石料的运输一般都用的是"旱船拽运"的方法。旱船是一种形状近似船的木质运输工具。运输前先要垫平道路，并沿途挖井，乘严冬之际以井水浇路，结成坚冰。然后将旱船置于冰上，载石旱船之上，依靠人力或畜力挽行冰上，运至陵区。用这种方法运石，虽因冰面光滑，旱船运行摩擦力相对较小，但毕竟石料既大又重，路途又遥远，因而所用人力数量仍非常之大。例如，嘉靖三十六年（1557 年）修建皇宫三大殿，从房山大石窝运送一块长三丈，宽一丈，厚五尺的中道阶石，运到京城竟用了 28 天的时间，每天用顺天等八府民夫多达 2 万人之众，总耗银达 11 万余两。大石窝至京城仅 70 千米，而到达天寿山陵地却是 120 千米，天寿山陵寝的营建所用大块石料难以计数，其用人之多，耗费之巨是可想而知的。但是，自明朝中期以后也采用过多轮大车运石方式。例如，嘉靖十六年（1537 年）工部尚书毛伯温曾发明车厢前后联络，又能随地势高低升降的八轮运石大车，运输修陵用的石柱等大块石材，提高了运石效率。

营建明十三陵所用楠木采自何处？当时伐木、运木的艰辛程度如何？

天寿山陵寝建筑中的地上建筑大多属于木结构建筑，因而木材用量非常大。特别是楠木，因为它具有材质细实、富于香气且耐腐蚀的特点，是古代最优质的木材，所以，各陵的楼、殿、门厅等建筑几乎都用的是楠木。

楠木，产地在我国南方的四川、云南、贵州、湖南、湖北等省。生长在深山密林之中，所以采伐运输十分困难。

事实上，明朝时采伐的楠木均储于北京的神木、大木二厂，包括陵寝营建在内，所用楠木均取自这两个木厂。

文献记载，当时采木的环境非常险恶。那里是茂密的原始森林，毒蛇猛兽出没于山林中。采木人先要祭祀山神，纵火焚林，将毒蛇猛兽吓跑，才敢进林采伐。采伐时，被粗大的树木压伤压死，饥饿病患，不知夺去多少采木人性命。当时，四川流传有

"入山一千，出山五百"的谚语，足见楠木采伐给当地人民带来的灾难有多么深重。

楠木的运输也非常困难。因为木材粗大，深山之处又没有畅通平坦的道路，大木伐倒后，通常要等待雨季到来，利用洪水冲出深山。然后结成木筏，由水路经运河运到北京通县的张家湾，再经半日陆路之程运至北京崇文门外的神木厂和朝阳门外的大木厂。

楠木的采伐、运输，从朝廷差官采办到运到北京，一般都要3～5年的时间。

营 建明十三陵所用城砖是何处烧制的？烧制工艺如何？

营建明十三陵，城砖的用量很大。因为不论墙体还是院落地面、神道路面都要使用它。

城砖，有煤炭窑烧制的白城砖和柴薪窑烧制的黑城砖两种。明十三陵各陵所用城砖大多为白城砖，其规格主要有尺五（长一尺五寸、宽七寸五分、厚三寸六分）、尺三（长一尺三寸、宽六寸五分、厚三寸三分）两类。城砖的烧制地，根据文献记载和各陵城砖上的铭文分析，长、献、景、裕、茂、泰、康七陵主要是河南、山东、南北直隶（南北二京直属的府、州、县）等省运河沿岸的州、县、卫所；永、昭、定、庆、德、思等陵主要是山东的临清一带。

城砖的烧制有严格的程序：先要掘地辨验土色，选择"黏而不散，粉而不沙"的土质，接着在土上洒水使之湿透，并赶上几头牛在上面交错踏踩成为稠泥。制砖人将泥填满木框，再用铁弓将上面切割平整，成为砖坯。砖坯入窑经烧制便成为城砖。

为了保障砖的质量，万历十二年（1584年）营建定陵时，工部提出了"敲之有声，断之无孔，方准发运"的质量要求。自茂陵而后，各陵所用的城砖上还都烧制有铭文以备官方验查。

城砖的运输主要依靠运河上漕运船只的带运。带运的数量因时而异，不尽相同。如天顺年间，运粮船每船带40块，民船依船头宽度计算，每尺带6块。嘉靖年间带砖最多时，粮船每船带砖192块，民船每尺加至12块。万历年间，粮船每船带砖数则多达200余块。

什么叫"金砖"？营建明十三陵所用金砖产自何处？其烧制工艺有什么特点？

"金砖"，即细料方砖，明十三陵各陵祾恩殿、祾恩门、配殿、明楼的地面都用金砖铺墁。文献记载其规格有二尺见方和一尺七寸见方两种。但实际略有出入。

"金砖"的产地与城砖不同，其烧制地点在苏州府。烧制工艺也比城砖更为复杂，要求更为严格。其烧造包括选土、练泥、澄浆、制坯、阴干、烧制等多道工序。其烧制时，必须先以糠草熏一月，然后用片柴烧一月，再用棵柴烧一月，松枝烧40天，总共需要130天才能窨水出窑。

这种砖因有"澄浆"一道工艺，人们又称它为"澄浆砖"。其"金砖"名字的得来，是因为这种砖质地细实、颗粒微小，敲之有金石之声。

明十三陵的神道为什么是弯的？

明十三陵各陵的神道在走向上都不是笔直的，而是带有弯转曲折之势。这一方面是陵区地势复杂所致，为使道路与地形相配合而故意设计的。例如，长陵神道石像生在石马的位置就微有转折。这是因为在神道石像生的东面有一座小山丘，所以石像生便在排列上略作弯转，使之与山丘的形势相和谐。另一方面又是出于"风水"的原因。古代的风水理论认为，陵墓神道的走向也有吉凶之别。如果走势呈"之"、"乙"或"玄"字形便为"吉"；如果走势笔直，便是"衰死"、"硬直"则为"凶"。如果，神道直直地对着陵墓，便是风水术书中说的"如若直死射来，名为土箭，亦当躲避，始为全美"。陵墓神道的设计者把神道的走向设计成随地势弯转的形式，在主观上虽有附会风水吉凶说之意，但弯转曲折的神道走向，在客观上却起到了陵墓建筑与大自然山川风貌相和谐，移步换景，收敛视野，避免陵墓建筑一览无余，从而达到了曲径通幽的艺术效果。

明 天寿山陵寝"前方后圆"的平面布局导源于哪座陵？是怎样演变来的？

明朝营建的天寿山各陵，前面均有方形的院落，后面又有平面呈圆形或椭圆形的宝城与之相接，构成了千篇一律的"前方后圆"的平面格局。天寿山各陵的这种布局形式并不是自己的创造，而是导源于明太祖朱元璋的孝陵。

那么，孝陵的这种陵寝布局形式又是怎样演变成的呢？

我国古代的帝王陵寝，自秦汉以后，基本是采用的一种方形布局的形式。即在方形的陵垣内修建殿宇，墓冢的形式也大多采用平面为长方形或正方形的覆斗形状。特别是唐、宋时期的帝陵，其陵垣四面对称设门、墓冢与献殿置于同一条中轴线上，并形成了上下宫两个建筑群组的制度。其中，上宫系墓葬及主要祭殿所在，是陵寝建筑的主体，也是朝廷举行大型祭祀仪式的地方；下宫是安置墓主神御物和举行日常祭祀仪式的地方。

唐、宋时期帝陵的建筑制度对明代帝陵制度也产生了影响。明朝营建的第一座帝王级陵墓——安徽凤阳皇陵就是基本承袭宋陵制度的。

皇陵平面布局也呈方形，且陵垣四面对称设门，其墓冢覆斗形状，石像生的种类也大部分与宋陵相同。但皇陵也有自己的独特之处。例如，陵寝建筑只有一个建筑群组，而不采用唐、宋两代分设上下二宫的做法。宋陵下宫中用于奉安帝后御容及册宝等物的神御殿等建筑被取消。另外，皇陵陵垣虽然在平面上呈方形布局，却不像唐宋两朝帝陵那样只有一道或两道，而是有三道之多。并且分别名为皇城、砖城、土城。其中，砖城的四面各设城门，城台上设城楼。分别名为南明楼、北明楼、东明楼、西明楼。皇陵的墓冢、石像生及内建殿堂的皇城均在砖城之内，土城则位于砖城之外。

明太祖朱元璋的孝陵是继皇陵而后营建的第二座明朝帝陵。其陵寝布局又是在皇陵的基础上加以变化的。

孝陵是刘伯温等风水大师与朱元璋共同选定的。其墓室位于钟山脚下，墓室的后、左、右三面山脉均距离较近，只有陵园的前方朝案山（梅花山）距离稍远。孝陵的这种符合形势宗风水术的龙、穴、砂、水关系吉壤地形与皇陵位处开阔的平原地形不同，所以，孝陵的布局顺应地形地势，在皇陵的布局方式的基础上又作了如下改变：外面的一道陵垣（相当于皇陵的土城），走势灵活，沿山设置，形成了孝陵外围的第一道垣墙。砖城平面走势变方为圆（更名为宝城），并变前、后、左、右四面各设城台、明楼的形式为只在前面设城台、明楼的形式，以适应墓室左、右、后三面环山和左右夹水的地理形势。同时，墓冢也顺应地形情况取自然隆起的山丘形式，而摈弃平面为长方形的覆斗形状的陵台。建有祭祀用的殿宇的皇城和石像生、碑亭均改置宝城城台、明楼之前。使皇城内的享殿与宝城的城台、明楼及墓冢建在同一条中轴线上，呈纵势排列。石像生、碑亭则布置在皇城前，绕过梅花山曲折分布。

孝陵的这一布局形式虽然是根据地形，在皇陵布局形式上变化而来，却形成了前无古人、独具风格的陵寝布局形式，并进而奠定了天寿山陵寝体系的基本风格，影响了清代的帝陵制度。

为什么明朝营建的天寿山十二陵都有一座"无字碑"？

明十三陵有一个怪现象，这就是除思陵外，明十三陵中的其他十二陵虽然都是明朝时建造的，每陵却都有一座当时没有镌刻文字的石碑，人们称之为"无字碑"。

这些石碑为什么当时不刻文字？历史文献没有记其原因。清乾隆皇帝觉得此事蹊跷，在他御制的《哀明陵三十韵》中提出了疑问。他说："明诸陵，唯长陵有圣德神功碑文，余俱有碑无字。检查诸书，唯徐乾学《读礼通考》载，唐乾陵有大碑，无一字，不知何谓？而明诸陵效之，竟以为例，实不可解也。"

其实，乾隆皇帝没有注意到，不仅十三陵中，献、景、裕、茂、泰、康、永、昭、定、庆、德十一陵有无字的神功圣德碑，长陵院内的一座圣绩碑也是没字的。而且，各陵无字碑的形成原因也并非不解之谜。

细加分析，我们会发现，各陵无字碑的形成是有不同原因的。

献、景、裕、茂、泰、康六陵陵前原来并没有神功圣德碑及碑亭，长陵第一进院落内也没有圣绩碑及碑亭。嘉靖十六年（1537年）七月，世宗召大学士夏言等面谕："前在陵工曾谕卿，独长陵有功德碑而六陵未有，无以彰显功德，今宜增立，示所司行。"但是，只为六陵增建神功圣德碑，世宗觉得还没有完全展示出他这位出身于兴王世子、帝系旁支的帝王对祖先的尊崇和孝思心理，又下令在长陵陵宫内为成祖修建了圣绩碑亭及石碑。

竖碑的目的自然是彰显功德，彰显功德自然要通过对功德的陈述文字来表达。所以，嘉靖二十一年（1542 年）五月，六陵碑亭及长陵这座碑亭刚刚落成，礼部尚书严嵩就上奏说："查得成祖文皇帝圣德神功碑文乃仁宗昭皇帝御撰，今长陵等陵碑文，伏请皇上亲御宸翰制文，镌石以纪述列圣功德，垂示于万万世。"严嵩的请求是符合明代帝陵碑文撰写原则的。因为，早在朱元璋撰写皇陵碑碑文时就说过"皇陵碑记，皆儒臣粉饰之文，恐不足为后世子孙戒"，所以，他废掉了洪武二年（1369 年）翰林学士危素撰写的皇陵碑文，于洪武十一年（1378 年）四月"亲制文，命江阴侯吴良督工刻之"。此后诸帝以此为定制，成祖朱棣撰写了孝陵神功圣德碑文，仁宗朱高炽撰写了长陵神功圣德碑文，帝陵功德碑文出自嗣帝之笔便成了明朝后世帝王遵守的定则。基于这个原因，世宗将兴献王坟升格为显陵，在显陵陵前建造睿功圣德碑亭，其睿功圣德碑的碑文就是世宗亲自撰写的。

世宗皇帝既然为父陵撰写了睿功圣德碑文，则新建的长、献、景、裕、茂、泰、康七陵碑文自然也应该由世宗撰写。但奇怪的是，碑文一事却始终不见下文，各碑竟都成了"无字碑"。

有人推测，这是因为世宗认为碑上无字，可以表示祖先功德无量。也有人认为，世宗迷信道教，庄老之学的"无为而治"导致了世宗认为无字之碑较之有字之碑在等级上更高一筹，是更高、更伟大的意境表现。

这些推理是站不住脚的。因为，世宗如果那样认为，为什么不在显陵前面也立一座无字碑呢？又何必劳心费力撰写碑文，而使父陵石碑降下一等呢？

那么，会不会世宗原来就想在七陵分别立个无字碑，无字碑的竖立，只是取"彰显功德"的象征意义呢？其实，这种可能性也不存在。因为，如果是这样，严嵩就不会奏请世宗撰写七陵碑文了。而且，这种"彰显功德"的方式，如果说对长陵以外其余六陵尚可敷衍的话，那么，对长陵来说便是毫无意义了。因为，长陵早已立有神功圣德碑，而且碑上是有文字的。

显然，七陵碑没有文字的结果并不符合世宗立碑的初衷。那么，合理的解释只能是世宗立碑本意是要刻字的，但后因碑文的撰写存在着难以解决的问题，才不得不搁笔不写。

那么，对世宗来说撰写七陵列圣碑文难在哪里呢？

我以为，第一是难在仁宗撰写的长陵神功圣德碑文早已赫然镌刻在长陵神道上的神功圣德碑上。且文长3000余字，将成祖一生的"功德"推崇到了极点。世宗要撰写出在颂词的水平上超出仁宗的碑文实在太难了。而且，新立一碑，文字、文意都要有新的创意，否则后世将如何看待这一碑文呢？

世宗要撰写七陵碑文遇到的第二个难题，就是世宗对献、景、裕、茂等陵的墓主情况缺少生动而有感受的资料。无论朱元璋撰写的皇陵碑文，还是朱棣撰写的孝陵碑文、仁宗撰写的长陵碑文，都有一个共同的特点，这就是文字内容并不都是空洞无实的褒扬文字，而是既有概括评价，又有具体过程的描述，有血有肉、内容丰富的生平记录性文字。但对世宗来讲，武宗是其堂兄，属于同一代人，孝宗是其伯父，情况也可通过老臣的追忆进行了解。因此，写出泰、康二陵碑文世宗大概并不难。然而，仁、宣、英、宪诸帝的情况，对于世宗来说就比较陌生了。诚然，宫中有诸帝的《实录》，也有章奏档案材料，但这要在堆积如山的案卷中查阅，皇帝为一国之君，哪有这个时间？况且，《实录》系儒臣编纂，御制碑文反以儒臣之文为据，这是否也有"不足为后世子孙戒"之嫌呢？况且，各帝政绩不一。仁、宣二宗均守成令主，确有明显政绩，为之撰文，尚可洋洋洒洒；而英宗则先是宠宦官，丧师土木，被瓦剌俘虏，丢尽颜面，后则兄弟反目，发动政变。为这样的皇帝撰文，不仅难以找出真正的"功德"去彰显，而且还要在文字上做些手脚，"为尊者讳"。这一切，不能说不是困扰世宗撰写碑文的又一难题。

综上所述，七陵碑文，世宗应写而未写，确有其不得不如此的原因。

既然七陵石碑都是无字的，后来的永、昭、定、庆、德五陵遂沿以为制，均在陵前建造了无字的神功圣德碑和碑亭。

明 十三陵的建筑开间、尺度等数据有什么讲究吗？

建筑可以构筑空间，因而具有实用意义；又可以通过造型形成意境，因而又是文化的一种载体。明十三陵作为古代的一种礼制性建筑，其所蕴含的文化内容既包含了儒家尊祖敬天的礼序伦常观念，又体现着古代哲学，诸如《周易》、《老子》等经典著作的一些思想。

例如，一些陵的祾恩门、明楼开间取"三"数；长陵祾恩殿开间取"九"数，台基层数取"三"数，定陵地宫石门门钉纵横各取"九"数，永陵宝城直径取数"八十一丈"，长陵宝城直径一百一丈八尺，尾数按尺计算为"十八尺"。这些数据均以"三"为模数，其建筑设计的理念，即源于《老子》"道生一，一生二，二生三，三生万物"的名言。

又如，长陵祾恩殿取面阔九间，进深五间的数值，其"九五"之数则是源自《周易》乾卦第五爻的爻位名。因为"九五"的爻辞有"飞龙在天"一说，其含义是"阳气盛至于天"，"犹若圣人有龙德，飞腾而居天位"，所以，长陵祾恩殿的"九五"间数恰好符合《周易》的说法，它代表了帝王之位，被称为"九五"之尊。

再如，长陵配殿各为十五间。其"十五"一数也是导源于与《周易》相关的文献。先秦著作《易纬乾凿度》卷上说："易，一阴一阳合而为十五之谓道。"其大意是，阳数中有老阳和少阳，阴数中有老阴和少阴。老阳为九，老阴为六；少阳为七，少阴为八。在其发展变化中，阳动而进，阴动而退。所以，少阳七变而为老阳九，少阴八变而为老阴六，阴阳消长虽不断变化，但少阳、少阴之和与老阳、老阴之和都是十五。这就是事物发展的变化规律，也就是"道"。长陵两配殿间数各为十五正合于此数。

为什么皇帝陵寝为红墙黄瓦，而妃子坟却是红墙绿瓦？

在天寿山陵区内，帝陵建筑均为红色墙面，黄色琉璃瓦顶；妃坟园寝则均为红色墙面，绿色琉璃瓦顶；神宫监、祠祭署等衙署用房则均为灰色布瓦。陵区内的建筑色彩为什么会出现这种不同的情况呢？

原来，在我国古代，无论宫室建筑还是墓葬建筑，都必须严格地体现礼制所规定的尊卑等级秩序，其中，建筑的装饰、色调也不例外。例如，《周礼》规定："楹，天子丹，诸侯黝，大夫苍，士黈（音 tǒu，头，意为黄色）。"明朝时，宫殿、陵寝墙面采用红色，即是受这种"尚赤"礼制思想影响。至于黄色成为至尊之色，最早则是体现在服饰上。后来又逐步体现在建筑上。宋代时，皇宫开始采用黄色琉璃瓦。明朝时，皇宫、帝陵及奉旨修建的寺庙采用黄色琉璃瓦形成了制度。其原因当与明代皇宫的规划"象天立宫"，讲究五行八卦等易学文化有关。因为，皇宫为天子之宫、王者之宫，"古之王者择天下之中而立国，择国之中而立宫"。按五行之色，东方为木，其色青；南方为火，其色红；西方为金，其色白；北方为水，其色黑；中央为土，其色黄。天子之宫既然处"居中而尊"的位置，采用黄色的屋顶自然符合礼制了。依"事死如事生"之礼，帝陵建筑也就自然应该采用黄瓦了。妃子，其地位与皇子相等，明代皇太子的殿屋称"青宫"。诸王的府邸按明制都应用青瓦，源于东方主春，主木，其色青、其色苍。所以，陵区内的妃子坟便都是"绿瓦周垣"了。

明朝时，天寿山陵区内除了帝王陵寝、妃坟园寝外，还曾建过哪些重要的建筑？

明朝时，天寿山陵区内除了帝王陵寝、妃坟园寝外，还曾建有一些服务性或纪念性的重要建筑。

服务性的建筑主要有时陟殿、行宫、九龙池、工部厂等。时陟殿位于大红门内路东。俗名"拂尘殿"、"弹尘殿"。为帝后谒陵的更衣之所。其建筑有正寝二殿。正殿名"时陟殿"，门名"时陟门"。有围房六十余间，周植槐树五百余棵。毁于清初。旧行宫，位于龙凤门西北。为帝后谒陵的居住处。嘉靖十七年（1538 年）新行宫建成后废弃。新行宫，位于永陵神宫监南。嘉靖十六年（1537 年）建，次年竣工。其建筑有重门及正寝二殿。正殿名"感思殿"，门名"感思门"。有围房五百余间，为帝后谒陵驻地。毁于清代初期。九龙池，位昭陵南翠屏山下，原有方池，壁嵌石雕九龙头，泉水从龙吻中喷入池内。嘉靖十五年（1536 年）世宗命建一亭一台于池北，亭名"粹泽"。为帝后谒陵事毕临幸之所。工部厂，位于七空桥东河北岸。为陵区施工基地。明朝时，其西有龙王庙，厂内有内官监掌外厂衙署。均毁于清朝初年。

纪念性的建筑为圣迹亭。位于今十三陵水库内平台山上（今九龙游乐园所在地）。嘉靖十六年（1537 年）建。世宗建造此亭的目的，是更正该亭所在山的山名。当时人们将平台山也称为天寿山，与长陵后的主山天寿山常常混为一谈。所以，世宗命将这座小山改名为平台山，并下令建造了圣迹亭，以纪念明成祖曾在此山上饮酒的一段史事。建成后的圣迹亭为圆亭式，周围白石护栏，盘旋数十级而上，世宗亲题"圣迹"作为榜额。并在嘉靖十七年在亭内躬祭永乐皇帝。因而，该亭又存在着纪念意义。该亭于清初时毁坏，目前已无遗迹留存。

天寿山陵区周围的"十口"是指哪些山口？

明朝时，为保障陵区安全，分别在陵区周围十个山口处修建了墙垣等军事设施。这十口分别是中山口、东山口、西山口、榨子口、老君堂口、灰岭口、贤庄口、锥石口、雁子口、德胜口。

中山口，位于昌平城北。明朝时沿山脊修建了砖石砌成的墙垣，它东接东山口敌楼，西接大红门东侧红墙。

东山口，为陵区水流总出口，因"一遇春夏水发，冲沙滚石、漂木浮薪，势甚迅激"，所以，明神宗于万历十一年（1583 年）下令在口的河道两岸各建敌楼一座（三层）。并以城垣将敌楼连接南北山脉。

西山口，位于思陵南，明朝时建有城垣，西达于袄儿峪山腰，东达于虎山山脊。城垣设门，名"小红门"，为陵区侧翼门户。

榨子口，位于大红门与西山口之间，其墙垣东接大红门西侧红墙，西接西山口墙垣。

老君堂口，位于长陵东北，北通黄花镇。原有路径相通。嘉靖十六年（1537 年）二月，世宗谒陵事毕，北阅山场，下令建拦墙封塞山口，以防蒙古诸部南犯。该口有陵卫官军修建的五道拦墙。

灰岭口，位于泰陵北。通延庆及黄花镇。永乐年间曾建有旧城一道、敌楼一间。嘉靖十六年改建为敌楼三间，歇山转角两滴水形制，并将口内城垣加厚增高，增筑了东西敌台，城门、水门门扇都包镶了铁皮。

贤庄口，位于灰岭口西南。与延庆通。嘉靖十五年时建有城垣和西山墩台一座。城垣设有水门一空。

锥石口，位于泰陵西。通延庆。其城垣、墩台、水门之设同贤庄口。

雁子口，位于康陵西南。嘉靖十五年建有城垣、水门及东山墩台一座。

德胜口，位于昭陵西南。嘉靖十五年建有城垣一道、水门一空、拦马墙一道、东西山墩台各一座。

明朝时，十山口中的灰岭、贤庄、锥石、雁子、德胜五口的守卫归昌镇居庸关分守参将负责，各有军兵守卫，并在灰岭口设有守备官总管五口防务。其余各口的守卫、巡视由陵军负责。

陵区十口军事设施在清代相继毁坏，但至今仍有部分城垣分布在山麓或山脊上。

明朝时天寿山各陵设有哪些管理和保卫机构?

明朝时，天寿山各陵的管理和保卫机构由神宫监、陵卫和祠祭署组成。

神宫监，属于内官系统，每陵各设一监。每监设有掌印太监一员，下辖金书、管理、司香及长随内使等内官。其职责是司香火、供洒扫、掌管陵园锁钥、维护陵园安全，以及管理各陵皇庄（香火地）、果园（或菜园）、榛厂、晾果厂、回料厂、神马厂等。明朝以内官管理陵园的做法，打破了"汉唐以来，诸帝升遐，宫人无子者悉遣诣山陵，朝夕具盥栉、治衾枕，事死如事生"的传统。

神宫监内臣的居住和办公地设在各陵陵前或左或右的地方。有平面呈"回"字形的监墙。前设硬山顶式门楼,中路设有重门厅室。其中,前堂、后堂各五间,穿堂三间,左右厢房四座,共二十间。周围建有歇房、厨房等数十间。永、昭、定、庆四陵神宫监房屋多至300余间。现各陵监大多有监墙保存,已衍变成自然村落。

陵卫,为陵寝军事保卫组织。每陵各设一卫。每卫按明朝军伍编制,各领前、后、左、右、中五千户所,士兵编制为5600人,设有卫指挥使、指挥同知、指挥佥事,以及千户、百户、总旗、经历、镇抚等武官。其中长陵领7000户所,士兵原额编制7800余名。但各卫实际兵员数量却仅有1000多人或2000多人。所以,嘉靖二十八年(1549年)五月,巡按御史姚一元曾上言世宗皇帝,说"护陵八卫之军,数不满万"。陵卫的衙署和营地均设在昌平城内。其主要职责是巡视"北至黄花镇,南至凤凰山,西至居庸关,东至苏家口",与陵寝龙脉相关的禁山范围,并保卫陵区及各陵的安全,以避免天寿山龙脉山体、植被和陵区建筑遭受人为破坏。

祠祭署,为太常寺的派出机构。每陵各有一署,常驻陵下。其职责是负责陵寝祭祀的相应准备工作及陵寝物品的管理。各署的官员有奉祀1人(从七品)、祀丞1人(从八品)、牺牲所吏目1人(从九品)。长陵祠祭署另设有供祀左司乐1名、右司乐3名、俳长4名、色长14名、教师16名。各署辖有各陵陵户。其中,昭陵最多,为45名;其余各陵分别为40名。陵户均由顺天府各州县农户佥充,而以昌平最多。陵户除进行一般陵务的劳作外,也担负看守陵园的任务。陵户的劳动量不大,但在当时却享受着优免部分差役的待遇。所以,当时"富厚之丁,半充陵户",成了富裕农民竞相投充的"肥缺"。

明朝时为什么要设天寿山内外守备？

明朝时，天寿山各陵虽有神宫监和陵卫负责陵寝的保护，但鉴于各陵监卫互不统属，难于相互协调配合，于是朝廷设置了天寿山内守备太监和天寿山守备，以总理各陵神宫监和各陵卫事宜。其衙署均设于昌平城内。

天寿山内守备太监，天顺六年（1462 年）设，其前身为景泰年间所设的天寿山镇守左监丞。其职责是"专一提督各陵内外官员，守护陵寝山场"。天寿山各陵神宫监掌印太监，及金书、工部厂掌司等官都归其统辖，系明朝内府二十四衙门之一的司礼监外派宦官。除了负责陵寝和山场保护外，还管理陵区其他事务。如每年清明，内守备太监要亲率各陵神宫监掌印太监到皇宫，奏添土木，并为皇宫办进松花、黄连、茶、核桃、榛子、栗子等饮食用品。崇祯年间，天寿山内守备太监又曾兼任昌（昌平）、宣（宣府）等处察饬军务及昌宣两镇军门（总督）等职。

天寿山守备，武职官员，始设于景泰初年（1450～1453 年）。其职责是统率天寿山各陵陵卫官兵，"奉敕协同内守备专保守陵寝，以署都指挥体统行事"。其所属有城操把总三员。城操把总通常由陵卫军官中选拔充任。但是到了嘉靖二十九年（1550 年），由于蒙古鞑靼部大举南下，围困了北京城。其中有部分兵马打进了天寿山陵区，而陵卫军队竟不堪一击，毫无抵抗能力，所以，朝廷又将八卫陵军分成永安、巩华两营。永安营 4000 人，设副总兵一人统领，巩华营 3000 人，设分守一人统领。两营官兵"无事在州城小南门外操演，有警即拨各隘口把截，专一防护皇陵"。这时，各陵只留有 50 名军士，负责打扫陵园香殿及红门，并把守东西山口和松园三处地方。天寿山守备这时主要是负责各陵卫的军政事宜。嘉靖三十九年（1560 年）前后，原属蓟镇的昌平单独设镇（简称"昌镇"），原设于昌平负责管理入卫边兵的提督官改为昌镇镇守总兵官，永安营副总兵被裁撤。天寿山守备又成为昌镇总兵官的属下。他的职责除管理各陵卫的军政事务外，还负责昌平城的守卫，因此又有昌平守备之称。

李自成农民起义军曾对天寿山明陵中的哪些陵园进行过破坏？

明崇祯十七年（1644 年）三月七日，李自成率农民起义军攻取居庸关。接着东进攻陷昌平州城。昌平镇守总兵官李守镇与农民军拼杀，力尽自刎而死。农民军为了发泄对明王朝的刻骨仇恨，放火烧毁了定陵的祾恩门、祾恩殿、左右配殿和康、昭二陵明楼。遂后乘夜自沙河南下攻打北京城。

但是大概是出于传闻之误，或是出于对农民军的偏见，一些文献的记载却夸大了事实的真相，说李自成农民起义军把各陵都烧毁了。但从顾炎武《昌平山水记》和梁份《帝陵图说》所记清初十三陵的情况，十三陵除康、昭、定三陵楼殿因被焚烧而有毁坏，其他各陵享殿还在，并没有被李自成农民起义军焚毁。

清朝对明十三陵进行过大规模修缮吗？世传"乾隆帝拆大改小十三陵"是真的吗？

清乾隆五十年（1785 年）三月至乾隆五十二年（1787 年）三月，清王朝用了整整两年时间，用银 28.6 万余两，对明十三陵进行了一次大规模的修缮。

由于当时十三陵残坏情况严重，为节省经费，清廷只是修缮了各陵中轴线上的主要建筑，而且有不少建筑改变了原来的形制或结构。因变动较大，没有完全按照明朝原制进行修缮，所以，民间流传有"乾隆帝拆大改小十三陵"的传说，还说将拆下的楠木用于修建清东陵。

其实情况并非完全如此。从宫中档案及各陵现存情况看，当时的确有一些建筑被拆大改小或在复建中缩小了规制。如，永、定二陵的祾恩殿均由重檐七间缩为单檐五间；景、昭、庆、德四陵的祾恩殿间数没有改变，但都缩小了间量；献、景、裕、茂、泰、康、昭、庆、德九陵的祾恩门也缩小了间量，将单檐歇山式建筑改建成为硬山式建筑，有的柱网布局形式也与原来不同，茂、泰、康三陵甚至连台基也是一齐缩建的；永、定二陵的祾恩门均由原来五间的形制缩为三间；献、景、裕、茂、泰、康、永、昭、定、庆、德十一陵陵前的神功圣德碑亭均被拆除，改成了在原台基上修建宇墙，使石碑露天的做法；康陵的明楼，因被李自成农民起义军烧毁，在修缮中整座建筑一齐缩小；各陵明楼除永、定二陵外，均改原来的木构梁架屋顶形式为条石发券的无梁殿式结构形式；各陵的配殿、宰牲亭、神厨、神库、祠祭署等建筑也都被拆除。

但是，也有不少建筑形制并无大的改变。如，永、定二陵的明楼，各陵的宝城墙、陵墙、石桥、神道路面，石像生，长、献、裕、茂、泰、康六陵祾恩殿、长陵祾恩门、长陵碑亭、长陵神帛炉等。

而思陵在该次修缮中，不仅没有拆大改小，反而又扩大了规模，增建了一些建筑。思陵在顺治年间初建时，享殿不过三间，陵门不过一间，并且没有宝城、明楼之设。但在该次修缮中，享殿由三间扩建为五间，陵门由一间扩建为三间，修筑了宝城和城台，并将原来平地而起的碑亭改建于城台上成为明楼。

至于拆十三陵的建筑修建清东陵则纯系误传。在该次修缮中，清廷确实从十三陵运走了一些建筑材料。据奉命督修十三陵的吏部尚书刘墉、礼部尚书德保、工部尚书金简的奏章称，当时拟运回京城，以备各工取用的有旧砖 130 万块、大小楠木 238 件、木墩头 584 件、改砍糟楠木 224 件、小件楠木截头折方 25700 余尺、花斑石 500 余块。但这些材料并没有用于修建清东陵，而是用于京城内其他工程了。

清朝的皇帝为什么要下令修缮明朝的皇帝陵寝？

早在明万历年间，清太祖努尔哈赤的后金政权与明朝之间就不断有战争发生，努尔哈赤曾以"七大恨"为由，于天命三年（万历四十六年）兴师伐明。天启初年，后金政权发兵攻取了明朝辽东一些城镇。熹宗皇帝听信风水术士的胡言乱语，认为后金政权的崛起，与他们祖先陵寝——房山金代帝陵的风水有关，下令将房山金代各陵全部拆毁，又派人挖断金代帝陵的"地脉"，在那里修建关王庙，想通过这些迷信的手段使后金衰败下去。在天启六年（1626 年）的宁远一战中，宁前兵备佥事袁崇焕率兵坚守宁远，曾用炮火击伤努尔哈赤，清军入关后，对南明政权也是竭尽全力攻打，可以说，明朝与清朝之间实际上是仇敌的关系。那么，清朝的皇帝为什么要下令修缮明朝的帝陵呢？

原因有两个。一是清朝统治者是以一个少数民族统治整个中华民族，要巩固其统治，需要赢得国内各民族，特别是汉族人民的支持。明朝是汉民族建立的政权，汉族地主阶级、知识分子、士大夫阶层中的一些人，出于民族的自尊心，不满意清朝的统治，往往以"异虏"视之，同时仍然怀念着明朝的统治。所以，清王朝为怀柔满汉两族关系，便对明十三陵采取保护措施，对残坏的陵寝建筑进行必要的修缮。

二是清朝的统治者接受汉民族的文化，对历代帝王予以肯定，承认他们是中华民族的合法统治者，所以对包括明陵在内的历代帝陵均取保护态度，明十三陵的修葺是其对历代帝王陵寝的保护措施之一。

但明清两朝的统治者毕竟是两个势不两立的王朝。所以，乾隆皇帝对清廷修葺明陵的原因，便解释为"今国家一统已历百数十年"，"德怨久泯"，"胜朝陵寝自应一体修复"。他还下旨说："我国家受天眷命，世德显承。于前代陵寝缮完保护，礼从其厚。此次修复诸明陵殿宇等工，即费至百万帑金，亦所不靳。"

清 乾隆年间修陵，为什么要把各陵明楼和长陵神功圣德碑亭由木质梁架结构改为条石发券的结构？

这是因为，乾隆五十年（1785 年）奉命督修明十三陵的吏部尚书刘墉、工部尚书金简、户部尚书曹文埴、礼部尚书德保、工部左侍郎德成五人，经过一悉细致的调查后，发现各陵明楼完残情况不一。永、定二陵明楼因为是石券顶（实际为砖券顶，他们在勘查时记错了），所以保存比较好。其他各陵明楼因为是木架结构，所以都因木架糟朽而坍塌了。他们觉得，如果各陵明楼仍然按旧制采用木构架，恐怕难以持久。他们经过商议，于该年七月向乾隆帝上了一道奏章，建议修缮时将各陵明楼一律改成条石发券的结构。长陵神功圣德碑亭，他们原拟拆去四面墙壁，只留石碑，也建议"改发石券成造"。就这样，长、献、景、裕、茂、泰、康、昭、庆、德十陵明楼及长陵神功圣德碑亭的顶部便都由原来的楠木梁架结构改成了条石发券的结构。

中国古代帝陵被盗记录很多，为什么十三陵仅思陵曾被盗，其他各陵均能保全下来？

中国古代帝王陵寝被盗记录很多。特别是汉、唐、宋三朝陵寝被盗情况非常严重。清朝的东西陵也有好几座陵园被盗掘。

在中国古代帝陵中，只有明代帝陵墓葬保存较好。南京孝陵、湖北显陵均未被盗。明十三陵中，除思陵在民国年间被土匪盗掘外，其余十二陵也都没有被盗。这种情况在中国古代帝陵中是非常罕见的。

出现这一奇迹的原因，分析起来与陵园建成后，各个不同的历史时期都对这些陵墓进行保护有关。

明朝时，每建一陵，必设一卫，有官兵驻守于昌平城。明朝中期，又设有昌平镇，有总兵官统率上万名官兵，守卫在陵区西北的黄花镇、居庸关等地，以确保天寿山陵区和京师的安全。各陵还有神宫监、祠祭署等内外官员作为陵寝的管理人员常驻陵下实施管理。因此，在这种情况下，各陵墓室不会被人盗掘。

清朝时，朝廷对明代陵寝也采取了保护措施。终清之世，明十三陵各陵均设有若干名陵户，负责巡查保护陵园。从顺治元年（1644年）到乾隆二十二年（1757年）间，各陵还设有守陵太监（又称司香内使）。雍正二年（1724年）又封朱元璋第十三子代简王后裔，正定府知府朱之琏为一等侯，令其世世代代负责明陵的祭祀及管理事宜。

清朝灭亡后，国民政府将古帝陵作为古物管理，早期沿用清代管理方式，后裁革陵户，改设明陵警察所对十三陵进行保护。

由于明清两朝及民国年间都对明十三陵采取了必要的保护措施，所以，天寿山陵区内设置比较集中的前十二陵都免遭了被盗掘的厄运。

长 陵都有哪些建筑？

长陵的建筑主体部分由神道和陵宫两部分组成，此外还有相应的附属建筑。

神道，总长约7.3千米。由南而北依序建有石牌坊、三空石桥、大红门（门前左右各立下马碑一通）、长陵神功圣德碑亭（前后各有白石华表一对）、石望柱（1对）、石像生（18对）、龙凤门、南五空桥、七空桥、北五空桥等墓仪和桥涵建筑。

陵宫，占地约12万平方米。其前部有三进方形院落。第一进院落，前垣正中部位设宫门式的陵门一座，辟有三个红券门洞。陵门左右各有随墙式掖门（清朝封塞）。院内左有神厨（位于东侧，今不存），右有神库（位于西侧，今不存）各五间。神厨之前有重檐歇山式碑亭一座。

第二进院落，前垣之间设祾恩门。该门为单檐歇山顶式的殿门，面阔五间，进深二间，设中、左、右三门。祾恩门左右的墙垣亦各设随墙式琉璃掖门。院内，北面正中位置为祾恩殿，左右各有配殿（今已不存），配殿侧前方各有神帛炉。

第三进院落，前垣之间设陵寝门一道同陵门。院内沿中轴线，前设两柱牌楼门一座，后设石供案及石祭器一套（五件）。

第三进院落之后为平面呈不太规则圆形的宝山城。宝山城简称宝城，为设有垛墙、宇墙和马道的城垣式建筑。其前设城台、置券门，台上建明楼。宝城内封土如山丘称为宝山。宝山之下深埋着安葬皇帝和皇后的地下玄宫。

长陵的附属建筑原有具服殿五间，位于陵园右前方，有周垣，垣南有白石雕成的雀池五座。有宰牲亭位于陵园左前方。有神宫监、祠祭署位于陵园左前方约0.5千米处。现均已不存。

石牌坊是怎样一种建筑？

位于长陵神道最前端的石牌坊，是我国现存最早的和建筑等级最高的大型仿木石结构牌楼。

坊体以白石及青白石料雕琢组装而成，呈五间六柱十一楼的形制。其通面阔达 28.86 米。

其结构形式，最下为石台基，台基前后各设礓礤路。台基之上横向排列六个方形柱础盘。础盘之上分别立竖石柱，石柱的样式为四角内颛（同凹）的梅花柱。石柱下端前后各有夹柱石，夹柱石上的雕饰图案非常精美：中间两柱浮雕云龙，顶部各有圆雕的卧麒麟和浮雕的宝山；侧面两柱浮雕草龙，再侧两柱浮雕双狮滚绣球，四柱夹柱石上部则分别圆雕卧狮及浮雕宝山。六柱内侧均按木构建筑那样雕出梓框，梓框上部雕出云墩、雀替，并贯以三幅云雕饰。雀替之上分别有三层横架其上的石构件，自下而上分别为大额枋、花板、龙门枋。其中，大额枋、花板两构件均插嵌于左右两柱之间，龙门枋则因位置不同采用不同的安装方式；明间的龙门枋架在明间两柱之上；次间的龙门枋，内端插嵌于明间两柱外侧，其上贴于明间龙门枋之下，外端架在次间外侧两柱之上；梢间龙门枋则分别插嵌在梢间左右两柱之间。各枋雕饰图案不尽相同：花板用浅浮雕方式雕刻如意云，大额枋、龙门枋则分别用阴刻线条雕刻素面枋心的一整二破旋子彩画。五间龙门枋之上再架以左右高拱柱，柱间插嵌雕刻云纹的

▲ 石牌坊

龙凤板及雕刻旋子彩画的单额枋。其中明间龙凤枋上雕刻无字的匾额。再往上，各间高拱柱和单额枋上又架有平板枋。平板枋之上就是五座主楼了。其中，明间的主楼称为正楼，次间的称为次楼，梢间的称为梢楼。五楼均雕作庑殿顶形制，其正吻（龙吻）、垂兽、走兽、正脊、垂脊、瓦垄、勾头、滴水式仿琉璃构件样式，雕刻得非常逼真。各楼勾头、滴水之下则依木构件形状雕刻出檐椽、飞子、檐檩，以及单翘重昂七踩式斗拱。斗拱的底面与平板枋相接。此外，五座主楼之间又各有夹楼，计四个。夹楼的顶部雕成琉璃瓦饰的样子，下面则雕刻双重博缝板组成的坠山花，左右博缝板之间雕刻重翘五踩式斗拱。两梢楼的外侧又各有边楼一个，边楼顶部样式同其他各楼，下面则内侧雕坠山花，前、后及外侧雕重昂五踩式斗拱。

明朝时坊体各部位仿木结构牌坊绘有油漆彩画，现仅凹陷及较隐蔽的部位略有残存。

这座牌坊是我国石雕牌楼中的精品，它不仅雕刻精细，而且各部位比例谐调适度，榫卯扣合严密，结构合理，反映了我国古代工程技术人员的高超设计和施工水平。

石牌坊建于哪年？营建的目的是什么？

位处陵区门户大红门之南的石牌坊是天寿山明陵的第一座标志性建筑。它建于明嘉靖十九年（1540年），是明世宗朱厚熜下令建造的。

朱厚熜以兴王世子身份入承大统，接替了荒淫皇帝武宗朱厚照的皇位。为了表示自己是个敬神法祖、气概不凡的皇帝，朱厚熜一方面更定祭天祀祖的礼制，以标新立异；另一方面又在为自己大兴土木建造陵墓的同时，花费大量银两，对天寿山祖先的陵寝进行修饰和增建，以展示自己的"孝思"。建造这座石牌坊就是其中一项重要工程。

从营建目的上讲，首先是为了颂扬祖先的功德，也就是说这座牌坊属于功德牌坊的性质。明朝时谒陵官员到此都必须下舆，改为骑马前行，以示对先皇的尊崇。

其次是出于"风水"的考虑，以使天寿山陵寝的风水堂局更为完密。基于此因，这座牌坊在位置的经营别有一番深意。牌坊北面正对天寿山主峰，形成了《葬书》（又称《葬经》，传为晋郭璞著）所讲的"主客相迎"之势。所以，在天气晴朗的时候，站在牌坊之前，从牌坊中门门洞可以清晰地看到天寿山主峰高高耸立的尊严气势。牌坊东面有龙山前后延伸，牌坊之西则有虎山左右伸展。这又造成了陵区东西龙虎砂山的左右联络之势。所以，清梁份《帝陵图说》写道："天寿山势层叠环抱，其第一重东西龙砂欲连未连，坊建其中以联络之，以青鸟家言，非直壮观也。"

大红门前左右两侧为什么要立下马碑？

石牌坊往北 1.25 千米就到了天寿山陵区的总门户——大红门。这座门坐落在陵区南面龙虎二山之间的一个高岗地上。门前不远的地方东西两侧各有一座石碑，人们称之为"下马碑"或"下马牌"。石碑竖立在三层石条垒砌的方形基座上，碑高 4.45 米，四角各嵌石刻抱鼓石。碑的正反两面刻有楷书"官员人等至此下马"八个大字。

大红门前为什么要立这两座下马碑呢？原来，明太祖朱元璋早在洪武二十六年（1393 年）就曾下令："车马过陵者及守陵官民入陵者，百步外下马，违者以大不敬论。"当时明朝已营建了皇陵、祖陵、孝陵三陵，所以，皇陵、祖陵陵门外都有"下马牌"，孝陵陵区之前也有一座刻有"诸司官员下马"六字的石牌坊。天寿山也是皇帝陵地，所以也应有警示官员陵前下马的标志。

大红门的三个门洞在礼制上各有什么作用？

大红门是一座单檐庑殿顶式的宫门建筑，红墙黄瓦，非常壮观。该门设有三个门洞以通出入，但三个门洞在礼制上却各有不同作用：中门洞是已故皇帝、皇后棺椁、神主、神牌、香帛、祭品、仪仗通行的地方，左门洞（东门洞）是嗣皇帝祭拜祖先陵寝时通行之处，右门洞是奉命谒陵的官员进入陵区时的通行之处。

这一礼制上的规定早在明朝初年即已实行，但因为没有明确的文字规定，所以即使是在明朝也有人对此不甚了了。《明孝宗实录》记载，弘治八年（1495 年）九月，南京守备司礼监太监陈祖生曾向孝宗皇帝状告谒陵大臣魏国公徐俌，说他"每承命孝陵致祭，皆由红券门并金门、陵门之右门入殿内行礼，事属僭逾，宜令改正"。

本来，徐俌的做法没有错，因为，陵寝三门礼制上的不同功用，正是古代"居中而尊"以及"尚左"礼制观念的具体体现。所以，徐俌据礼上章进行辩解。他说："入必由红券门者，所以重祖宗之祭，尊皇上之命；出则由旁小门者，所以守臣下之分。循守故事，几及百年，岂敢擅易？"礼部官员奉命议处此事，也认为，"今长陵等陵及太庙每遣官致祭，所由之门并行礼殿内，与孝陵事体大略相同，宜令俌如礼行之"。孝宗皇帝认为礼部所言有理，下旨遵从礼部的意见。

长 陵神功圣德碑亭在建置上与孝陵有什么不同？

长陵神功圣德碑亭在建置上与孝陵有所不同。孝陵的神功圣德碑亭前后没有华表柱，而长陵神功圣德碑亭则前后各竖有一对汉白玉石雕刻的华表柱。孝陵神功圣德碑亭台基的台阶有雕饰精美的御路石雕，而长陵神功圣德碑亭则没有。

明 朝文献怎样称呼"华表"？华表起源于古代什么建筑？

华表在明代文献中被称为"擎天柱"。据考，这种石雕建筑物起源于古代的"诽谤之木"及古代亭邮饰物——"桓表"。

长陵神功圣德碑亭前后的四座华表，各高 10.81 米。因置于陵墓前，又可称为"墓表"。四座华表的形制相同，均用汉白玉石雕成。其基座为平面呈八边形的须弥座。须弥座的上下枋、束腰部位均雕刻精美的云龙图案。立于基座上的华表柱柱身截面为棱角处较为圆浑的八角形，各有萦绕柱身盘旋而上的升龙及云朵。柱的上部穿有云形石板，形象飘逸别致。柱的上顶部位雕刻圆形石盘，盘上各雕昂首引颈的蹲龙。

华表的造型虽然较为复杂，却仍能看到古代"诽谤之木"和"桓表"的一些基本特点。尧舜时代，"诽谤之木"是让人们在上面写谏书用的。当时的帝王用这种方式听取民众的意见。诽谤木的样式，古人说和华表木一样，有一根竖柱，柱的上端安有一横木，其造型很像古代一种原始的提水工具——桔槔。桔槔的样式为一根直立的木柱上端有一根横木。横木的一端用绳吊水桶，另一端系重物，利用杠杆的原理，通过横木两端的上下运动汲取井水。长陵神功圣德碑亭前后的两对华表已不是木质，也没有"诽谤之木"的功用，却保留着"诽谤之木"的基本样式：华表的柱身相当于诽谤之木的竖柱，石刻的云板相当于交于柱头的横木。

古代亭邮饰物——桓表也是华表，唐颜师古注《汉书》就是这样说的。古人认为，"四植谓之桓"，"双植谓之桓"，"亭邮立木为表……表双立为桓"。总之，在古人心目中，桓表的布局方式是成双成对或四面对称的。

由此看来，华表实际上就是经过艺术加工、美化了的"诽谤之木"的造型，与亭邮桓表分布方式相结合的一种建筑点缀物。

长陵神功圣德碑亭前后的四座华表，明朝时围有石栏杆，栏杆望柱头造型为蹲狮。明人张循占诗云："华表双标白玉栏，红门下马驻银鞍。朝霞照耀青袍色，翠滴松楸碧殿寒。"写的正是从大红门到神功圣德碑亭的景物。

华表柱顶部的石雕蹲龙，民间管它叫什么？

长陵神功圣德碑亭前后的四座华表，顶部雕刻造型精美生动的蹲龙。但民间对它却另有叫法。

一种叫法，说它们是"望天犼"。犼为古代传说中的猛兽，"似犬，食人"。但华表柱上神兽的造型是龙，不是犼。大概是犼与"吼"同音，华表顶部蹲龙的姿态是对着天吼叫，所以便有了"望天犼"之称。

第二种叫法，是把南面两柱上的蹲龙称为"望君出"。认为这两个蹲龙面朝南，遥对皇宫，其寓意是企盼君王走出深宫，体察民情，关心

▲ 长陵神功圣德碑亭

百姓疾苦。把北面两柱上的蹲龙称为"望君归"。认为这两个蹲龙面朝北，背对着皇宫，其寓意是希望君王及早回朝理政，不要把光阴耗费在宫外的田园山川美景中。这些美好的传说反映了人们对圣明天子的渴望心理。

长 陵神功圣德碑文的内容是什么？碑文书法出自何人之手？

　　长陵神功圣德碑文是明成祖朱棣的长子仁宗朱高炽撰写的，落款时间为洪熙元年（1425 年）四月十七日。碑文内容分为前后两个部分。前一部分用散文的形式叙述了明成祖的身世、体貌、学问、品德，以及成祖受封燕王、奉命北征的战功，"靖难之役"前后情况，登极后文化、经济的发展，以及征服安南、率师亲征漠北等武功文治方面的功德。叙述了仁孝文皇后徐氏，协助成祖，治理内宫的功德，以及成祖、徐皇后的皇女、孙男情况。后一部分用四言诗歌形式的颂词，对成祖、徐皇后一生的功德作概括、精练的阐述。所涉内容较为广泛，为达到歌功颂德的目的，对史事的阐述有明显的夸张或歪曲之处。但客观描述的部分仍具有一定的史料价值。

　　碑文的书法出自正统初年著名书法家、太常寺卿兼翰林侍书程南云之手。程南云，江西南城县人，曾因书法精妙参与纂修《永乐大典》。他学识渊博，精通篆书、隶书、行书等多种书体，书法造诣颇深。当时，"四方求其书者无虚日"，特别是宣宗皇帝非常喜爱他的书法。他奉命书写的这篇碑文，为楷书字体。字体结构谨严、笔力遒健，确是一件难得的书法佳作。

长 陵神功圣德碑碑阴、碑侧的文字是何时镌刻的？内容是什么？

　　长陵神功圣德碑碑阴、碑侧的文字都是清朝中期镌刻的。碑阴（背面）刻的是清乾隆五十年（1785年）高宗的御制诗《哀明陵三十韵》。诗中描绘了天寿山山川形胜，分析了长陵卜吉的史料，并谈到了当时明陵的残状、陵寝的规模，以及下令修缮明十三陵等情况。诗文中谈道"长陵殿宇虽存，而椽木朽坏，檐瓦落地"，其他各陵的殿宇"多就倾圮，不独龛帐全瓦，并神位亦俱遗失"，反映了清代中期明陵残毁的真实情况。碑文系楷书，为乾隆帝手迹。

　　碑身左侧（东面）刻的是乾隆五十二年（1787年）清高宗用碑阴诗韵御制的一首诗。该诗内容为明十三陵的修缮情况。诗注中记载了该次修缮，"计用帑金二十八万六千余两，其支取户部之颜料、工部之木植不与焉"。是其他文献都没有记载的史料。碑文系行书，亦乾隆帝御笔。

　　碑的右侧（西面）刻着清仁宗嘉庆九年（1804年）的御制文《谒明陵纪事》。文中追述了乾隆五十至五十二年明十三陵的修缮情况，又对明朝灭亡的原因进行了分析。他认为，在明朝的皇帝中，只有洪武、永乐两帝是大有作为的。中期以后，荒淫失德的皇帝也不多，也没有暴虐放恣等弊病。其通病都在于不勤政、贪图晏安，以致荒废了朝政。又说，"明之亡不亡于崇祯之失德，而亡于神宗之怠惰、天启之愚呆"，"思及明亡之由，由于君心之怠忽。以致群小乘机，内外蒙蔽，遂沦于败"。嘉庆皇帝御制文虽无特殊的史料价值，但对明朝衰败的原因分析得还比较透彻。碑文系行书，为嘉庆皇帝御笔。

长 陵神功圣德碑的造型与"龙生九子"传说中的哪个龙子有关?

长陵神功圣德碑为白石雕成,高达7.91米。其造型包括碑首、碑身和碑趺三部分。

碑首,即碑的顶部装饰。它在宽厚方面略大于碑身。上有浮雕的六条龙,六龙作首尾交盘,头部下垂于左右两侧的姿势。碑首的中部有篆额天宫,刻"大明长陵神功圣德碑"九个篆字。

碑身与碑首为一整石雕出。

碑趺,即碑座。其造型为一昂首远眺、卧伏于地的大龟。

碑首的龙和碑趺的龟,古代有许多名称。

宋李诚《营造法式·石作制度》将碑下的石龟称为"鳌"。鳌为传说中海里的大龟。《大明会典》称碑上的龙为"螭"。螭,又称螭虎。明陆容《菽园杂记》载:"螭虎,其形似龙,性好文采,故立碑文上。"

但是,最富于神话色彩,且流传较为广泛的还是传说中"龙生九子"的说法。

明李东阳《怀麓堂集》记:"龙生九子不成龙,各有所好:囚牛,龙种,平生好音乐,今胡琴头上刻兽是其遗像;睚眦,平生好杀,今刀柄上龙吞口是其遗像;嘲风,平生好险,今殿角走兽是其遗像;蒲牢,平生好鸣,今钟上兽纽是其遗像;狻猊,平生好坐,今佛座狮子是其遗像;霸下,平生好负重,今碑座兽是其遗像;狴犴,平生好讼,今狱门上狮子头是其遗像;赑屃,平生好文,今碑两旁龙是其遗像;蚩吻,平生好吞,今殿脊兽头是其遗像。"

按照这传说中的说法,碑首上雕刻的六条龙即是龙子之一的赑屃;碑座的石龟则是另一龙子霸下。但古来文人说法不一。有的也谈"龙生九子",却说"赑屃,形似龟,喜负重,今碑下龟趺是也"。明李时珍《本草纲目》也说:"赑屃者,有力貌。今龟趺象之。"总之,"龙生九子"是一种神话传说,不同的传说也导致了人们对这种石碑碑首、碑趺的不同叫法。

长 陵神道石像生共有多少对,与明太祖朱元璋孝陵相比有什么不同?

长陵神道石像生共有 18 对。它们排列在石望柱之后,由南而北依次为石狮两对、石獬豸两对、石骆驼两对、石象两对、石麒麟两对、石马两对、石将军两对、石品官两对、石功臣两对。其中石兽为 12 对,种类有 6 种。每种姿势均为前一对坐或卧,后一对站立。石人 6 对,均为立像。

长陵神道石像生的设置,基本沿用明太祖朱元璋的孝陵制度,但又略有变化。一是孝陵石像生石兽与石人之间设有石望柱一对,长陵神道则将石望柱置于石兽之前。二是孝陵石像生石人只有将军、品官两种,长陵石像生则增加了功臣像。长陵石像生的这一微小变化,不仅丰富了石像生的种类,而且更细腻地反映了明代官制特点。

神 道设置石像生的目的是什么?

石像生的设置有着悠久的历史。文献记载,上古时代尧陵之前就有石雕的骆驼,周宣王墓前也列置有石鼓、石人、石猊、石虎、石羊、石马等,秦始皇陵前的石麒麟高达一丈三尺。

考古资料则证实,至迟在西汉中期的一些墓葬已置有石刻。保存至今的如霍去病墓前"马踏匈奴"等石刻雕刻生动,为古代石

▲ 神路

雕艺术的珍品。南北朝时的帝陵也发现有石像生。如北魏孝庄帝静陵前曾出土双手握剑的石人，南朝帝后陵前则有带角的天禄和麒麟。

　　古人在陵墓前放置石像生的目的是什么？从古文献记载看，其目的有两个。一是表饰坟垅，象征死者生前的仪卫。长陵石像生中的石人石马的设置应出于这一目的。因为，最能显示皇帝生前仪卫威武壮观的场面就是圣节（圣旦，在位皇帝的诞辰日，又称万寿圣节）、正旦（正月初一）、冬至的大朝会。这时，文武百官要身着朝服依序恭立于朝班，掌领侍卫官及锦衣卫大汉将军、神枢营红盔将军则盔甲整齐，佩刀执瓜或斧钺按一定位次站立侍卫。此外，还有典牧官陈仗马、犀、象于文武楼南。长陵石像生中的石人的衣着形象也与朝会的场面一致。二是利用猛兽、神兽驱除鬼怪邪恶，以保障墓葬的"安全"。如，狮子以威猛著称，獬豸、象能辨邪正，麒麟为象征祥瑞太平的神兽，骆驼有"沙漠之舟"之称，具有坚忍不拔和吃苦耐劳的精神。以这些兽类作为石像生，自然能达到"警戒"、"保护"陵园的象征性目的。

▲ 勋臣

为什么说獬豸和象都善辨正邪曲直？

石像生中的獬豸和象都是善辨正邪曲直的兽类。獬豸，古文献说它是独角羊，能辨是非曲直，为东北荒野中的一种神兽。因为它忠心耿耿，专门用独角顶撞不正之人，所以，皋陶在处理疑难案件时，往往让獬豸辨别。明朝时，都察院的御史也都用獬豸作为常服前胸和后背补子的图案。象也有这种本领。它不仅力气大，而且非常机敏。唐张鷟《朝野佥载》说："象能知人曲直。有斗讼者行立嗅之，有理者即过，负心者以鼻卷之，掷空中数丈，以牙接之，应时碎矣，莫敢竞者。"当然，古人的这些说法都是出自传说或想象，并非确有其事。但石像生中有了这些能辨是非曲直的神兽和身高力大的动物，在意象上确实给人以能够驱除鬼怪和邪恶的感受。

麒麟是怎样一种神兽？长陵石像生的麒麟与孝陵的造型一样吗？

麒麟是传说中的一种象征太平和祥瑞的神兽。它牛尾、鹿角、圆蹄、鱼鳞，为世间本不存在的动物。古人认为这种神兽出现在圣人在位，天下太平时。

麒麟作为帝陵前石像生的一种，有实物可证的是南京近郊和丹阳附近的六朝帝陵。但此后的唐宋帝陵反而不置麒麟。后来，明太祖朱元璋营建皇陵、孝陵受六朝陵墓制度影响，则在陵前又设置了麒麟。明长陵石像生沿用孝陵制度同样设有麒麟。但孝陵的麒麟与皇陵一样，头上都只雕一角，而长陵的麒麟却都雕成双角。按许慎《说文》、《史记·司马相如传》以及《三才图会》等古文献的记载，麒麟应是一角，而长陵的麒麟却雕为双角，这在古代麒麟雕塑中还是首创。

神道上的石人为什么又叫"石翁仲"？长陵石翁仲在雕塑上有什么特点？

神道石像生中的石人，在古代也称作"石翁仲"。翁仲本是个人名，他姓阮，是秦始皇手下的一名大将。他身高一丈三尺，力大过人，曾奉命驻守临洮（今甘肃岷山县），防范匈奴有功。死后，秦始皇为纪念他，下令在咸阳宫的司马门外给他铸了铜像。后来，人们便把立体的人物塑像泛称为"翁仲"，石雕的人物像因此被称为"石翁仲"。

长陵石翁仲在雕塑上有两个特点。

一是造型匀称，雕琢精美，具有高超的艺术水平。这组石雕具有写实和手法细腻的特点。将军像甲胄形象逼真，人物神态威风凛凛；品官与功臣，则神态恭肃。其雕刻之精细入微，乃至须眉纹络，衣纹飘转都一丝不苟。这种雕工精细而又略带夸张的雕刻手法，似神来之笔，使它与雕梁画栋、红墙黄瓦的皇家建筑和壮丽的景观环境融为一体，衬托出了陵宫主体建筑的肃穆庄严和雄伟壮丽的形象。

二是真实地反映了明代文武官员的朝服服饰特点和侍卫将军的甲胄形制。朝服，是文武官员在大朝会时穿用的礼服。其衣物的组成包括冠、带、衣、裳、中单、蔽膝、绶、佩、袜、履等。其制度见载于《大明会典》。然而，《大明会典》虽然是专门记录明代典章制度的书籍，但对文武官员朝服的制度记录却较为简单，而且缺乏直观准确的图样（该书中的图样非常简单粗率）。而长陵神道的品官和功臣雕像则弥补了文献记载的不足。例如，品官像的冠雕为七梁的梁冠，功臣像的冠雕的是七梁冠外加笼巾貂蝉（相当于侯或伯的等级）的样式。《大明会典》图样虽然画清了冠的梁数和笼巾上的立笔、雉尾，但梁冠、笼巾上的装饰图案却没有画，而石像生中品官和功臣冠上的装饰图案却精美异常，笼巾上的貂（明朝用雉尾代）蝉的样式也非常清晰。又如，石像生中品官、功臣雕饰中玉革带前悬蔽膝，后面悬绶，以及左右悬挂的佩，雕刻得都非常具体，但《大明会典》的图样则只是个示意的图，不仅长宽尺度的比例不合适，装饰图案也不规范。另外石像生品官、功臣像在脖领之下均雕有方心曲领装饰，而《大明会典》却没有记载这种装饰物。

　　石像生中石雕侍卫将军的甲胄装饰具有很高的参考价值，尤其珍贵。《大明会典》以及《明史·舆服志》虽然对明代侍卫将军的甲胄装束有所涉及，但记载都很简略，而且没有绘制图样。而长陵石像生侍卫将军的雕像则雕刻非常精到，其甲胄的样式涉及了头鍪（凤翅盔）、顿项（护颈）、云肩、甲身、披膊（护臂）、圆护、兽头吞口、臂鞲（护肘）、革带、抱肚、鹘尾（悬挂于小腹前）、腿裙（护腿）、战袍、战靴、绊甲丝绦等不同物件。铠甲的样式则有鱼鳞式和锁子式等多种样式。

龙凤门是怎样一种建筑？人们为什么把它比作"天门"？

　　龙凤门，位于石像生的北侧，是一座三门六柱的牌坊式建筑。其六柱均以白石雕成，上穿云板，顶雕蹲龙如华表制，但各个蹲龙朝向均向门内，两龙呈相对之形。柱间均有石刻的梓框门簪，上面安装小额枋、绦环板和大额枋。三门大额枋上还各有石雕的宝珠火焰装饰，因此，此门又有"火焰牌坊"之称。三门之间和两侧门之外各有琉璃照壁，石柱的前后各戗以石抱鼓，下承白石须弥座。

龙凤门设计精巧、玲珑别致，因为它属于柱出头式牌坊，古人称柱出头式牌坊为棂星门，所以，龙凤门在古代文献中又有"棂星门"之称。棂星门古时又作灵星门。灵星是龙星的左角，又叫天田。因为它是角星之宿，古人认为，"角星为天门之象"，所以棂星门也就成了天宫中的天门了。《永乐大典》载有灵星门的古赋："灵星名门，王者之制也。灵星垂象，王者之本也。欲知王者所法之制，当识灵星所垂之象。"又说，灵星门垂三门之象，所以设六个门扇以供开合。不难看出，龙凤门之所以按灵星门的形制设计，是因为灵星门是天门的象征，是体现"王制"的尊贵之门，因而也是尊者出入的地方。皇帝生前位尊九五，皇后贵为国母，其棺椁经由棂星门当然是最符合礼制了。

按 明朝的礼制，人们可以在神道上行走吗？

按照明代的礼制，只有已故帝后的棺椁、仪仗、神主、香帛及祭品才能在神道上经过。官员、百姓都不能在神道上行走，否则便被视为对帝王的不敬而受到惩处。例如，天顺三年（1459年）二月，武安侯郑宏奉命于清明节拜谒长、献、景三陵。他带鹰犬，沿途纵猎，陵祭完毕后回归时又骑马奔驰于神道之上。结果被六科十三道官员参劾，投进了监狱。

长 陵的宝山城与孝陵相比有什么不同？

长陵的宝山城制度，中为宝山（墓冢），周以城堞，前置城台明楼，系沿用孝陵制度。

但与孝陵相比较，长陵还有不少创新之处。

第一，孝陵的宝山并没有堆满宝山城，而长陵宝山的封土则一直封到了宝山城城墙的上部。

第二，孝陵的宝山城城墙虽有垛口，但只是单面墙，没有马道和宇墙。长陵的宝山城城墙则是外环垛口，内环宇墙，垛墙和宇墙之间设有可供人巡视行走的马道。

第三，孝陵宝山城城台两侧各有照壁与城墙连接，长陵则城墙与城台直接相连。

第四，孝陵宝山城城台下的甬道是由南向北呈越往北越高的坡状通道，并于宝山城内城台两侧各设转道上达城台。而长陵城台下的甬道，则是先有一由南向北的坡道，然后在城台内设左右方向的上坡甬道达于宝山城院内。在南北向坡道的北墙壁上设一随墙式琉璃照壁（现已不存）。

第五，孝陵宝山城城台及台上明楼平面均为长方形，而长陵则为正方形。

第六，孝陵明楼的作用只相当于一个城门楼，楼内没有陈设物。而长陵明楼内则置有龙首方趺形制的"圣号碑"，刻"大明"（篆额），"成祖文皇帝之陵"。这样，长陵的明楼不仅是宝山城的城楼，而且具有陵墓的标志作用。

长陵宝山城与孝陵宝山城的六点不同，反映了明代陵寝制度在继承中又不断完善和发展，并为尔后诸明陵树立了楷模。

长陵的陵宫建筑早在宣德年间就建成了，为什么明楼内的圣号碑却是万历年间立的？

长陵的陵宫建筑早在宣德年间就已建成，明楼则在洪熙元年就已建成。当时，楼内的圣号碑刻"大明"（篆额），"太宗文皇帝之陵"。

嘉靖十七年（1538年）九月一日，世宗朱厚熜突然觉得仁宗在位时定朱棣的庙号为太宗不甚妥帖，应该称以祖号。他指示礼部说："我国家之兴，始皇祖高皇帝也。中定艰难，则我皇祖文皇帝也。二圣同创大业，功德并焉，宜称祖号。"于是下令改朱棣庙号为"成祖"，谥号也由"体天弘道高明广运圣武神功纯仁至孝文皇帝"改为"启天弘道高明肇运圣武神功纯仁至孝文皇帝"。

世宗更改永乐皇帝的庙号、谥号是为了显示他对祖先的孝诚，却出现了明楼内圣号碑上的庙号与更改后的庙号不相一致的问题。为此，世宗下令用木板嵌装碑上，刻写新庙号。但武定侯郭勋不同意世宗的意见。他上疏说："宜尽癉（同"瘅"，意为去掉）旧字，更书之，可以垂永久。"世宗见疏非常不快。他说："朕不忍琢伤旧号，顾不如尔心，命礼部、翰林院议。"礼部经与翰林院官商议后上奏说："长陵碑，昭皇帝所建，千万年所当崇宝无斁（音yì。意：憎恶，厌弃）者。皇上追念文皇帝功烈，尊称祖号，及祭告山陵，周览徘徊，不忍琢伤，令今日之鸿号有加，先朝之旧题无改，圣见出寻常万万。而勋（郭勋）以偏言，不自知其失礼。臣等请遵奉圣谕如式刊制，择吉奉安。"就这样，长陵圣号碑上镶嵌了刻有新庙号的木套。

但事隔60多年后，在万历三十二年（1604年）五月二十三日那天夜里，天降大雨，雷声阵阵，长陵明楼突然被雷击起火。火势越来越大，明楼被烧毁了，圣号碑以及碑上的木套也都被大火烧毁。明神宗朱翊钧在览读文书时，见到天寿山内守备太监李浚等人的情况汇报，又惊又怕，于六月十三日派遣英国公张惟贤致祭奉慰了长陵，成国公朱应槐祭祀了天寿山神及其他各陵。神宗又打算马上组织长陵明楼的修缮。这时，钦天监官员又上奏说："长陵子山午向。今岁大煞在子，灾煞在午，请以明岁兴工便。"神宗听从了钦天监的意见，决定第二年再动工修缮长陵明楼。

在制定长陵修缮方案时，工部提出："长陵碑石原刻'太宗文皇帝之陵'，自世庙继统，礼制一新，特改太宗庙号为成祖，而陵亦因之。唯碑石未敢轻动，乃加木套，而涂丹书之……今事当更，始在天之灵实式临之。"神宗同意了工部意见，下旨说："碑石鼎新，宜改题曰'成祖文皇帝之陵'。木套不用。"长陵的明楼因此在万历三十三年（1605 年）正月动工修缮，三月二十七日在明楼内竖放了刻有新庙号的圣号碑。

长 陵第三进院落内的"石五供"是做什么用的？明孝陵有吗？

长陵陵宫第三进院落内，在方城券洞的正前方有一套由五件石雕供器和一座石雕须弥座组成的石雕小品，人们称之为"石五供"。

五件石雕供器中，摆在须弥座石案中间位置的是香炉，香炉作三足鼎形，炉身和炉盖各用一整石雕成，炉身，腹部圆浑，三足的外侧各雕云纹式饕餮图案，炉身、炉沿各雕回文，炉盖，呈圆顶形，其下圈雕海水江牙图案，上雕云纹及一头部前探的盘龙。香炉两旁各有略似古祭器"豆"的石雕物，即烛台，烛台雕有云纹及仰莲图案，烛台的外侧各有一花瓶，花瓶两耳各雕衔环，小口大腹，造型优美。须弥座石台，即石供案，其上下枋雕有串枝花卉，上下枭（枭是须弥座的部位名称。上枭在上枋之下，下枭在下枋之上）刻仰俯莲瓣，束腰部分刻椀花结带图案，四角雕刻玛瑙柱。

长陵石五供之设，仅仅是作为一种象征性的祭器陈设于庭院中，并不真正点烛燃香。而香炉、烛台等所以能作为常设的祭器点缀陵园内，是因为古人认为点烛燃香可以"导达阴阳，以接幽明"。也就是说，它能传达活着的人对祖先的思念之情。尽管这种做法是基于迷信观念的，却大大增强了陵园建筑的纪念气氛。

陵宫内设置石五供，系长陵首创，孝陵没有这种陈设。此后各陵沿以为制，均设石五供。

长 陵陵内的棂星门与神道上的棂星门有什么不同？

长陵陵宫第三进院落内，石五供之前有一座柱出头式的牌楼门，也属古代棂星门的种类。但是，这座棂星门与神道上的棂星门在形制上却有很多不同之处：第一，间数不同，这座棂星门为一间，而神道棂星门为三间。第二，石柱样式不同，这座棂星门的石柱截面为方形，神道棂星门石柱截面四角略内颐，即为梅花柱形制。第三，石柱顶部雕饰不同，这座棂星门石柱的顶部雕刻的是蹲麒麟，而神道棂星门石柱顶雕的是蹲龙。第四，门顶结构不同，这座棂星门两柱之间为上覆黄琉璃瓦顶，瓦顶下有椽、檩、重翘五踩品字斗拱，以及额枋、花板等构件组成的木结构式门楼，而神道棂星门二柱之间都是石雕的构件。在陵宫内明楼前设置棂星门也是长陵首创，此后各陵沿以为制。

长 陵祾恩殿珍贵的文物价值体现在什么地方？

长陵祾恩殿是明代帝陵中唯一幸存的陵殿，为我国古代木结构建筑中的珍贵遗物。其文物价值的珍贵之处主要体现在三个方面。

一是规模大、等级高。此殿是长陵陵寝建筑中最主要的建筑，其功用主要是用来供奉墓主神位（牌位），陈设墓主衣冠、册宝、神床、御座等神御物，以及举行祭祀仪式。因此，这座大殿的重

▲ 长陵祾恩殿

要地位，就像皇宫中的奉天殿（今太和殿）和乾清宫一样。其建筑等级和规模自然居于陵寝建筑中的首位。此殿高达 28 米多，顶部为重檐庑殿式。其柱网排列方式为六排柱前后廊式，面阔九间（通阔 66.56 米），进深五间（通深 29.12 米）。柱网总面积达 1938 平方米。殿的基座由三层汉白玉石栏杆围绕的须弥座式高台和一层陡板式小台基组成。台基之前设有向前伸出的部分称为"月台"。月台的前面和台基的后面各有三出踏跺式台阶，古称"三出陛"。台基和月台的石雕非常精美。石栏杆的栏板为宝瓶荷叶式，望柱头或雕云龙或雕云凤，形象生动。前后正中一路台阶中间各有三块御路石雕，以浮雕的方式雕刻出海水江牙、二龙戏珠和凌波奔驰的海马，其表现的景象颇为壮观。规模如此之大、建筑等级如此之高、保存又如此之好的殿宇在国内实属罕见。

二是用材讲究。这座殿宇的梁、柱、枋、檩、斗拱等大小木构件均为名贵的优质楠木加工而成。特别是支撑殿顶的 60 根楠木大柱，用材粗壮，为世上难得的奇材佳木。其中，林立殿内的 32 根重檐金柱，高达 12.58 米，底径均在 1 米上下。明间中间四柱尤为粗壮，左一缝前金柱底径达 1.124 米，两人合抱，不能交手。殿内的地面均用长宽各为 0.615 米的金砖铺墁，至今并无大损。

三是这座殿宇的结构形式具有典型的明代早期建筑特色，因而具有重要的建筑史学研究价值。这座大殿从结构上看，属叠梁式构架体系，不推山。宋元时期的叉手、托脚等构件已不见采用，襻间斗拱的结构形式也被"檩、垫、枋"的组合方式由垫板代替。柱头科斗拱的耍头，均在挑尖梁的外端雕出，各昂全部为假昂形制，这也是宋代官式建筑中不存在的。其平身科斗拱全部采用真假昂并用的方式，上层昂用真昂，下层昂用假昂，假昂的昂头，从交互斗斗口处斜向下伸，没有假华头子雕饰。这种特殊的斗拱结构，既不同于宋代全用真昂的结构，也不同于清代全用假昂的情况。另外，斗欹有𣾷，角科斗拱鸳鸯交首拱的继续使用，以及斗拱比例的缩小，平身科斗拱排列相对丛密，但各间攒档在尺度上又大小不等等特点，都体现了由宋到清在法式特点上的过渡。因此，这座大殿受到了国内外建筑史学界的高度关注。

长 陵祾恩殿殿内的梁、柱、斗拱为什么没有油漆彩画？

据顾炎武《昌平山水记》记载，清朝初年时长陵祾恩殿殿内的情况是"中四柱饰以金莲，余皆瘐（音 xiū，同"髹"，用漆涂饰）漆"。然而，现存的长陵祾恩殿内各柱却都没有任何油饰，甚至殿内的斗拱、梁、枋上也没有油漆彩画。1931 年 7 月，中国营造学社著名古建专家刘敦桢先生曾来十三陵考察，所见情况也是这样。他在《明长陵》一文中记录了这一情况，并认为顾炎武记载清朝初年时的情况也应该是了解此殿历史的根据。

刘敦桢的看法是正确的。顾氏的记载的确没有错。中国第一历史档案馆保存的清代档案中，有乾隆五十年（1785 年）七月刘墉、金简、德保等官员的一道奏折。奏折中说，经过他们的实地勘查，发现长陵祾恩殿"内里木植所有油什处所，年久全行脱落。露身俱系楠木"。他们建议，修缮此殿，"似可毋庸重加油饰，竟留楠木质地，似觉古雅"。他们还提出："至外檐上架斗科，拟改用雅五墨。天花见色过色。下架用红土垫光油。"

由于乾隆时修缮改变了该殿原来的彩画制度，所以现在见到的便是内檐无彩画，外檐为清式彩画的情况了。

祾恩殿、祾恩门的"祾恩"两字含义是什么？为什么长陵祾恩门的榜额上写的是"稜恩门"？

天寿山各陵享殿由"某陵殿"更名为"祾恩殿"，"某陵门"更名为"祾恩门"，是嘉靖十七年（1538年）世宗朱厚熜钦定的。"祾恩"二字的含义，按《太常续考》卷四解释："祾"字寓意"祭而受福"。用通俗的话解释，就是后人在此殿内举行祭祀仪式，去世的先祖（墓主）在这里接受祭祀，享用丰盛的各种祭品。其中前述的"福"字，按《释名》解释，是"其中多品，如富者也"。又《礼·祭统》解释："福者，备也。"总的来说，即祭品多样齐备的意思。"福"还单指祭祀胙肉。《周礼·天官·膳夫》："祭祀之致福者，受而膳之。"但这里主要是祭品丰盛的意思。"恩"字则寓"罔极之恩"的意思。即后人在祭祀活动中感怀去世先祖的无限恩惠。

现在长陵祾恩殿榜额上的金字就是"祾恩殿"。但是，不少参观者也注意到，长陵祾恩门榜额上写的却是"稜恩门"。为什么两个榜额一个用"祾"，一个用"稜"呢？原来，这是民国二十四年（1935年）修缮长陵，制作新榜额时把字写错了，后来一直没有得到纠正。"祾"和"稜"是两个意思不同的字。"祾"字字义已见前述。"稜"，又作"棱"，表示的是物体上不同方向的两个平面连接的部分，或物体上一条条凸起的部分。因此，不能因为这块错字榜额就把"祾恩门"叫成"稜恩门"。

长陵陵内的神帛炉是做什么用的？

长陵第二进院落内，在祾恩殿前的左右两翼各有一座小巧玲

珑的全部用琉璃件组装的小殿阁。这两座殿阁形制完全一样。高
3.8 米，台基面宽 2.91 米，进深 1.94 米。建筑的顶部形制均为单
檐歇山式。檐下的装饰有单翘三踩斗拱、平板枋、阑额等。殿身
四角分别有琉璃圆柱及马蹄磉（马蹄状的磉墩，墙柱基础的一种。
磉，音 sǎng）。其正面正中位置开有一圆券顶的门。券周为落地式
花罩。花罩左右各嵌两扇仿木四抹菱花格心式琉璃槅扇。小券门
里面是一个小砖券室，其左右和后面墙壁的外侧均砌以黄琉璃砖。
小殿室的台基为须弥座式。这两座小殿阁名为"神帛炉"，是专门
用来在祭祀礼仪结束后焚烧祝版、神帛的。明代时又称其为"燎
位"。

长陵的这两座神帛炉是明代帝陵中仅存的明代建造的神帛炉。
这样小巧的建筑能保存到现在，是因为不论是清朝还是民国时，
长陵都是保护和修缮的重点。

长 陵陵内的"无字碑"是什么时候刻上文字的？那是一座什么形制的石碑？

长陵第一进院落内，嘉靖二十一年（1542 年）建成的碑亭内
有一座石碑，这就是嘉靖皇帝本应为它亲撰碑文却没有写的那座
"无字碑"。但是，这座石碑在清朝时却刻上了文字。

碑阳刻的是用满汉两种文字书写的清世祖顺治十六年（1659
年）保护明十三陵的谕旨。碑文大意是：

顺治十六年十一月十七日，顺治皇帝下令工部，各陵殿宇、墙
垣倒塌严重、近陵树木多被砍伐。因此，工部应尽快将残毁处修
缮好，并添设陵户，小心看守。昌平道官要时常巡察，工部也要
每年或一次，或两次，差官查阅，不可疏忽大意。

碑文的汉文字体为楷书，像是乾隆皇帝的字体。估计是修葺十

三陵时才刻上的。

碑阴刻有乾隆五十年（1785 年）三月清高宗御制御书的《谒
明陵八韵》。诗的内容主要是说明修缮十三陵的原因，以及明清之
间的仇怨随着时间的推移早已消失等历史情况。

碑的左侧刻清仁宗嘉庆九年（1804 年）御制诗《谒明陵八
韵》。抒发了他对皇考修葺明陵、布恩施泽的感怀，并表达了他睹
物生情，有感于明王朝的灭亡，自己要"求安图治"，治理好国家
的想法。

石碑形制比较特殊，碑首雕有一条头部前探的盘龙，碑趺是一
形态仿龟趺样式的卧龙，人们因此称这座石碑为"龙趺碑"。

献 陵为什么采取中隔小山的建筑布局？

明仁宗朱高炽的献陵，是十三陵中的第二座陵园。该陵的建
筑设置虽基本沿用长陵制度，但布局方式却与长陵不同。

献陵的宝城前虽然也像长陵那样设有方院，但两进方院却不连
在一起，中间隔了一座名为"玉案山"的小山。

献陵采用这种布局方式主要与风水中"明堂"的讲究有关。
明堂，即风水中"穴"前的开阔地。因地形的不同，明堂在风水
术中又有内外之别。内明堂是指墓葬的龙砂、虎砂紧紧环抱，前

▲ 献陵陵园

面的案山距离墓葬非常近；外明堂是指墓葬的龙砂、虎砂比较伸展，墓葬前的案山比较高，距离墓葬也比较远。但不论内明堂、外明堂，只要砂水有情，堂局完密，都是风水吉地。

长陵，两边山势宽展，前面案山和水流相距陵园也比较远，因此是外明堂风水格局。献陵则有龙砂（玉案山）从陵园左前方环抱而来，成为献陵的案山，陵园与案山距离很近，所以是内明堂风水格局。

在风水中，虽然"龙喜出身长远，砂喜左右回旋"，但龙砂却是万万损伤不得的。所以，献陵在修建中，并不像长陵那样前后院落彼此相连，而是在明堂范围内只修建了宝城和陵园的第二进院落。陵园的第一进院落及院内的祾恩殿、左右配殿、神帛炉等建筑，建在了玉案山之前。经过这样的规划和设计，不仅解决了明堂面积小，建不下宝城和前面两进院落的问题，维护了"龙砂不可损伤"的风水信条，而且使陵园布局更显灵活，形成了人文景观与自然景观和谐统一、错落有致的赏心悦目感觉。

景 陵祾恩殿御路石雕图案为什么与献、裕等陵不同？

十三陵中献、裕、茂、泰、康、昭六陵祾恩殿前的御路石雕图案均为简单的云纹。这是因为，献陵的营建是遵奉仁宗皇帝"山陵制度务从俭约"的遗诏进行的，此后各陵的营建视为楷模，规制都比较俭朴，所以，祾恩殿前的御路石雕也像献陵那样比较简单。那么，宣宗皇帝的景陵是继献陵之后建造的，并且是按照献陵的俭朴规制建造的，后世还有"献陵最朴，景陵最小"的感叹，为什么其祾恩殿前的御路石雕图案却不同于献陵，雕成与长陵相似的二龙戏珠图案呢？

其实，景陵在初建时其祾恩殿及御路石雕等也和献陵一样俭朴无华。其陵园殿宇规制是在嘉靖年间才发生变化的。《明世宗实录》记载，嘉靖十五年（1536年）四月二十七日，明世宗朱厚熜亲阅长、献、景三陵，见景陵规制狭小，对跟在一旁的武定侯郭勋说："景陵规制独小，又多损坏，其于我宣宗皇帝功德之大，殊为勿称。当重建宫殿，增崇基构，以隆追报。"景陵的棱恩殿在重建时吸纳了长陵棱恩殿的一些特点，因此，不仅殿前御路石雕图案近似长陵，而且殿后还有抱厦一间，设有后门，这又与献、裕、茂、泰、康、昭等陵都不同了。

泰 陵金井出水为什么会引起轩然大波？

泰陵是明孝宗朱祐樘的陵墓，建于弘治十八年（1505 年）六月。太监李兴、新宁伯谭祐、工部左侍郎李镳督工营建，用了近十个月的时间。

但是，泰陵在营建中却曾出现金井出水的情况，并在朝廷内引起了轩然大波。

据祝允明《九朝野记》和孙绪《无用闲谈》记载，泰陵玄宫金井在开挖过程中，曾有泉水涌出，"水孔如巨杯，仰喷不止"。当时，吏部主事杨子器目睹了这一情况，如实上奏了朝廷。却因此惹恼了督工太监李兴等人。他们偷偷命人堵住泉眼，上疏说杨子器"诽谤狂妄"。武宗不经调查就下令将杨子器关进了锦衣卫大狱。这时，有莆田人邱泰，是个新启用的知县，来到京城。见朝野上下对此事议论纷纷，就上疏说，杨子器的奏章是件好事儿。因为泰陵金井出水，举国上下都知道。如果现在不说，万一梓宫入葬后再有人说这事儿，打开地宫会泄漏山川灵气，不打开又会抱恨终天。不如派人去验查一下，看看是否有水，则疑问可解。武宗觉得有理，派司礼监太监萧敬押解杨子器前往泰陵一同验看。杨子器知此去凶多吉少，临行作诗一首："禁鼓无声晓色迟，午门西畔立多时。楚人抱璞云何泣，杞国忧天竟是痴。群议已公须首实，众言不发但心知。殷勤为问山陵使，谁与朝廷决大疑。"他把自己比作向楚王进献美玉的卞和，说自己做了杞人忧天的傻事。而李兴等人为了遮掩事实，早已派人把泉眼堵住。所以，萧敬到了泰陵，发现金井并没有泉水。萧敬向武宗汇报了情况，太皇太后王氏听说了这事，传旨说："无水则已，何必罪人！"杨子器这才官复原职，避免了一场杀身大祸。

金井是安放墓主棺椁的位置，引起风波与风水术对穴的要求有关。郭璞《葬书》认为开穴处（金井位置）的地质情况必须是"土欲细而坚，润而不泽，裁肪切玉，备具五色"才是上等吉地。如若"干如聚粟，湿如刲肉，水泉砂砾"，则"皆为凶宅"。成书于宋朝的《大汉原陵秘葬经》有《穿地得物法》篇，认为"凡穿地得物不如不得……穿见大石凶，穿得骨殖大凶、粉沙大凶、灰炭大凶、涌泉主凶"。既然在开挖金井的位置挖出泉水主凶兆，那么，此事引起朝廷高度重视就不足为怪了。

为什么永、定二陵有外罗城？

明十三陵中，仅永、定二陵在陵园宝城和城前方院设有一道平面呈前方后圆形的外罗城。有关外罗城的由来，梁份《帝陵图说》等文献是这样说的：永陵建成后，雄伟壮丽，前七陵都不能相比。世宗皇帝阅视陵工，登上陵后的阳翠岭。但他对陵园的建筑还不满意，就责问工部大臣："我的陵修到这样就完了吗？"工部大臣急中生智，忙对世宗说："外面还有一圈墙没有建造呢！"于是，永陵便有了这道外罗城。这道外罗城有坚厚的石基，非常壮观，即使是孝陵也达不到这种程度。

其实，梁氏等文献的记载系采自传闻，又相互抄录。按照《明世宗实录》的记载，早在嘉靖十五年（1536年）永陵刚刚动土兴建，拟定陵寝规制时，就已考虑了外罗城的建造问题。

永陵吉壤选定后，世宗皇帝于该年四月九日在天寿山行宫召见武定侯郭勋、大学士李时等人商议修饰七陵及营建永陵事。礼部大臣上奏了有关事项的安排和计划。其中有一项内容就是请敕命"总拟规制礼部堂上官一员"，又谓"寿宫规制，合钦遵圣谕量拟长陵，本部行内官监会同画图，上请钦定"。

　　四月二十日，世宗在委派郭勋、李时知（知，意为主管）建造事总督工程的同时，命少保礼部尚书夏言同知建造事，总拟永陵规制。并确定四月二十二日为永陵兴工日。

　　五月，夏言等人将画好的永陵设计图呈上世宗御览。世宗看完之后，下令礼部会同郭勋、工部官员、翰林院讲读等官员再共同商议，将皇妃从葬帝陵的方式也画出图来，一并送给他看。大臣们遵旨画好图呈上，并上奏说，过去皇妃从葬的情况都记录在《会典》中。现在拟定的方案是，宝城之外设有外垣（外罗城），然后将皇妃葬于外垣之内，宝城之外，左右相向，以次而祔。这样比较合乎礼制。世宗对这一设计较为满意，下旨说："俱如拟。其未尽事宜，俟朕亲往决之。"

　　由此可见，永陵外罗城之设，早在嘉靖十五年五月时就已做出规划，其目的是在外罗城内宝城两侧祔葬世宗的妃子。当然，永陵的外罗城虽然按规划如式建造了，而世宗的 33 名皇妃却是 8 名葬于天寿山袄儿峪，其余全部葬在了京西金山。所谓的"皇妃祔葬"一事最后竟成了一纸虚文。

　　至于定陵也有外罗城是因为定陵是仿永陵建造的。《明史·朱赓传》记定陵营建："帝营寿宫于大峪山，命赓往视。中官示帝意，欲仿永陵制。赓言：'昭陵在望，制过之，非所安。'疏入，久不下。已，竟如其言。"全面比较永、定二陵的建筑布局乃至单体建筑的用材和形制，不难看出，定陵的确是仿照永陵建造的。

昭 陵地宫最初是为谁建的？为什么后来弃置不用？

昭陵的墓主是明穆宗朱载垕。但是，根据《明世宗实录》的记载，昭陵的地宫最初是世宗为安葬其母章圣皇太后蒋氏，并迁葬其父朱祐杬在天寿山陵区营建的"显陵"玄宫。

关于世宗想在天寿山建造父母的陵园，早在嘉靖三年（1524年）时就曾提起过。那年九月，锦衣卫百户随全、光禄寺承事钱子勋因罪被惩处，为了讨好世宗，他们建议世宗将显陵改建于天寿山。世宗在议礼中获胜，正在想方设法抬高父母地位，遂指示工部议处。工部尚书赵璜认为不宜改葬有三条理由：第一是先帝既已葬在湖北，体魄所安，不宜轻犯；第二是山川灵秀萃聚，不宜轻易泄漏；第三是湖北是皇上的"龙兴之地"，为国家根本所在，不宜轻易改定。他建议世宗像太祖不迁皇陵，成祖不迁孝陵那样，不迁显陵。世宗不甘心，命礼部官员集议。十月，礼部尚书席书会廷臣集议，大家一致认为不宜迁葬。席书遂上言："显陵，先帝体魄所藏，不可轻动……全等谄谀小人，妄论山陵，宜下法司按问。"世宗却说："先帝陵寝在远，朕朝夕思念，其再详议以闻。"席书又与大臣们议论，都认为不可以，世宗只得作罢。

嘉靖十七年（1538年）十二月，世宗的母亲蒋氏去世。世宗又萌发了在天寿营建显陵的想法。他敕谕礼工二部大臣：我父亲献皇帝的显陵在湖广承天府。那里山峦低矮，生气不聚，地域狭窄，陵制俭陋，

▲ 昭陵

而且与北京远隔千里。我每当想起心里都很伤感。我在前三年春秋祭陵时，在天寿山陵区长陵西南找到了大峪山，那里林茂草郁，冈阜丰衍，是个风水吉地。我打算把父亲的梓宫迁葬在那里。你们马上选择吉日准备兴工建造陵寝。同月十二日，武定侯郭勋、辅臣夏言、顾鼎臣等奉命于大峪山兴建"显陵"。嘉靖十八年（1539年）三月八日世宗下令，大峪山陵工仍按原定规制营建，并限定在五月上旬把玄宫建成。要求"坚致完美，不许草率违误"。

但世宗却从下令在大峪山营建显陵不久就不停地改变主意。大峪山陵工动工没几天，世宗就变卦说："迁陵一事，朕中夜思之，皇考奉藏体魄将二十年，一旦启露风尘之下，撼摇于道路之远，朕心不安。"他打算把母亲南祔湖北显陵。为此，他命锦衣卫指挥赵俊去湖北"开启玄宫，审视大内"，但回报说玄宫内有水。于是，世宗又亲赴显陵察看，在宝城后重建了新玄宫。在回京的路上，世宗又想仿尧父母异陵而葬的故事，不迁父亲棺椁，将母亲葬于大峪山。嘉靖十八年四月，世宗赴大峪山阅视陵工，又改变了主意。他说："峪地空凄，岂如纯德山完美！决用前议奉慈宫南祔。"由于世宗犹豫不定，变幻无常，大峪山这座显陵玄宫便空了下来，最后埋葬了穆宗。

为什么从昭陵开始宝城内的"月牙城"修建得比较高大？

昭陵的陵寝制度，基本沿用泰、康等陵制度，但宝城内封土的形式却发生了变化，并因此使"月牙城"建造得几乎像宝城墙一样高大。

明朝的帝陵，从献陵到康陵前后六陵宝城内的封土形式比较一致，都是从宝城内沿宝城墙内壁设置的断面为倒"八"字形的排水沟内侧开始起筑墓冢，墓冢形状呈自然隆起的山丘形状。为了防止墓冢的封土前滑，仅在墓冢的前半圈砌以齐胸高的用于拦土的"月牙城"。在这道低矮的"月牙城"前正对方城门洞处各建一依墙而设的黄琉璃照壁。顾炎武《昌平山水记》因此称这些陵园是"宝城小，冢半填"。

昭陵的情况却不同于前面这六座陵园。尽管昭陵宝城城台甬道及城内上登城台的左右转向礓磜的样式一遵六陵制度，但封土形式却和永陵一样：城内的封土填得特别满。其高度几乎与宝城墙相等，封土的中央部位用三合土筑有一座上小下大圆柱形的"宝顶"。封土前部的"月牙城"也几乎与宝城墙等高，并与宝城墙内壁左右相连。冢前的照壁因此也改制为一半嵌在墙内的随墙式的照壁。

昭陵的宝城为什么与六陵不同呢？这还要从昭陵宝城填土的过程谈起。据《明神宗实录》记载，万历九年（1581年）五月十五日，工部呈上一道奏章说：永陵宝城内的黄土从嘉靖十八年就开始填，至今已经42年，时间不为不久，却十分尚亏其八。为此他们又提出六条意见请神宗裁定。神宗在批答永陵宝城黄土一事时，也对昭陵宝城黄土的培填提出了要求。他说：皇祖宝城培土怎么40多年还没完？这样重大的工程，如果还用陵军、班军去干，难免还要耽延时间。为此，他同意了工部雇募民工培土的请示。但他又说："朕前恭谒陵寝，见昭陵宝城亦欠高厚，着一体加培，俱不许苟且了事。"

由于永、昭二陵宝城内的封土同时加培，神宗又没有明确指示昭陵宝城封土究竟应该加培到什么程度，工部官员为了不致落下"苟且了事"的罪名，遂按照永陵的制度一体加培了。这就是昭陵封土形式同于永陵，却与献、景、裕、茂、泰、康六陵不同的原因所在。

昭陵宝城因封土加高，冢前的"月牙城"便不得不增高并与宝城左右相接。否则，雨季到来，封土势必会因雨水冲刷而在前面出现滑坡，又势必会将方城下的券门壅塞，方城两侧的转向礓磜以及左右两侧设于城下的排水涵洞也将被土屯压。如果这种情况发生，方城下的券门、城内的礓磜路、排水设施都将失去作用。有了这道高大的"月牙城"，则可以像永陵那样将宝城黄土填满，方城下的券门以及左右礓磜、排水设施等设施的使用也将丝毫不受影响。昭陵的这种宝城制度后来又为庆、德二陵所沿用，并对清朝的帝陵制度产生了影响。

倡议发掘明长陵的是哪些人？理由是什么？

定陵考古发掘震惊中外，但其缘起却是因为有发掘长陵的打算。1955年10月9日，国务院机关事务管理局局长余心清邀约了邓小平、李富春、郭沫若、吴晗等各携家人到十三陵游览。吴晗是北京市副市长，又是明史专家，他向同行的邓小平、李富春两位副总理和科学院院长郭沫若提出了发掘明长陵的设想，三人表示赞成。郭让吴起草一份报告给总理，并商量了报告的内容和由哪些人署名的问题。

1955年10月13日，吴晗将报告写好，报给郭沫若，并请郭沫若领衔在报告上签名。郭于当天对报告作了些文字上的修改，并签名。第二天，文化部部长沈雁冰、全国人民代表大会常务委员会副秘书长张苏、中国科学院历史研究所第三所所长范文澜、《人民日报》社社长邓拓也在报告上签了名。六人署名的报告打印好后于15日上报给了国务院。

报告中陈述了发掘长陵的理由："长陵规模最大，地面建筑也最完整。从过去几年北京西郊青龙桥附近（明代名金山，是妃嫔王子的丛葬区）发现的正德、万历妃嫔墓的情况（地下五间大殿，厚石壁、青琉璃瓦的建筑）推断，长陵的地下宫殿规模的宏大，是可想而知的。

"埋葬在地下的宫殿，今天如能使其重见天日，开放为地下博物馆，安装电灯，供人参观，不但可以丰富历史知识，也将使这个古代帝王陵墓成为具有世界意义的名胜。

"就历史文物说，长陵没有被盗掘的记录。如果明成祖的骨殖及殉葬物全部被保存，对明初史事的研究将有极大贡献；即使曾被盗掘，剩下的文物也一定不少，金山的明墓就是证据；甚至殉葬物全部被盗，宫殿必然如故。整理一下，也是研究过去帝王墓葬的最完整史料。

"墓内的历史文物，开发后照原来陈列式样就地保存，成为'长陵博物馆'。部分容易变质的文物，可用科学方法保护，或者移交给国家博物馆，而以仿制品放置原处。

"清陵是模仿明陵修建的，清陵的地下结构图现在还保存在营造学社的刊物中，作为根据，进行慎重发掘，估计不会有太大困难。

"因此，我们建议开发长陵地下宫殿，由科学院和文化部组织人力，进行工作。"

国务院是什么时间批准发掘长陵的？为什么却发掘了定陵？

郭沫若等人的报告转到国务院后，周恩来总理于 1955 年 11 月 3 日批示："原则同意，责成北京市人民委员会协同科学院、文化部指定专人议定开发计划送批。"陈毅副总理于同月 9 日批示："科学院主持，文化部、北京市参加为好。"

但是，出于慎重，长陵的发掘并没有马上开始。而是做了相应的准备工作。其中一项重要的准备工作就是先找一个比较容易发掘的陵进行试掘，以便取得经验，拟订发掘长陵的详细计划报送国务院。

开始时，吴晗副市长于 1955 年 11 月 22 日邀请中国科学院、中央文化部的有关同志研究，是想以定陵作为试掘对象，理由是定陵已有部分地下门道显露。1956 年 3 月 28 日吴晗代表中国科学院院长郭沫若再次召集有关部门开会讨论发掘事宜。遵照会议精神，北京市文化局文物调查研究组于该月 30 日派干部三人去陵区进行调查。结果，三人又提出了试掘献陵的意见。其理由有如下几条：

第一，本次开发，以长陵为目标。从时间上看，献陵的营建年月距长陵最近，因此，陵墓内部的建筑结构当变化较小。如发掘献陵，可为长陵的发掘提供正确的材料。且仁宗统治年限短，陵墓不大，便于发掘。

第二，试掘工人，从当地农业社很难抽调，必须从北京或昌平区带去，这样工人食宿必先有适当安排，献陵距长陵最近，便于和十三陵管理处联系。

第三，传言定陵已露出墓道，故有试掘定陵之议。但经查，虽然定陵宝城西南隅露有券门，但不像墓道，很可能是运土的券门。且神宗在位 48 年，统治时间最久，因之陵墓规模很大，不适于试掘。

第四，定陵距长陵较远，又隔一条河，夏季山洪暴发，常数日不能通行，所以试掘定陵不如献陵方便。

第五，献陵明楼、方城、围墙保存比较完整，发掘后修复开放，所费不大。

4 月 13 日，吴晗副市长邀集有关人员对文物调查研究组的意见进行研究，决定由考古研究所夏鼐副所长、文化部文物局文物处陈滋德处长、市文化局文物组朱欣陶主任组成三人小组去陵区现场复勘，决定试掘对象。

4月14日，三人小组到十三陵实地勘查了献、庆、定三陵。夏鼐、陈滋德提出"定陵封土围墙有现成缺口，可进行试掘，如不能顺利进行时再试掘献陵"。

就这样，经过反复勘查比较，最终把试掘的对象定在了定陵。

长陵发掘委员会由哪些人组成？其工作任务是什么？

国务院批准发掘长陵后，根据吴晗等同志的提议，国务院批准成立了长陵发掘委员会。委员会由7人组成。分别为人大常务委员会副秘书长余心清、中国科学院考古研究所副所长尹达、夏鼐、中央文化部文物局局长王冶秋，北京市文化局局长张季纯，北京市园林局局长刘仲华，北京市副市长吴晗。

委员会的工作任务是"负责草拟具体开发计划"。中国科学院负责委员会的召集。

后来，因将定陵作为试掘对象，又称长陵发掘委员会为"发掘定陵委员会"。

1957年5月，定陵的试掘工作已到了可以打开地宫石门的阶段，为了保障发掘工作有序进行，吴晗副市长于6月6日报请国务院，请求增加发掘委员会人数，并对发掘工作进行更细致的分工。

6月17日，国务院下发了《中华人民共和国国务院关于增加发掘定陵委员会委员的通知》（秘齐字第239号），同意增加郭沫若、沈雁冰、张苏、齐燕铭、郑振铎、范文澜、邓拓七名委员。至此，委员会扩大到了14人。

委员会下设三个工作组。第一组，负责一般总务、保卫、联系等工作，由北京市文化局张季纯同志负责；第二组，办理打开墓门后清理地宫、整修和临时保管地宫文物的工作，由中国科学院考古研究所夏鼐同志负责，北京市文化局协助；第三组，负责地下博物馆的设计、布置、陈列工作，由文化部文物局王冶秋同志负责。

定 陵的试掘工作是何时开始的？共用了多少时间？是如何进行试掘的？

定陵的试掘工作始自1956年5月19日，到1957年5月18日找到玄宫前端的金刚墙，历时整整一年。

根据周总理和郭沫若的意见，鉴于文化部副部长兼考古所所长郑振铎不在北京的情况，由吴晗负责定陵试掘相关会议的召集和主持。负责具体领导试掘工作的是由考古所副所长夏鼐、文化部文物局文物处处长陈滋德、市文化局文物组主任朱欣陶组成的"试掘定陵三人小组"。

下设由赵其昌、白万玉、于树功、刘精义、冼自强、曹国鉴、庞中威、李树兴、王杰九名业务人员组成的发掘工作队。赵其昌为队长，白万玉为副队长。

工作开始后，工作队首先在宝城内侧正对勘查期间所发现的砖券门的地方挖了第一条探沟。探沟长20米，宽3.5米。在这个探沟内找到了两侧为砖墙，底宽8米，深1.5米的砖隧道，和与宝城外侧砖券门相对的"隧道门"门券。还在宝城内侧宇墙下的条石上发现了"隧道门"、"金墙前皮"、"宝城中"、"大中"、"左道"、"右道"等刻文。其中，"隧道门"三字就在探沟中所发现的砖券洞的上面。由此断定了这个砖券洞就是与墓室相通的"隧道门"。

就探沟内显露的现象观察，隧道略具弯度，向明楼后的方向延伸。于是跳过一段距离在明楼的后面又挖了第二道探沟。这道探沟宽10米，长30米，深7.5米。在这一探沟内工作队找到了砖隧道的尽端。并且在砖隧道的尽端发现了刻有"此石至金刚墙前皮十六丈深三丈五尺"的16字小石碑。

根据小石碑的提示，在留下2米隔梁之后沿着明楼与宝顶的中线向宝顶方向开挖了第三条探沟。这条探沟宽10米，长15米。从开挖这条探沟开始，因出土量日益增加，出土的方法由人力担土、车推土、滑轮吊土，改为机械吊运。当时，定陵还没有电源，便安装柴油机带动卷扬机，在探沟内竖立木塔，用吊斗出土。在探沟外，则铺设了轻便的铁道，用四轮翻斗矿车装土外运。由于采用机械出土，再加上明十三陵农业合作社社员有很大的干劲，工作效率大幅度提高。此外，为了防止雨水破坏发掘现场，还在上面搭了一座长60米，宽26米的大型席棚，保障了发掘工作的顺利进行。

通过第三条探沟的挖掘，工作队找到了长达40米，呈斜形通向地宫，宽8米，两侧砌有打磨平整的花斑石石墙的石隧道，并在石隧道的尽端发现了横在玄宫之前的金刚墙。金刚墙的发现，标志着定陵试掘工作已基本取得成功。

定陵试掘成功后，为什么不发掘长陵了？

定陵的发掘，本来是为发掘长陵做准备的，因此被称为"试掘"。但定陵发掘成功后，长陵为什么却不再发掘了呢？

这一点，从文字资料上很难找到确切的答案。但有一点可以肯定，就是在1958年7月结束定陵玄宫内器物清理工作之后，国务院还没有取消发掘长陵的计划。

因为，就在这一年的8月5日，北京市副市长吴晗还就长陵发掘问题请示国务院，提出撤销长陵发掘委员会，定陵博物馆建馆及长陵发掘工作交由中央文化部或北京市文化局归口领导，今后长陵发掘经费由定陵展览收入开支，不足部分由国家予以补贴等建议。同年9月5日，国务院直秘齐字226号文件对吴晗的报告进行了批复。同意今后定陵博物馆建馆和长陵发掘工作交由北京市文化局统一领导，定陵博物馆的日常开支和长陵发掘建馆经费也都统一在北京市文化局支出预算内解决。

　　估计长陵不再发掘与1959年以后国家遭受自然灾害，以及不断地大搞政治运动，政府经费紧张，且科技水平较低，出土文物难以妥善保护等因素有直接关系。

定陵地宫石门什么样？考古人员是怎样打开石门的？

　　拆通金刚墙，就看到了地宫第一座石门。定陵地宫五座大殿共有七座石门。前、中、后三殿石门最为精致考究。三座石门都有石雕的门楼。门楼作庑殿顶，冰盘檐，须弥座形制，有无字的匾额。门扇对开。每扇石门高3.3米，宽1.7米，重达4吨。石门用材均为汉白玉石。正面雕有兽头形的铺首衔环，和纵横各为9行，共计81枚乳状门钉。门扇形状的设计十分合理。门轴的一端较厚，约0.4米，铺首的一端较薄，约为门轴一端的一半。门轴一端较厚，门轴因而可以设计得粗壮些，因此也更为坚固；铺首一边较薄，门扇的重量因此而减轻，门轴的负荷由此而减少。另外，门轴底部呈半球形，也减轻了它与门枕石之间的摩擦力。这一巧妙的设计，使石门开关省力，达到了"举重若轻"的效果，体现了古人对力学原理的运用。

　　左右配殿的石门共有四座，每殿各为两座。其中一座设在中殿与配殿之间的通道内，另一座设在配殿的侧面，外通配殿的隧道券、金刚墙。配殿石门均不设门楼，门扇无门钉雕饰，所用石料为次一等的青白石。

地宫打开之前，石门都是关闭的。门里有名叫"自来石"的束腰形石条，其上端顶靠在门扇里侧突出的"搿（音 ké，卡住）头"下，下端插入门洞券地面预设的石槽中，所以，凭借外力是不能直接把石门推开的。

那么，发掘地宫时工作队是怎样打开石门的呢？原来，石门关闭后，左右两扇石门并不是严丝合缝的，而是有一条大约 3 厘米宽的门缝。工作队的业务人员能从门缝看到自来石的形状。于是，用木板从门缝伸进去轻轻将自来石顶起。为防止自来石摔倒在地，又用粗铅丝弯成一个套子，从门缝伸进去，从自来石的上端套下去，将自来石套住。然后边用木板往里顶，边将铅丝套往回拽，自来石便稳稳地立了起来，石门由此被打开了。

第一道石门（前殿石门）打开时，发现自来石束腰部分的右上角有竖写的"玄宫七座门自来石俱未验"楷书墨迹。人们根据这一墨迹才知道，这些顶门用的石条在明代叫"自来石"。

明 朝时定陵地宫石门是如何关闭的？

在人们的想象中，地宫石门既然是从里面用自来石顶住的，那么，明朝关闭地宫石门时一定有人因不能出来而憋死在里面。但事实是地宫的五座殿内，除了后殿棺内有帝后尸骨外并无其他人的尸骨。这说明，地宫石门在关闭时，送葬人员是在门外操作将石门关好的。那么，明朝时地宫石门内的自来石是怎样在门内没有人操作的情况下，在石门关闭后将石门顶住的呢？

有关这方面情况，古代文献没有记载，因此只能根据石门、自来石以及相关环境进行分析判断，才能得出结论。

首先，在石门门限（门槛）的里侧设有安放自来石，防止自来石在倾斜放置时底部后滑的石槽。因石槽的位置在左右门扇活动的半径范围之内，所以，先要把两扇石门拉至石槽以里，然后将自来石竖在石槽里，才能使自来石靠住并顶住石门。

其次，两扇石门既然掩至石槽以里，里面的人要想不被关在殿内，就必须将一扇石门与竖立的自来石贴在一起，另一扇石门拉回至门限处，里面的人才能一边扶住自来石，不使其倾倒，一边从门缝退出门外。

最后，自来石的上端只有一半面积与门扇背后突起的"搁头"相贴是不稳定的，所以，送葬人员退出门外后还要将另一扇石门前推，使两扇石门全部与自来石相贴，这样自来石就稳稳当当地靠在了两扇石门背后的"搁头"上，送葬人员只要缓缓回拉石门，自来石的顶部便从门扇"搁头"上面慢慢滑到下面，石门关严后，自来石上端恰好卡在"搁头"下，石门便被自来石牢牢地顶住了。由此完成了石门关闭的全过程。

定 陵地宫打开后，里面是什么状况？

打开定陵地宫是从拆开金刚墙开始的。金刚墙在古代是地下墙体的通称。横在地宫前的这道金刚墙高8.8米，厚1.6米，墙基为条石垒砌，墙身用条砖砌成，顶部出檐，并施以黄琉璃瓦。金刚墙的下部有一个上窄下宽的开口，明朝时帝后棺椁从开口进入葬进玄宫，葬毕又用砖封砌好。但由于隧道内填土的长期压挤，开口内的砖都略往里倾斜，开口因此清晰地显露出来。工作队拆通金刚墙开口内的封砖，发现里面是个砖券室，室的里侧就是玄宫第一道石门。各道石门逐一打开后，发现定陵玄宫共有前、中、后、左、右五座大殿，各殿均为条石砌成，上面的石券顶均是两弧相交，顶部略尖的"锅底券"形制。刚刚打开时，殿内的陈设情况如下：

前殿，面宽 6 米，进深 20 米，顶高 7.2 米。地面铺墁金砖。殿内金砖地面上铺有一层黄松木板。板材的尺度一般在长 3.9 米，宽 0.3 米，厚 0.1 米左右，是运送帝后梓宫时保护地面用的。木板上留有当年梓宫入葬时龙𬨎（一种专门用于运送棺椁的车，𬨎，音 chūn，灵车）车轮压出的车辙（左右两道车辙间距 2.2 米）。

中殿，高宽同前殿，进深 32 米。地面铺墁金砖同前殿。其前半段地上也像前殿那样留有明朝铺在地上的木板，其后半段则安放有一帝二后的石雕神座、黄琉璃五供和长明灯。其中，神宗的神座背对后殿石门。其样式同皇帝生前的御座，是把长方形的靠背椅。后面的靠背上雕刻龙纹和云纹，左右扶手雕龙头。神座左右各有石台，前面是一套黄琉璃五供，中为香炉，两侧为烛台、花瓶，各有圆形石台。五供之前为"长明灯"，用嘉靖年款的青花云龙大瓷缸储油，并置有灯芯、灯捻以供点燃。缸下也设有圆形石台。孝端、孝靖皇后的神座、五供、长明灯位于神宗长明灯的前方。孝端皇后的背对左壁，孝靖皇后的背对右壁。长明灯、五供形制与神宗的相同，神座样式也基本相同，不同的是神宗皇帝神座靠背扶手雕有龙头，而两位皇后的则均雕刻凤头。

后殿，是地宫的主殿，明代文献称为"皇堂"。该殿面宽 30.1 米，进深 9.1 米，顶高 9.5 米。地面铺墁边长为 0.81 米的花斑石石板。中部靠后墙位置设有棺床。棺床中心位置留有方孔，内实黄土，即"金井"。神宗皇帝、孝端皇后和孝靖皇后的棺椁均置于棺床上。神宗皇帝居中，孝端皇后居左，孝靖皇后居右。此外，棺床上还放有梅瓶、玉石、22 个随葬器物箱以及孝靖皇后以皇贵妃身份葬于东井左侧时的石圹志。另有 4 个随葬箱和 3 个随葬盒，以及车、家具模型放置在殿内左前墙角、靠近前墙稍右部位和右后墙角三个地方。帝后的棺椁均为两重。内一重为棺，外一重为椁。均油饰红色油漆。其中，神宗和孝端皇后的棺是用楠木做的，孝靖皇后的棺和帝后的椁都是用松木做的。地宫打开时，三椁均已腐朽，只有神宗椁的结构和尺寸还较为清楚。三棺之中，神宗和孝端皇后的保存稍好，孝靖皇后的因腐朽严重已坍塌。帝后的肉体已经腐烂，但骨架齐全。随葬箱、随葬盒和模型均已糟朽。

左右配殿，在中殿左右两侧对称而设，与中殿之间各有甬道相通。两殿面宽各 26 米，进深各 7 米，顶高各 7.4 米，青白石石板地面。殿内分别设有棺床，棺床中心设有金井，但地宫打开时，殿内及棺床上并无任何陈设，也无人葬入。

为什么说定陵地宫是"九重法宫"建筑格局？

定陵的地下宫殿由前、中、后、左、右五个方位的大殿组成，这种平面分布方式反映的是一种什么思想内容，这是自地宫发掘后人们普遍关心的问题。

从"事死如事生"的礼制角度看，墓葬建筑一般都在一定程度反映现实生活中人们的居住或生存条件。因此有研究者推测定陵地宫反映的是一座正殿、两座配殿和三进院落的地上庭院式格局。但是，一座正殿，翼以配殿，三进院落的格局，只是一般官宦人家的庭院格局，皇帝位尊九五，采用这种格局岂非降格！

然而，《明世宗实录》卷一八七的记载给人们以新的提示：嘉靖十五年（1536 年），世宗在营建

▲ 定陵地宫

永陵时，担心人们说他超越祖制为自己建陵，曾在天寿山行宫惺惺作态地对辅臣李时、礼部尚书夏言说："寿宫（指永陵）规制宜逊避祖陵，节省财力，其享殿以砖石为之，地中宫殿、器物等旧仿九重法宫为之，工力甚巨，此皆虚文，且空洞不实，宜一切厘去不用。"大臣们对世宗的本意心领神会，上奏说："皇上亲为之兆，惓惓以避尊节财为谕，执谦虑远，臣等所将顺，但恐过于贬损，无以称臣子尊崇之礼。其享殿、明楼、宝城拟请量依长陵规制，其地中宫殿等项仍请稍存其制。"世宗自然同意大臣们的意见，于是下旨："俱如拟，其未尽事宜，俟朕亲往决之。"

这段史料不仅告诉我们长陵等陵地下宫殿是仿"九重法宫"建造的，而且也说明永陵地宫采用的是同一规制。那么，定陵是仿永陵营建的，其地下宫殿自然也同样是仿照"九重法宫"建造的了。

那么，"九重法宫"又是什么建筑呢？

"法宫"一词见于《汉书·晁错传》："臣闻五帝神圣，其臣莫能及，故自亲事，处于法宫之中，明堂之上。"魏如淳注："法宫，路寝正殿也。"可见，法宫在古代是指帝王日常居住和处理政务的地方，即路寝正殿。冠之以"九重"，则更明确为天子路寝的正殿。在明朝人看来，以奉天殿为主的皇宫外朝建筑就相当于古代的明堂建筑，而以乾清宫为主体的皇宫内廷建筑则相当于古帝王居住的路寝建筑。所以，明朝君臣常将皇宫内廷称为"法宫"。如万历二十四年（1596年）三月九日，乾清、坤宁二宫火灾，神宗即下诏说："幸朕所居不致延蔓，而法宫严寝一时尽灰。"

从定陵地宫的建筑布局看，确实反映了明代九重法宫，亦即皇宫内廷建筑的格局特点。其中，定陵地宫的前、中、后三殿尊居中路，相当于皇宫内廷建筑中路上的乾清宫、交泰殿和坤宁宫；定陵地宫的左右配殿则相当于皇宫内廷建筑中的东六宫和西六宫。

只不过墓葬建筑只取其象征意义而已。

定 陵地宫的布局与古代的九宫、河图洛书图式、明堂建筑格局在文化背景上有关联吗？

定陵地宫的布局模拟的是九重法宫，亦即皇宫内廷格局。但如果追溯其历史文化的渊源，它又与古代的九宫、河图洛书，乃至明堂建筑的布局有着密切的联系。

九宫，本来是一种纵横各为三格的方形网格。但它在上古时代却是一种非常神圣的图式。在奴隶制社会的商周时代，就已是"大而分州，小而井田，莫不以九为则"。存世的先秦著作中有关九畿、九野、明堂九室，以及"匠人营国，方九里，旁三门，国中九经九纬，经涂九轨，左祖右社，面朝后市"等上至天文，下至地理等一系列内容就都是以九宫图式为基础的。特别是《易纬乾凿度》，还把九宫图式加以神化，说"易，一阴一阳合而为十五之谓道……故太一取其数以行九宫，四正四维皆合于十五"。由此赋予九宫图式以一定的数理及哲学含义，使之成为一种神秘的宇宙图式。按东汉郑玄的注释，太一为北辰之神名。其下行九宫的顺序是先从坎宫始（顺序为一），然后依序至坤宫（顺序为二）、震宫（顺序为三）、巽宫（顺序为四）、中央之宫（顺序为五）、乾宫（顺序为六）、兑宫（顺序为七）、艮宫（顺序为八）、离宫（顺序为九），最后返回紫宫。按后天八卦方位，坎北、离南、震东、兑西、乾位西北、坤位西南、艮位东北、巽位东南，其九宫序号的确是交络相值均得十五。

河图洛书，是古代儒家用来解释《周易》的图式。相传，伏羲时有龙马背负"河图"在黄河出现，有神龟背负"洛书"出现于洛水。于是伏羲据此画成八卦。即《易·系辞上》所说的"河出图，洛出书，圣人则之"。但因河图洛书并无图样传世。到了宋朝，儒家们便考据出两个图称之为河图洛书。一种依据《易纬乾凿度》中的太一行九宫及《大戴礼记》中有关明堂布局的"二九四、七五三、六一八"之言，按"戴九履一，左三右七，二四为肩，六八为足，五位于中"的九宫分布方式，画出九组星象式图形（白点表示奇数，黑点表示偶数）。另一种据《易·系辞》天地五十有五之数，按照一六居下，二七居上，三八居左，四九居右，五十居中的星象式图形（黑白点表示方法同前），表示五行生成的关系。即"天一生水于北，地二生火于南，天三生木于东，地四生金于西，天五生土于中，阳无耦，阴无配，未得相成。地六成水于北与天一并，天七成火于南与地二并，地八成木于东与天三并，天九成金于西与地四并，地十成土于中与天五并"。这两种图式，有的以此为河图彼为洛书，有的以此为洛书彼为河图，说法不一。但构图方式却大致相同，一种强调前、后、左、右、中及四隅所组成的九个方位，一种显示前、后、左、右、中所组成的五个方位。形成了"五举其要，九推其全"的"诚相表里"关系。

明堂建筑是夏、商、周乃至更早时期古帝王听朔（古代天子、诸侯于每月朔日即夏历初一祭庙听政）布政的宫室建筑。相传其各个时代有不同名称。最早称为蒿宫，又称明庭。黄帝时名合宫，尧时名衢室，舜时名总章，夏朝名世室，商朝名重屋，周朝名明堂。其建筑布局，按《大戴礼记》等文献所记采用的是九宫图式，即"二九四、七五三、六一八"的数字排列方式。其具体布局方式则如《礼记·明堂阴阳录》所讲的"明堂之制……内有太室象紫宫，南出明堂象太微，西出总章象五潢，北出玄堂象营室，东出青阳象天市"。此外，还有左个、右个分布在青阳、明堂、总章、玄堂之间。由于其布列亦呈九宫之式，人们又称之为"明堂九宫"。

以上九宫、河图洛书、明堂等古代图式虽与定陵地宫的布局没有直接关系，但由于明代皇宫在规划上深受前述易学图式的影响，所以，仿九重法宫布局的定陵玄宫，其前、中、后、左、右五殿布局，也像皇宫建筑那样，反映着九宫、河图洛书，乃至儒家心目中明堂建筑的布局的最本质的特点。

为什么说定陵地宫左右配殿不是为安葬皇后而设的？

定陵地宫后殿设有棺床、金井，配殿也设有棺床、金井。后殿是地宫的主要殿堂，皇帝肯定应葬于后殿。那么，左右配殿的棺床又是为谁设置的呢？

曾有一种观点误认为，两个配殿是为安葬皇后而设置的。因为帝后棺椁从前殿运至中殿后，发现中殿与配殿之间的甬道太窄，运不进去，才违反初衷，不得不和神宗棺椁一并放入后殿的。这一推测的根据是明末清初谈迁在《枣林杂俎》中曾记载，在修建定陵地宫时，巡工的给事中陈与郊曾说，寿宫五室，中三间是留待皇帝用的。左右室有门相通，分别是留待皇后和嗣帝生母用的。另外，《明史·后妃传》在论及钱皇后之葬时有这样的记载："九月葬裕陵，异隧，距英宗玄堂数丈许，中窒之，虚右圹以待周太后。"似乎明朝时按照礼制，皇后是应葬在地宫配殿的。其实这是不正确的。

因为，明代帝陵地下宫殿系仿皇宫内廷格局建造，地宫的前、中、后三殿，代表着皇帝、皇后生前所居的乾清宫、交泰殿和坤宁宫，所以地宫后殿不仅是停放皇帝棺椁的地方，同时也是停放皇后棺椁的地方。而按照明朝的礼制，帝后也本应合葬同一殿堂。如《明穆宗实录》记载安葬世宗，并迁葬陈氏、杜氏两位皇后，就有"似当依次列袝"之说。按"依次列袝"文意，显然应是在一个墓室内进行安排。又如，明刘若愚《酌中志》卷四《恭纪今上瑞征第四》记载天启元年（1621年）营建庆陵地宫时，因内官监管理王敬、翟应奎"创议于合造尺寸之外，仍暗将宝座（棺床）增阔若干尺"，所以，天启七年（1627年）十二月，崇祯帝将母亲孝纯刘皇后迁葬庆陵时，棺床上正好能"妥完梓宫四位"（光宗、孝元贞皇后郭氏、孝和皇后王氏、孝纯皇后刘氏四人梓宫），尺寸恰好。可见，帝后共置同一墓室同一棺床是符合明代礼制的。这说明，定陵一帝二后合葬后殿，置于同一棺床上也是依礼安葬的。如果地宫配殿是安葬皇后用的，礼工二部官员怎能不知事先挖开配殿隧道，又怎敢擅自违反礼制将皇后葬入后殿！这显然是不可思议的。而且，万历二十五年敬妃李氏去世，神宗也不会传旨将李氏"著葬寿宫右穴"。因为，如果将李氏葬于右配殿，将来皇后和皇太子的生母难道再同葬左配殿吗？显然这与给事中陈与郊的说法不一致。因此，地宫配殿绝不是为安葬皇后用的。

至于英宗钱皇后葬于裕陵虽系史实（《明宪宗实录》记钱氏入葬的开隧情况是"于裕陵左开山破土"，恰与定陵地宫左配殿外有"左道"相吻合）。但按文献记载，却是因为宪宗生母周氏从中作梗，才形成的违反礼制的葬法（当时周氏不准将钱皇后葬入裕陵，在大臣彭时、姚夔等人的力争下，周氏才不得不同意将钱皇后葬入裕陵。却故意违反礼制葬入左配殿，还堵塞了左配殿与英宗玄堂之间的通道）。以致连明孝宗朱祐樘都不得不说："此未合礼"，"昨见成化年彭时、姚夔辈奏章，先朝大臣忠厚为国如此，先帝亦不得已耳！"

而地宫配殿因为是象征皇帝妃嫔所居住的东六宫和西六宫，所以其设置初意是为安葬妃嫔用的，特别是有妃嫔殉葬的时候应是这样的。但这并不意味着皇帝的妃嫔死后都应葬入帝陵地宫配殿。因为，即使是实行皇妃殉葬制的时候，那些先于皇帝而死，或特恩免殉的妃子也都是另外造坟埋葬，并不为她们打开帝陵地宫。后妃嫔殉葬制结束，妃嫔死期不一，为了不泄漏山川灵气，皇帝的妃嫔就更不可能葬入帝陵地宫了。基于此因，定陵地宫配殿内的棺床和金井的设置，事实上只是沿用九重法宫格局旧制，徒具埋葬妃嫔的象征意义而已。

如果没有外面的封土，人们看到的定陵地下宫殿外部造型会是什么样子？

定陵地宫外部造型究竟是什么样，因未经发掘，目前还不可能对它进行全面、准确的描述。但依据有关文献资料和相关实物的比较分析，我们仍然可以了解到一些比较接近实际的信息。

这就是，定陵地下宫殿乃至其他各陵的地宫，其外部形制都应是覆有琉璃瓦，并安装有琉璃吻兽的宫殿样式。

其根据是，明万历四十三年（1615 年）工科给事中何士晋所撰《工部厂库须知》卷五记载了从长陵到昭陵九陵地宫所用的琉璃黑窑厂烧制的琉璃构件。该书记："各陵地宫上伏檐、下伏檐共九座。每一座吻五对，兽头八个。共吻四十五对，兽头七十二个。"这段记载告诉我们，长陵等九陵的地下宫殿，不仅和地面建筑的殿宇一样上面覆盖着琉璃瓦，有吻兽等琉璃饰件，而且各陵地宫殿堂的布局也与定陵相一致。因为，在古代的殿宇建筑中，无论庑殿顶还是歇山顶，其正脊在一个殿宇中只应有一条。一条正脊的两端所安装的吻（正吻）也只应是一对。如果各陵地宫都用吻五对，则恰恰说明从长陵到昭陵九陵地宫都由五座殿组成。另外，兽头估计是地宫殿与殿之间相接部位（门券、甬道部位）琉璃顶脊端的饰物。各陵地宫五殿像定陵地宫那样，由前、中、后、左、右五殿组成"九重法宫"的格局，殿与殿之间恰有四个相接处。每处施以两坡一脊的琉璃顶，一脊用兽头两个，分置脊的两端，则每陵地宫的四个相接处恰用兽头八个，九陵兽头的总数也正好是七十二个。1994年，中国科学院地球物理研究所曾采用微重力方法对茂陵的地下宫殿进行探测，发现茂陵地下宫殿的布局的确与定陵基本相同。由此可以推断，定陵地下宫殿也应是像长陵等九陵那样为安有正吻五对、兽头八个，并有上、下伏檐的琉璃顶宫殿式建筑。

另外，1951年在北京西郊董四墓村，曾发掘出两座明代墓葬。一为熹宗三妃墓，一为神宗七嫔墓。其中，熹宗三妃墓墓室的外形就是宫殿式的，其四阿式的殿顶坡面虽然都铺墁的是方砖，但正脊、垂脊以及吻兽则都用的是琉璃构件。神宗七嫔墓墓室虽然没有琉璃构件，但外形也是有脊、有坡度的屋宇式建筑。如果说区区妃嫔之墓墓室都是宫殿屋宇式建筑，妃墓墓室还使用了琉璃脊、琉璃吻兽，那么，作为天子的陵墓，其地宫建筑外貌采用宫殿形式，并使用琉璃构件作为殿顶装饰便是理所当然的事了。而且，在定陵发掘过程中，发现横在玄宫前的金刚墙，其顶部就有黄琉璃瓦檐。这一发现也进一步印证了前面的推断。

定 陵地宫内为什么要设"长明灯"？其灯油、灯芯、灯捻是怎样放置的？

墓葬内放置"长明灯"的做法来自风水术中的迷信说法。长明灯，即长生灯。成书于宋代，辑于《永乐大典》的《大汉原陵秘葬经》有《辨掩闭骨殖篇》，谓"凡墓室内安长生灯者，主子孙聪明、安定，主子孙不患也"。

定陵地宫内的三个长明灯，均用口径约0.7米，以嘉靖年款的青花云龙瓷缸作为储油器具。缸内储放植物油，表面有一层厚5～

6 厘米的凝固的蜂蜡。油脂之内各置有一由植物秸秆捆扎而成，内插铁钎，外敷灯心草及棉纸的灯芯。灯芯的下端连以锡坠。锡坠置于缸底中心部位，起稳定灯芯的作用。灯芯上端的铁钎穿过凝固在蜂蜡表层内油漂的圆管露于油脂之外。油漂，用铜板制成，表面镏金。其形状像个小车轮。外圈是个外径 14 厘米的空心圆环，中心是个高 8 厘米，直径 1. 2 厘米的圆管，外圈的圆环与中间的管状物之间各有三个铜片把它们连接在一起。由于灯芯内的铁钎从油漂中间的圆管穿过，油漂又凝固在蜂蜡中，所以，这个油漂起到了稳定灯芯不使其倾倒的作用。油漂外圈环管上缠以丝织物，并系有用线搓成的灯捻儿数根露于蜂蜡之外，以供点燃。但事实上，长明灯并不能长期点燃，玄宫封闭后，因为缺氧，点燃的长明灯会自然熄灭。而且，即使有氧气存在，缸内蜂蜡燃尽，灯芯倾倒，灯火也会熄灭。所谓的"长明灯"，只是一种象征或愿望而已。

定 陵出土文物有多少件？有哪些种类？

定陵出土文物多达 3000 件左右。其种类包括纺织品和衣物、金银器、铜锡器、瓷器和琉璃器、玉石器、漆木器、首饰、冠带、佩饰、梳妆用具、木俑、武器、仪仗、谥册、谥宝和圹志等。

纺织品和衣物多达 640 余件。按织造工艺的种类划分，有妆花、缎、织金、缂丝、锦、纱、罗、绫、绅（同绸）、改机、刺绣等。按织造加工成型后的品类划分有处于半成品状态的匹料和缝制好的衮服、龙袍、裳、蔽膝、女衣、裙、膝袜、毡靴护膝，以及被褥等物。其出土位置大多在帝后棺内，少数在椁上，部分靴袜及包裹器物的包袱出自随葬器物箱内。

金器为 289 件。其品种有酒注、爵、尊、执壶、盘、壶瓶、提梁罐、带柄罐、盆、盒、漱盂、唾壶、碗、杯、盏、香薰、匙、箸、枕顶、金锭、金饼、金钱。大多为帝后生前的宫廷日用品。其出土位置多在帝后棺内尸体上下及两侧，少数在随葬器物箱内。

银器有 271 件。其种类有尊、把壶、提梁壶、盆、漱盂、盘、碗、勺、肥皂盒、器盖、银锭、银瓶和镏金银钱等。其中属于生活用具的器物均出自孝靖皇后棺内，系孝靖皇后迁葬定陵之前的随葬物。

铜器共 65 件，其中 5 件为镏金铜勺等实用物外，其余 60 件均为明器，即依照帝后生前所用器物、卤簿形状缩制的模型。其种类有水罐、水桶、水勺、水盆、唾盂、唾壶、盘、勺、漏勺、笊篱、箸、香盒、香炉、香靠、烛台、油灯、剪刀、火炉、交椅、脚踏等。铜明器全部出自随葬的器物箱中。

锡器 360 件均为明器。其种类有酒注、爵、瓶、壶、酒缸、酒瓮、罐、盂、水桶、水盆、茶钟、碗、汤鼓、盘、碟、盏、托子、香盒、鉴妆、印池、宝池、宝匣、香炉、烛台、灯台、宝顶、宝盖、宝珠、海棠花、荷叶、莲蓬、慈菇叶、莒兰叶、交椅等。均出自随葬的器物箱、盒内。

瓷器共有 16 件。其品种有青花梅瓶、油缸、碗、胭脂盒、三彩香炉、觚等。有的出自帝后棺内，有的在棺椁外，还有的出自地宫中殿。

琉璃器，计 15 件，均为"五供"器物，有香炉、烛台、花瓶三种，均出自地宫中殿内。

玉器，计 51 件。其种类有爵（配有金托）、执壶（配有金托）、盆、盂（配有花丝镂空金盒）、碗（配有金托、金盖）、双耳杯（配有镏银托）、皂盒、璧、礼器、玉料等。出自神宗棺内、随葬器物箱及后殿棺床上。

石器，30 件，为帝后神座、神座两侧方形器物台，以及五供、长明灯的石座。均出自中殿。

漆木器，数量很多，但大多已经朽坏。其保存稍好者，漆器有84件，木器有4件。漆器有盒、盘、盂托、衣箱、器物匣和抬杠等。木器只有木箸4双。出土地点均在后殿内，有的在帝后棺内，有的在棺床上。

首饰，多达248件。种类有簪、钗、耳坠、耳勺、围髻、抹额、棕帽、网巾、纱巾等。出自帝后棺内外或随葬器物箱中。

帝后冠带、佩饰共65件。其种类包括冕、翼善冠、皮弁、龙凤冠、玉革带、大碌带、宝带、镶珠宝带饰、带钩、玉佩、玉圭、霞帔等。出自帝后棺内及随葬器物箱中。

梳妆用具计23件，其品种有铜镜、梳、篦、抿子、圆刷等。均出自帝后棺内。

木俑共305件，有人俑、马俑两种，全部出自随葬器物箱内。

武器、甲胄计40件。有刀、箭、铁盔、铁甲、弓囊、箭囊等，均出自随葬器物箱内。

仪仗计37件。有铭旌，木制的矛、戟、钺、叉、骨朵、立瓜、卧瓜、车轿模型，以及罗制的龙幢、玄武幢、黄麾幡、告止幡、传教幡、信幡等。均出自后殿内。

帝后谥册，共7副。有木质、锡质两种。均出自随葬器物箱内。

帝后谥宝，共4件。均为木质，出自随葬器物箱内。

圹志1件，系孝靖皇后以皇贵妃身份入葬时刻制的，后随孝靖皇后迁至定陵。

此外，还有钱币、念珠、圣发、指甲、蜡烛、檀香、白木香、木炭和纸钱等物。

定陵丰富多彩的出土文物，为人们研究明代的宫廷礼制、工艺水平等提供了珍贵的实物资料。

冕 是什么样的礼冠？定陵出土几顶？

　　冕，是古代帝王及身份显赫的大臣在重要场合戴用的一种最高贵的礼冠。它与相关的衣物相配合组成冕服。

　　冕服的起源可以追溯到古老的传说时代。古文献有"皇帝（黄帝）造冕垂旒"或"胡曹（黄帝时的大臣）作冕"的记载。《论语》有"子曰：禹……恶衣服而致美黻冕"，说禹平时衣着俭朴，但祭祀时则穿上华美的黻冕。到了周朝，冕服已多达六种：祀昊天上帝服大裘冕；享先王服衮冕；享先公、宴宾客及与诸侯射则服鷩（音 bì，即锦鸡）冕；祀四望山川服毳（音 cuì，鸟兽的细毛）冕；祭社稷，祀五谷之神、五色之帝则服希冕；祭林泽坟衍四方百物服玄冕。穿用冕服的人，除了王（天子）外，还有公、侯、伯、子、男、孤、卿大夫等官员。此后，历朝冕服在沿用古制的同时，又不断有所变革。

　　明朝时，冕服只有一种，即衮冕。当时，只有皇帝、皇太子、亲王、郡王、世子有此种礼服。服用冕服的场合是祭天地、宗庙、社稷、先农，以及正旦、冬至、圣节、册拜等举行隆重典礼时。

　　冕冠的形制，历史各朝各代在细微处不尽统一，但大抵都遵循礼书的记载。如《礼记·玉藻》记："天子玉藻十有二旒，前后邃延。"意思是说，天子冕冠前后应各有玉藻（玉为玉珠，藻为穿玉珠的五彩丝绳）十二旒。各朝代的天子冕冠均遵从此制。又，《大戴礼记·子张问入官篇》记："古者，冕而前旒，所以蔽明也；黈（音 chōng，黄色）纩（音 kuàng，丝绵絮）塞耳，所以弇（音 yǎn，遮蔽）听也。"意即古时冕前垂旒，以示王者不视非、不视邪；两侧用黄色丝绵塞耳，以示王者不听谗言，不听不急之言。各朝代冕冠也都有充耳这一饰件。明洪武、永乐、嘉靖不同时期对冕冠形制的要求，不仅基本承袭古制，而且规定比较具体。《大明会典》记，嘉靖八年（1529年）定，天子冕："冠制以圆匡乌纱冒之。冠上有覆板，长二尺四寸，广一尺二寸，玄表朱里，前圆后方，前后各七采玉珠十二旒，以黄、赤、青、白、黑、红、绿为之。玉珩、玉簪导，朱缨、青纩、充耳缀以玉珠二。凡尺皆以周尺为度。"

定陵出土皇帝冕冠二顶。一顶出自神宗棺内，另一顶出自随葬器物箱中。一顶保存稍好，另一顶仅存金玉饰件。但从现存物看，两冠与《大明会典》所载制度大同小异，并不完全一致。保存稍好的一顶其冠卷（帽壳）作圆柱形，内有细竹胎，外蒙黑纱，内衬红素绢。冠卷上覆板作前圆后方形状，长38.7厘米，宽19厘米，上贴黑缎，下贴红缎。前后各有十二旒。每旒穿玉珠九颗〔颜色有白、红（赤）、蓝（青）、绿四种〕和珍珠若干颗。冠卷穿有玉珩、玉簪，两侧各有一绿一白两玉珠作为充耳。另一顶为玉珩、金簪，各旒所存珠饰有红石珠、白玉珠、青玉珠、黄琥珀珠、黑石珠五种，充耳存玉珠四颗，为二白二黑。由此可见，明代的冠服制度在基本遵循礼制的前提下，也是因时而异，不断变化的。

皮弁冠是什么样的礼冠？定陵出土几顶？

皮弁冠，是古代弁服中的冠。弁服，早在周朝以前就是上自天子，下至于士的一种服装。周朝时被定为次于冕服的一种礼服。其种类有爵弁、皮弁、韦弁、冠弁等。其中皮弁服为天子视朝和诸侯听朔（每月朔日即夏历初一祭庙听政）时的服装。当时的皮弁冠采用白鹿皮制作，分片连缀，并于缝中饰以玉珠。天子皮弁冠等级最高，每缝饰五彩玉珠十二颗。明朝时，上述几种弁服除武弁服相当于周制的韦弁服外，只保留了皮弁服一种。其中天子皮弁冠形制永乐三年定制为外敷乌纱，前后各有十二缝，每缝缀赤、白、青、黄、黑五采玉珠十二颗，并贯以玉簪，系以朱纮缨作为装饰。皮弁冠与绛纱袍、红裳、素纱、中单、红蔽膝、玉佩、大带、大绶等衣物组成朔望视朝、降香、进表、四夷朝贡、朝觐时服用的礼服。自嘉靖时期起，皇帝在祭太岁、山川等神时也穿用皮弁服。

定陵出土皮弁冠仅一顶。出自神宗棺内。出土时已残坏，但形制依然清晰可辨。此冠以细竹丝为胎；内衬红素绢，外敷黑纱，前后各有十二缝（前后缝连在一起），缝内各钉包金竹丝缕，并缀以玉珠九颗（红色三颗，白、绿、黑各二颗）、珍珠三颗。导以玉簪，系以红色绦带，与《大明会典》所载皮弁冠制度基本吻合。

皇帝的翼善冠是什么时候戴的？定陵出土几顶？

翼善冠的戴用始自唐太宗李世民。《大唐新语》记："贞观八年，太宗初服翼善冠。"冠名的得来，是因为其"转脚不交向前，其冠缨像'善'字"。明太祖朱元璋于洪武三年（1370 年）定制："常服，乌纱折角向上巾，盘领窄袖袍，束带间用金、玉、琥珀、透犀。"永乐三年（1405 年）明成祖朱棣又定制，皇帝的常服。"冠以乌纱冒之，折角向上。袍，黄色，盘领窄袖，前后及两肩各金织盘龙一。带用玉。靴以皮为之。"按《大明会典》所注，乌纱折角向上巾即当时所称的"翼善冠"。则翼善冠在明代属于皇帝日常视朝时所戴之冠。但事实上，至迟从明英宗开始，又常将乌纱翼善冠的服用场合扩大，与袍式的衮服配合穿用，成为一种可代替衮冕服的服装。另外，又是皇帝去世后穿戴的"寿衣"。存世的明代帝王画像，从英宗开始，每位皇帝的坐像着装都是头戴乌纱翼善冠，身着袍式衮服。神宗的遗体也是头戴乌纱翼善冠，身穿袍式衮服。

定陵出土翼善冠有三顶。两顶为乌纱翼善冠、一顶为金丝翼善冠。乌纱翼善冠，出土时一顶戴在神宗头上，另一顶出自神宗棺内的圆盒内。圆盒内的出土时已经朽坏，仅有金饰件保存。神宗头戴的那顶，形制与《大明会典》所载的洪武、永乐时规定的制度相同，保存也略好。该冠以细竹丝作胎，内衬红素绢，外敷黄素罗，再外以双层黑纱作面。冠形由"前屋"和"后山"两部分组成。前屋低圆，后山隆起。后山之前装饰着花丝镶嵌工艺的金制二龙戏珠饰件。二龙均做"行龙"的飞腾状，其尾部绕到后山的背面。龙身以金垒丝工艺编结为鳞，龙首、鳍、爪均用金片打制而成。两龙各嵌宝石 14 块、珍珠 5 颗，以增强装饰效果。两龙之间，采用金制花托镶嵌珍珠的方法做出"宝珠"和火焰纹。前屋和后山的交界处以金制的镂空束带为装饰，其中间部位做束结状，左右各嵌宝石一块。冠后斜向上伸的"折角"，做圆翅形状。边沿处以金片卷制，中蒙黑色细纱。折角插在冠后倒"八"字形的筒式插座中。插座上饰有"升龙"及"三山"图案。升龙的上部各有文字：一为"万"，一为"寿"。金丝翼善冠，出自神宗头侧的一个圆盒内，估计是神宗夏天时戴的。其样式同乌纱翼善冠，但全系金制，保存也非常完好。

明朝时，大臣常服也有乌纱帽，帽壳也作前屋后山形状，但两折角却是左右平伸，与皇帝的不同。

定陵出土的金丝翼善冠在制作工艺上有什么特点？

定陵出土的金丝翼善冠，在我国出土文物中还是首次出现。其冠形虽与定陵出土的乌纱翼善冠相同，但在加工工艺方面却精美绝伦，堪称中国古代花丝工艺中的一件绝妙无比的精品。

这顶金冠重 826 克，其制作方法以中国古代传统的花丝工艺中的编织法为主，辅以掐丝、码丝和

▲ 金丝翼善冠与六龙三凤冠

錾花工艺，不同的部位运用了不同的工艺制作方法。

其"前屋"、"后山"和折角部分，均以 0.2 毫米细的金丝相互扭结，编织出"灯笼空儿"式花纹。因为冠形复杂，金丝头绪繁多，编织难度非常大。而且，金丝柔软，虽然便于操作，但同时也存在易打结和易折断的问题。但是由于古代艺人编织技术熟练，不仅冠形掌握得非常准确，而且，在没有接头、没有断丝的情况下，出色地编织出了这薄如轻纱的冠壳，这的确让人叹为观止！

冠上的二龙戏珠装饰是运用掐丝、码丝和錾花工艺完成的。二龙的头、爪、背鳍以及火珠均采用錾花工艺抬凸成半浮雕形状，然后对有纹饰的部位进行錾刻。其中，龙头因形状复杂，加工最要功夫，但艺人巧妙经营，技艺高超，耳、口、鼻、眼各部位打制得凹凸分明、层次清楚，在线条流畅、清晰均匀的发丝衬托下，形象生动逼真。龙的身躯和腿部的外廓边缘是用粗扁的金丝做成的，里面则有一片片的龙鳞。每片龙鳞都用金丝搓拧成的花丝（两股对拧成绳状）掐制而成，再按排列规律码放好焊接在一起。龙身上的火焰纹，则是由一个个卷纹状的花丝严丝合缝地组装在边缘轮廓内焊接成形的。最后的组装焊接火候的掌握最关键。因为实胎的龙头、龙爪与花丝码制的龙身耐火程度不同，焊口又多，使它们坚实地焊在了一起，又不露丝毫痕迹，的确反映出了古代

艺人一丝不苟的精神和娴熟的技艺。

金丝翼善冠各部件的最后组装，采用的是细金丝绕系的方法，然后以六股花丝编成的小辫加以装饰，不仅遮住了绕丝部位，而且增加了此冠的美感。冠的底边圈口处以一圈金箔加以包镶，则避免了戴冠时金丝对头发的刮卡。总之，工艺技术难度大，但制作精致巧妙，是此冠的显著特点。

定 陵出土的衮服与《大明会典》记载的衮服制度相比有什么不同？其十二章图案有何寓意？

定陵出土的衮服共有五件。其中，刺绣三件，缂丝（古代一种通经断纬式的织法）两件。除一件刺绣衮服出土时穿在神宗身上，其余四件均出自神宗棺内。

五件衮服与《大明会典》所记的衮服制度存在着比较大的差异。《大明会典》记，洪武十六年（1383年）定，"衮，玄衣黄裳。十二章，日、月、星辰、山、龙、华虫六章织在衣；宗彝、藻、火、粉米、黼、黻六章绣在裳"。洪武二十六年改定为"玄衣纁裳。衣六章，织日、月、星辰、山、龙、华虫；裳六章，织宗彝、藻、火、粉米、黼、黻"。永乐三年（1405年）再改，"衮服，十有二章。玄衣八章，日、月、龙在肩，星辰、山在背，火、华虫、宗彝在袖，皆织成。本色领、褾（袖口）、襈（衣襟侧面）、裾（衣襟底边）。纁裳四章，织藻、粉米、黼、黻各二。前三幅、后四幅，前后不相属，其腰有襞积（折褶），本色绅（裳的侧面）、裼（裳的底边）"。嘉靖八年（1529年）定制为，"衣玄色，凡织六章，日、月在肩，各径五寸；星、山在后，龙、华虫在两袖。长不掩裳之六章。裳黄色，为幅七，前三幅、后四幅，连属如帷。凡绣六章，分作四行。火、宗彝、藻为二行，米、黼、黻为二行"。尽管洪武、永乐、嘉靖不同时期衮服制度一变再变,但有一点是共同的,这就是衮服分衣、裳两部分,它们颜色各不相同,十二章图案分别织或绣在衣、裳两件不同的衣物上。而定陵出土的衮服则是袍服形式。其十二章图案以龙为主体。均为侧面升龙的团龙图案,共有十二团龙。其中,前胸、后背沿身体中线自上而下各列三团龙,左右胁下各列两团龙,两袖肩部各有一团龙。其余十一章图案的分布是:左肩日,右肩月,背有星辰和山,两袖各有两华虫,宗彝、藻、火、粉米、黼、黻分别位于前胸、后背团龙两侧,自上而下各为一行。五件衮服的颜色为一黄四红。另外,从存世的明朝帝王及神宗死后的衣着看,袍式衮服在服用时不与冕、蔽膝、大绶、大带、玉佩等同时服用,却与乌纱翼善冠、玉革带一起服用,因而其装束较衣、裳组合式的衮服简单。

十二章的图案各有不同寓意。日、月、星辰,古称三光。取其"照临"之意。山能行云雨,人所仰望,取其镇重之意。龙,变化无方,取其神。华虫即雉鸡,取其文采昭著。宗彝为宗庙祭器,绘虎、蜼二兽,取其祀享之意;又谓,宗彝绘虎取其威,绘蜼(长尾猴)取其智,蜼遇雨以尾塞鼻是其智。藻为水草有文者,取其文,取其洁。火,取其明,取其炎上之意。粉米,即白米,取其洁白能养人。黼,作斧形,刃白而銎黑,取其能断之意;又谓按后天八卦,西方兑卦为白色,北方坎卦为黑色,如此则黑白相交应为西北的乾卦。乾为天、为阳,故象征刚健能断。黻,形为"亞",一说即古"弗"字,取"拂弼"(意为"辅弼",古人谓"相道为辅,矫过为弼",是贤臣辅佐帝王之意)意;又一说是两"己"或两"弓"相背,取臣民背恶向善或君臣离合去就之理。这十二章图案,古人释意不尽相同,但总的意向是集各种美德于皇帝一身,具有美化皇权的政治意义。

凤冠是什么时候才有的？定陵出土几顶？

凤冠，是以凤作为主要装饰物的皇后礼冠。按文献记载，妇女首饰上有凤凰装饰始见于汉代。当时，太皇太后、皇太后的簪上已有凤凰爵这种装饰。唐朝时皇后宴见宾客时的礼服已出现后世龙凤冠上的大小花和博鬓等装饰物。宋朝时，皇后以凤冠为礼服冠始形成制度。据《宋史·舆服志》记载，宋朝时皇后在受册、朝谒景灵宫等最隆重的场合，都按规定戴上凤冠。凤冠的形制为："首饰花九株，小花同，并两博鬓，冠饰以九翚四凤。"宋朝南迁后，凤冠上又增添了龙的形象，名龙凤花钗冠。

明朝时规定，皇后的礼冠为九龙四凤冠。它与画有或织有翟文的深青色的褘衣（又作翟衣），以及中单、蔽膝、玉革带、大带、绶、玉佩等衣物相配，在受册、谒庙、朝会时服用。九龙四凤冠的形制，洪武三年（1370年）定制为"圆匡，冒以翡翠，上饰九龙四凤，大花十二树，小花如大花之数，两博鬓，十二钿"。永乐三年（1405年）规定为："漆竹丝为圆匡，冒以翡翠。上饰翠龙九、金凤四。正中一龙衔大珠一，上有翠盖，下垂珠结，余皆口衔珠滴。珠翠云四十片。大珠花十二树（皆牡丹花。每树花两朵、蕊头两个、翠叶九叶）。小珠花如大珠花之数（皆镶花飘枝，每枝花一朵、半开一朵、翠叶五叶）。三博鬓（左右共六扇），饰以金龙翠云，皆垂珠滴。翠口圈一副，上饰珠宝钿花十二、翠钿如其数。托里金口圈一副。"

定陵出土凤冠共四顶。其中，属于孝端皇后的两顶，分别为九龙九凤冠和六龙三凤冠；属于孝靖皇后的两顶分别为十二龙九凤冠和三龙二凤冠。四冠分别出自四个随葬器物箱内，并各自储放在八角形朱漆匣内。但四匣均已残朽，四冠珠翠也有散乱之处。

现在陈列的凤冠（原物）都是经过修复的。四冠从造型上看，都非常精美，冠上嵌饰的龙、凤、珠宝花、翠云、翠叶及博鬓都是单独做好，然后插嵌在冠上插套内。金龙、翠凤口衔珠滴，升腾飞舞，在一树树珠宝花丛和装饰有金龙、翠云、翠叶的博鬓衬托下，显示出了皇后母仪天下的威仪。四冠上嵌饰的珠宝数量非常多。其中孝端皇后六龙三凤冠上镶嵌的红蓝宝石多达 128 块、珍珠多达 5449 颗。四冠虽然都装饰有明朝礼制规定的龙、凤、珠花、翠云、博鬓，以及金口圈等饰物，但龙、凤、珠花、翠云数量均与洪武、永乐时的规定不同，龙用金制，凤用点翠（在硬纸上粘贴翠羽毛），也与翠龙、金凤的要求不符，这反映出明代中后期帝后冠服制度又发生了变化。

定陵出土孝靖皇后"百子衣"上儿童嬉戏的场景有哪些？

定陵出土的孝靖皇后"红素罗绣平金龙百子花卉方领女夹衣"和"红暗花罗绣'万寿'字过肩龙百子花卉方领女夹衣"，是两件非常珍贵的刺绣作品。均出自孝靖皇后棺内中部。

这两件刺绣女夹衣上都有精彩的百子嬉戏图案。每组画面有儿童 1～6 人，都构成了独立的场景。两件衣物上的场景略有差异。一件为 39 个场景，一件为 41 个场景。

场景表达的内容非常丰富。有博戏图、宝宝睡觉图、争夺鸟笼图、玩捻陀图、鞭陀螺图、猜拳图、戴面具图、观鱼图、玩鸟图、憩息图、观摔跤图、斗蟋图、讲故事图、放风筝图、捉蝈蝈图、沐浴图、翻跤图、吹喇叭图、摸虾图、蹴鞠图、踢毽图、带子游戏图、分食图、打花棍图、跳绳图、杂戏图、摘桃图、捉迷藏图、舞蹈图、打猫图、提偶图、捉鸟图、送子归家图、放爆竹图、考试图、弄伞图、放空钟图、戏蜻蜓图、斗蟋蟀图、招蜻蜓图、捕蝶图、拉车图、藏蒙图、"背背"戏图、鸡食米图、哄童图等四十余种。

两件女衣的图案有的重复，有的不重复，但每组图案的构思都非常巧妙，具有人物刻画细致生动、形神兼备的特点。如"打猫图"表现的是一个儿童模仿武松打虎的样子。他左手紧抓猫头，右手高举握拳欲打，其姿势非常逼真。又如，"沐浴图"中，有一童子赤身裸体仰卧浴盆中，背后一童子手执喷壶向浴盆中的儿童喷水，前面有两个淘气的儿童用木棍合力撬盆，致使盆水外溢，盆中童子惊慌摇手求饶，边上还有两个儿童脱鞋，准备脱衣洗浴。情节刻画非常生动，儿童天真烂漫、活泼顽皮而又可爱的情景表现得惟妙惟肖、淋漓尽致。

定 陵出土的帝后首饰有什么特点？

定陵出土帝后首饰多达二百余件。其种类有簪、钗、耳坠等。主要出自帝后头部及头部周围。

这些首饰的主要特点有三个。一是造型设计精巧，运用了丰富多彩的吉祥图案进行装饰。其中有佛道内容的菩萨造像、宝塔、八吉祥、仙人、寿星。还有龙、凤、鹤、鹿、龟、鸾鸟、鸳鸯、兔、蜂、花卉、寿果、灵芝等动物、植物图案，以及"寿"、"万寿"、"喜庆万年"等寓意吉祥的文字。例如，孝靖皇后的镶珠宝塔形金簪，其簪顶的造型是一座喇嘛教式的佛塔。此簪虽长仅8.6厘米，但塔的各部位造型都非常逼真，且刻画细致。塔的基座由嵌有宝石的如意云饰件承托，基座上有精致的围栏。基座上的塔身作覆钵形状，正中开有一个小小的如意形"眼光门"，里面安有一座站立的佛像，佛像双手合十，形象自然。塔身上的塔刹，有三圈金片制成的相轮，再上为承露盘，盘周垂流苏，盘上是镶嵌着珍珠的金制火焰宝珠。俨然一座微缩的真宝塔。又如，孝靖皇后的一对玉兔耳坠，其造型采自传说中月宫上"玉兔捣药"的故事。白玉雕成的兔子垂直站立，前面两腿合抱一杵似在用力捣药，杵下还雕有放药的玉臼。玉兔的头顶上镶有一颗红宝石，作为穿在耳中的金环与玉兔之间的过渡。玉兔的下肢，双爪踏着一组镶嵌宝石的云朵。玉兔的双目则以小米粒大小的红宝石点缀，显得炯炯有神，其构思不凡，真可谓是生花妙笔。

二是用料名贵，巧妙地使用金、银、珠宝等名贵物料，达到了异彩纷呈、珠光宝气的装饰效果。这些首饰多为金、银制品，少数为玉、铜、琥珀、玳瑁制品，经过加工制作形成美丽动人的图案，再加上珍珠以及各色名贵宝石的衬托、点缀，形成了诱人的神话般的魅力。首饰中镶嵌的宝石种类很多，其中猫睛石、祖母绿宝石晶莹瑰丽、质地坚硬，为当今世界上极为名贵的宝石品种。特别是猫睛石，在明代时，一块指面大小的就价值千金。这种宝石明代时来自细兰国（今斯里兰卡），属具幻光性金绿宝石亚种。因为它"一线中横，四面活光，轮转照人"，观赏性非常强，因此备受时人珍爱。而仅神宗一人出土的56件金簪中就有14件嵌有猫睛石。由此可见帝王生活的奢侈程度。

三是加工工艺不同凡响。以孝靖皇后的双鸾衔寿果金簪为例，簪顶上有一个花丝工艺制成的梅花形金托，托的中心部位有两根弹簧状的用"螺丝"工艺制成的花蕊。花蕊的顶端各有一只花丝制作的鸾鸟。鸾鸟的制作运用了掐丝、垒丝、围松等多种工艺技巧。两鸟的身体和翅膀全部用金丝掐制成长仅0.9毫米的小卷纹堆垒焊接而成。鸟眼则用花丝围松工艺完成。所谓围松，是花丝工艺中专门用来制作松叶、鸟眼或边缘纹样的一种工艺。其方法是先制好螺丝，即在一根较粗的丝上按等距离绕上细丝，然后将螺丝绕在一根粗丝上，在每个圆圈的对口处剪断放平后，正中上方焊一小圆珠，于是形成了鸟的眼睛。鸟尾采用的是錾花工艺，中间錾筋，两侧錾出细丝，以追求羽毛的真实感。这支金簪在制作上多种工艺，巧妙配合，达到非常好的艺术效果，簪插在头上，随着头部的晃动，口衔寿果、方胜滴的鸾鸟会频频颤动，给人以展翅欲飞之感。

爵 是怎样一种器物？定陵出土几件？

爵是古代的一种小型酒器。早在商周时期，贵族便在各种祭祀活动以及会见宾客、冠婚、朝聘、乡射等礼仪中广泛使用。古人认为，爵虽为饮器中最小者，但"在礼实大"。所以，古人一直把爵作为主要的饮酒器具。

爵的制作，商周时主要是青铜，明朝时则有金、玉、木等不同质料。爵的造型，由流、尾、柱、鋬、足和器腹等部位组成。器腹一般为椭圆状，内深，可容酒。其上端前有尖头的小嘴，可对口饮酒，称为"流"。其后面呈圆头，稍短的部位称为"尾"。器腹内左右两壁对称而起的两个圆头称为"柱"。器腹壁外一侧有把手称为"鋬"。器腹下有三腿称为"足"。

定陵出土的爵共有5件，均出自神宗棺内。其中，金爵4件、玉爵1件。爵的形制均承袭古制。其中最精美的是两件带有镶珠宝金托的爵。其一为金质、一为玉质。金爵的腹部为双层合在一起。工匠进行这样的处理，是因为爵腹外面有半浮雕式的二龙戏珠和海水江牙图案，因系金片打胎成形，爵腹内壁因此而凹凸不平，而在爵腹内壁再镶上一层金箔后，爵腹内壁就和其他素面金爵一样，变得光亮平滑了。爵下的金托设计也很巧妙。该托为圆盘形，爵放在上面非常不稳，执盘人稍有不慎，爵就会摔倒。但设计者

290

在托的中心部位焊上了一个平面近似三角形的突起的金质云墩，云墩的三面分别以錾花工艺中的抬凸手法（用圆头或半圆头錾子将工件打制成凸起的形状）錾出三只富有立体感的花瓶，花瓶内各有一枝镶嵌珍珠、宝石，枝叶左右伸展的花朵。于是爵的三足插入三瓶之间的空当后，恰巧被花瓶内左右伸展的花卉枝叶抱住。这样一来，不仅使金托造型更加优美，而且保障了托内金爵的稳定。玉爵的设计也是匠心独运，构思不凡。爵鋬的造型是一条龙。龙的前爪在上攀住爵腹的上沿，头部上探，口贴爵柱根部，好像嗅到了香味，也想品尝一下爵中的琼浆玉液；龙的后爪在下，左右分开，紧抓爵壁，龙尾上卷，似乎意在维持身体平衡；龙腹则高高弓起，使龙腹与爵腹的外壁出现了一个可容一指插入的空隙，持爵人将食指插入其间，就可以将爵端起。爵的"流"、"尾"外壁雕饰也很别致。其图案各为一正面龙。两龙前爪上面分别琢有"万"和"寿"字，周围琢饰朵朵祥云，使之充满了宫廷的庄严祥瑞之气。玉爵的金托盘，中间有高起的圆墩，墩上有三孔以安插玉爵三足。托内的圆墩遍刻山纹，托内浮雕二龙戏珠图案，并镶嵌了二十六块红蓝色宝石，金宝生辉，愈显玉爵的素雅与华贵。

庆陵所在地为什么又叫"景泰洼"？

庆陵所在地又有"景泰洼"之称。这是因为景泰皇帝朱祁钰在位时曾把寿宫建在这里。景泰皇帝朱祁钰，是明英宗朱祁镇的弟弟。正统十四年（1449年），英宗在御驾亲征时于土木堡被瓦剌军俘虏，朱祁钰时为郕王，奉命监国，因国中无君，遂在群臣的合辞呈请和皇太后的同意下即皇帝位，次年改元景泰。景泰七年（1456年）二月，朱祁钰的杭皇后病故，朱祁钰命人在今庆陵所在地建造了寿宫，安葬了杭氏。但是，第二年正月，被瓦剌放还，并被尊为太上皇帝的英宗，又在太监曹吉祥、武清侯石亨和左副都御史徐有贞等人的策划下重登了帝位。朱祁钰被废为郕王，二月十九日去世，葬于京西金山。这一年的五月，他在天寿山陵区今庆陵所在地建造的寿宫也因襄王朱瞻墡的一道奏章而拆毁。

襄王朱瞻墡，仁宗第五子，是英宗朱祁镇和景泰帝朱祁钰的叔父。他的封地初在长沙，后改襄阳。英宗被俘后，朱瞻墡曾上书皇太后，请英宗长子朱见深居摄大位，郕王朱祁钰监国，并"急发府库，募勇敢之士，务图迎复"。可是，因为路途遥远，书至京师朱祁钰已称帝八日。景泰元年（1450年）八月，英宗被放还，幽居南宫。襄王又上书景泰帝，让他"旦夕遣使视膳，朔望率群臣问安，以不失恭顺之意"。

但是英宗并不知道这些情况，徐有贞、石亨等人又欺骗英宗，说于谦等人在英宗被俘后想从皇太后那里盗出襄王金符，迎立襄王为帝，所以，英宗一度对襄王不满。后来，英宗见到了襄王所上二书，并得知襄王的金符仍封于太后阁中，才解除怀疑，并为襄王的忠心所感动。

为此，他一反自宣德年间汉王朱高煦谋反被诛后，就藩外地的亲王不准进京觐见的惯例，特意在天顺元年（1457年）三月赐书召襄王进京。襄王进京朝见英宗后，奉命前往天寿山祭谒长、献、景三陵。为进一步表达对英宗的拥戴，回京后又上章一道说："郕王葬杭氏，明楼高耸，僭拟与长陵、献陵相等。况景陵明楼未建，其越礼犯分乃如是，臣不胜愤悼。伏睹皇太后制谕，废之如昌邑王。臣阅《汉书》，霍光因昭帝无后，援立昌邑以承汉祀，而无篡夺之非。后因过恶荒淫，数其罪而废之，复其原爵。其郕王祁钰承皇上寄托之权，而乃乘危篡位，改易储君，背恩乱伦，荒淫无度，几危社稷，岂特昌邑之比乎？幸遇皇上豁达大度，宽仁厚德，友爱之笃，待之如初。又存其所葬杭氏，僭逆之迹而不废，惟圣德之可容，奈礼律之难恕。伏望夷其坟垣，毁其楼寝，则礼法昭明，天下幸甚。"

英宗读罢襄王章奏，于五月十一日下令工部尚书赵荣率长、献、景三陵陵卫官军五千余人将景泰帝寿陵拆毁。杭氏尸骨如何处置，文献没有记载。但从此这座陵园瓦砾满地，草木丛生，一片荒凉景象。明边贡有《寿宫故址》诗云："玉体今何在，遗墟夕霭凝。宝衣销夜磷，碧瓦蔓沟藤。郏庚崩年谥，恭仁葬后称。千秋同一毁，不独汉唐陵。"后来，在天启元年（1621 年）正月在这里营建了庆陵。一些建陵用的石料就使用了景泰帝寿宫故址的旧石。

德陵圣号碑的雕饰有什么特点？

明天寿山诸陵，都在明楼内立有石碑。石碑的形制均为龙首方趺式。即碑首前后均浮雕二龙戏珠图案，碑趺雕成须弥座形制（永、定二陵采用的是上小下大的方台式，与其他各陵不同）。因为碑首刻篆额"大明"两字，碑身刻"某宗某皇帝之陵"，标示有墓主的庙号、谥号，所以，明代官文献称它为"圣号碑"。

德陵的圣号碑刻"熹宗悊（音 zhé）皇帝之陵"。碑首、碑趺的形制与其他各陵基本相同。但碑趺须弥座的雕饰与其他各陵均有不同之处。

其他各陵圣号碑的碑趺以云龙图案为主，德陵圣号碑的碑趺则除了有二龙戏珠图案外，还雕有佛、道两家的吉祥图案。道教的吉祥图案有三套环、宝珠、画、犀角、珊瑚、方胜、祥云等杂宝图案（雕刻在须弥座下枋的前面和左右两侧）。佛教吉祥图案则有"八吉祥"图案。"八吉祥"即佛教的八种法器。分别由法轮、法螺、宝伞、白盖、莲花、宝瓶、金鱼、盘长组成，各代表一定含义。法轮，表示大法圆转，万劫不息；法螺，表示具菩萨意，妙音吉祥；宝伞，表示张弛自如，曲复众生；白盖，表示遍复三千，净一切药；莲花，表示出五浊世，无所染着；宝瓶（又称罐），表示福智圆满，具完无漏；金鱼，表示坚固活泼，解脱坏劫；盘长，表示回环贯彻，一切通明。

明 朝的亡国之君崇祯帝是怎样葬入田贵妃墓中的？

明崇祯十七年（1644年）三月十八日，在李自成农民起义军对北京城发动猛烈攻击之际，太监曹化淳打开彰义门向农民军投降。崇祯皇帝朱由检在日暮途穷、走投无路的情况下，下令皇后周氏自尽，自己也在万岁山寿皇亭旁的树上自缢而死。

后来，李自成农民军在清宫时找到了崇祯帝的尸体，遂用两扇门板将崇祯帝和皇后周氏的尸体抬到东华门侧，装入柳木棺内。搭盖了临时祭棚，于二十三日重新改殡。以红漆棺殡帝，黝漆棺殡周皇后。崇祯帝头戴翼善冠，身着衮玉渗金袍，周后也依制加袍带。

鉴于崇祯生前没有修建寿宫，李自成农民军决定将他们葬入崇祯帝宠妃田贵妃墓中。

该墓位于天寿山陵区内鹿马山前，地面建筑还没来得及建造，明朝已经灭亡。三月二十五日，农民军顺天府官李票就崇祯帝安葬一事，责令昌平州官动用官银，尽快雇人打开田妃墓，务必在四月初四那天将崇祯帝和周皇后葬入墓中。但是，当时昌平州"钞库如洗"，拿不出钱来，时任署昌平州吏目的赵一桂只好与监葬官礼部主事许作梅商议，带上工房人员冯朝锦入京禀报顺天府。经再三请示，府官才指示："着该州各铺户捐挪应用，事完再议。"

赵一桂回州后组织募捐，先后有十人捐钱共350千文（约合银233.6两）。然后，用这点钱搭盖了灵棚、购买了供品、打造了开启玄宫石门的拐钉钥匙，又雇夫头杨文包揽开挖、掩埋田妃墓隧道。

田贵妃墓隧道长十三丈五尺，宽一丈，深三丈五尺，挖了四天四夜，到初四日寅时才见到地宫石门。用拐钉钥匙打开石门，发现里面有一三开间的香殿。里面悬挂着两盏万年灯，灯油仅二三寸深，油下都是水。还有一些祭品陈设在里面，有石香案，两边列五彩绸缎侍从宫人。田妃生前所用器物衣服都贮放在大红箱内。东间设有石寝床，上面铺着栽绒毡。叠放着被、褥、龙枕等物。被、褥仅一面锦绣，其余用布缝合。金银器皿均以铅或铜冒充。打开第二层石门，里面是一个九开间的大殿，里面有石床，床上停放着田贵妃的棺椁。到了申时，帝后棺木运到。先停放在祭棚内，在棺前陈设好猪、羊、金银纸剞等祭品。众人举哀祭奠。然后葬入地宫。安奉棺木时，先将田妃椁打开，将田妃棺移到右侧，次将周皇后棺置于棺床上左侧，最后将崇祯帝棺放在田妃椁内，居于石床正中。最后，棺前各设香案祭器，点燃万年灯，将两座石门关闭，填平隧道。初六日，赵一桂又从附近村庄拨夫百名，堆起墓冢，并在冢周修筑了五尺高的围墙。至此，明朝的这位亡国之君的葬礼才草草结束。

清 朝礼葬崇祯皇帝了吗？

崇祯皇帝是在李自成农民起义军攻占北京时葬入田贵妃墓中的。因此，不少人对清世祖御制王承恩墓碑文中所说的清廷"礼葬怀宗皇帝（崇祯帝）于思陵"的说法持怀疑态度，甚至认为清世祖在编造谎言，以邀买人心。

从文献记载情况看，崇祯帝安葬思陵内，的确不是清军入关后由清廷办理的。但在清顺治初年却也曾对崇祯帝和周皇后进行过"改葬"。

《明清史料》辑有明司礼监掌印太监曹化淳顺治元年（1644年）十月的一道奏本。奏本中明确谈到了思陵改葬开挖隧道一事：当时负责思陵开挖一事本应由内官监和工部负责，但工部因缺员不能派人，所以只好由内官监总理冉维肇，管理高推、王应聘三人负责。但三人对此事并不热心，以致三秋已过，冬至将临，开工却杳无日期。大概是因为亡国之君的事，在他们看来，"既无赏可冀，又无罚可畏"，所以曹化淳多次劝勉，三人总是置若罔闻。为此曹化淳建议，趁现在地气尚暖，没有冻实时，赶快挖开思陵隧道，对崇祯帝进行改葬，来年开春再立碑建亭。奏本递上去后，顺治皇帝朱批："思陵作速经营，已奉有旨，该监可得玩泄？冉维肇等姑且不究，着即刻期赴工，先开隧道，其余俟来春报竣。如再延诿，定行重治。"

《明清档案》中辑有工部尚书兴能顺治二年（1645年）十月奏章，也谈到了思陵"改葬"问题："思陵开隧等工，荷弘恩隆渥，因得毕举……今工竣而既有剩余，则香殿所宜速建。"

可见，清顺治初年朝廷的确对崇祯帝再度举行了葬礼。但当时与思陵开隧同时并举的还有开银钱山隧道葬万历妃刘氏、开德陵隧道葬天启皇后张氏两项工程，而所赐工料银却只有三千两。其中含陵地租银一千五百两，文武内臣捐助一千五百两。这说明，清朝刚刚进关，虽定鼎北京，但财政仍然十分匮乏。所以，朝廷对崇祯帝的葬礼，一定非常简单，只是徒具形式而已。

为什么思陵碑文与清顺治帝所撰王承恩墓碑文对崇祯帝的庙谥号说法不同？

思陵明楼内的石碑刻有"大明"（篆额）"庄烈愍皇帝之陵"

碑文，顺治二年（1645 年）四月清世祖御制的王承恩墓碑文，则称崇祯皇帝为"怀宗皇帝"，都是清代官方的碑刻，却对崇祯皇帝的称号说法不一致。

其根源在于崇祯帝死后，清朝给他定的庙号、谥号曾发生过变化。

崇祯帝是明朝帝王中庙号、谥号变化最多的一个。南明弘光朝（福王）开始时为他定的庙号是"思宗"，谥"烈皇帝"。后来，又认为"思"非美谥，改庙号为"毅宗"。南明隆武朝（唐王）则定其庙号为"威宗"。

清朝君臣入关后，初定崇祯帝庙号为"怀宗"，谥"端皇帝"。后以"兴朝谥前代之君，礼不称宗"，于顺治十六年（1659 年）十一月，去其庙号，改谥为"大明钦天守道敏毅敦俭宏文襄武体仁致孝庄烈愍皇帝"。所以，顺治十六年以前，思陵石碑上的刻字按谈迁《北游录》所记是"怀宗端皇帝陵"，顺治二年王承恩碑文也记崇祯帝为"怀宗皇帝"。但顺治十六年以后，思陵石碑的刻文就改为"庄烈愍皇帝之陵"了。清世祖顺治十七年五月八日《御制明司礼监太监王承恩碑》也改称崇祯帝为"庄烈愍皇帝"，不再称"怀宗皇帝"了。

思 陵的石供器有什么特点？

明十三陵每陵方城明楼之前都陈设有石供器，但长、献、景、裕、茂、泰、康、永、昭、定、庆、德十二陵的石供器均为一套，样式也基本相同，都是在一座须弥座的石祭台上陈设一个香炉、两个烛台、两个花瓶，其区别非常微小。而思陵石供器则有前后两套，种类虽有相似之处，但造型和装饰图案则另有异趣。

前面一套供器，也由香炉 1 件、烛台 2 件、花瓶 2 件组成，但五件供器各有独立的案座，供器的造型带有古商周彝器的特点，尤其别具风格。香炉，作四足两耳的方鼎形，器身雕有传说中凶恶贪食的野兽——饕餮。烛台，器身四面雕刻人物故事。花瓶的腹和项部略呈圆形，上面浮雕饕餮纹。

后面一套供器，祭案的案端作翘头式，案面浮雕绳纹，下作闷户橱形状，所雕四腿随着项部的内收而随势弯曲，足部外翻，还保留着明式家具线脚优美、造型雄浑大方的特点。案上置有石雕的供果五盘，均作粘砌式形状（明朝供果在盘内的摆放有散撮和粘砌两种方式。散撮放的供果少；粘砌，因供果可往高处粘放，故果品放置较多。如二尺果盘，用粘砌方法放置，其高也可达到二尺）。其品种有寿桃、佛手、石榴、柿子和橘子。每种各雕一盘，互不重复。

为什么清朝初年有人称思陵为"攒宫"？

思陵是顺治元年（1644 年）清朝确定的崇祯帝陵名。但是，在顺治、康熙年间，一些汉族的知识分子出于对明王朝的怀念，却只称其为"攒宫"，而不称之为陵。

顾炎武《昌平山水记》首先提出崇祯帝的墓只能称为"攒宫"而不可称陵。他说：过去宋朝南渡之后，将葬会稽的宋朝帝陵都称为"攒宫"（"攒宫"是暂时将棺椁封藏在某一宫室内的意思。南宋时，诸帝死后，为了日后归葬中原，仅在绍兴修建临时性的陵墓。诸帝棺椁均藏于陵墓献殿后的龟头屋内，以条石封闭，故称"攒宫"），而不称之为陵。这是因为，按照《春秋》的说法，君王被杀，不将杀君的贼正法，不能称为"葬"。实际已经埋葬，但名义上也不能称葬。现在崇祯帝虽已埋葬，并且有了陵名，却是徒有虚名，因为崇祯帝的大仇未报，杀君之贼未讨，所以，崇祯帝虽然已葬却不能说葬。既然崇祯帝实际不能称葬，却在名义上说已经埋葬，而且称之为"陵"，这实在是明朝臣子不应该做的事情。梁份在《帝陵图说》中也说："烈皇帝殡于田妃墓，国耻未雪，不谓之攒宫不可也！以陵称不可也！以思称尤不可也！"

显然，他们是站在已经灭亡的明朝立场上，认为明朝国耻未雪，君父之仇未报，因此，崇祯帝虽葬于田妃墓中，却不能称葬，更不能以陵相称。他们拒不承认清朝给崇祯帝墓葬所定的陵名，反映了他们对清朝统治者的不满情绪。

明朝时每年朝廷遣官祭祀天寿山陵寝在什么时间？

明朝时按节序派遣官员祭陵是陵寝祭祀的主要形式。

在嘉靖时期陵庙祭祀制度改革之前，天寿山诸陵的遣官祭祀活动，遵照的是建文初年所定孝陵祭祀制度。每年有如下数举：

清明、中元（七月十五日）、冬至三节，太牢（古称祭仪中用牛，或用牛、羊、豕三牲作为祭品的祭礼为"太牢"）致祭。奉命祭陵的官员一般为公、侯、伯或驸马等勋戚大臣。各文武衙门均须有堂上官一员、属官一员分诣陪祭。此三节的祭祀活动简称为"三大祭"。

忌辰（已故帝后的逝世日）、正旦（正月一日）、圣旦（在位帝王的诞辰日，又称万寿圣节）、孟冬（十月初一）四节，酒果行香。亦遣公、侯、伯或驸马等勋戚大臣行礼，但各衙门官不陪祭。此四节的祭祀活动简称为"四小祭"。

嘉靖年间，世宗对陵庙祭祀礼制改革，天寿山诸陵祭祀的节序又发生了变化。

嘉靖十四年（1535 年）二月，世宗命礼部对陵寝祭祀制度进行考定。礼部尚书夏言认为，在每年三次大祭中，中元节是个俗节，不值得过分重视，冬至祭陵与祭天同日，应以祭天为重。他建议，免去冬至祭陵之礼，将中元节的陵祭活动改在霜降日举行。清明节的陵祭活动照常举行。他认为这样符合《礼经》的说法。因为，清明节上陵，礼行于春，即是《礼经》所讲的"雨露既濡，君子履之有怵惕之心"；霜降上陵祭祀，礼行于秋，即是《礼经》所讲的"霜露既降，君子履之，有凄怆之心"。春季雨露滋润，秋季霜露降临，最先承受的是大地上的草木，草木枯荣，引起人们对祖先的怀念之情，于是有陵墓的思念之情，这正是陵寝祭祀之意义所在。世宗根据夏言的意见，下令天寿山的陵寝祭祀改为每年春以清明、秋以霜降遣官行礼，各衙门官陪祭。中元、冬至二节仍遣官行礼，各衙门官不陪祭。四节祭典均属太牢祭祀。

嘉靖十五年九月，世宗认为孟冬庙享已移于立冬，"孟冬朔之陵祭未免烦渎"，下令免去。自此以后，天寿山各陵的遣官祭祀活动遂变为每年有大祭四次，小祭三次，简称"四大祭，三小祭"，并一直延续到明朝灭亡。

明朝遣官祭陵，大祭和小祭在仪式上有什么不同？

明朝时的遣官祭陵，大祭和小祭在陵祭仪式上有一定区别。

大祭的仪式是：祭日子时（夜 11 点至 1 点），各陵遣官（主祭官）在赞礼官的引导下，由祾恩殿右门进入。典仪唱："执事官各司其事。"遣官随即跟随赞礼官走到拜位前。同时赞礼官也就位。执事官捧香盒来到香案前，遣官随即在赞礼官的引导下至香案前。赞礼官跪，上香，遣官随之三上香。上香完毕，赞礼官及遣官复原位，行四拜礼。陪祭的众官也随之四拜。拜毕，行初献礼。典仪唱："奠帛，行初献礼。"执事官捧帛、爵各献于御案（陈设祭品的主案）。然后下跪，由赞礼官跪读祝文。众官均跪。

读毕，赞礼官俯（低头）、伏（上体往前趴下）、兴（上体直起）、平身（起立），众官亦随之俯、伏、兴、平身。接着再行亚献礼和终献礼。礼仪与初献礼相同，只是不奠帛、不读祝文。三献礼完毕，赞礼官及众官四拜。拜毕，典仪唱："读祝官捧祝，进帛官捧帛，各诣燎位。"读祝官捧起祝文版，进帛官将帛捧起，从殿中门走出，至燎位（神帛炉）焚烧。至此，祭仪结束。

另外，在清明这一天，还另有"上土仪"。祭祀时，殿内主祭改由三品官负责。奉命祭陵的勋戚大臣则负责负土十三担，加培于宝山之上。

小祭的礼仪基本与大祭相同，其不同之处是没有奠帛和宣读祝文的仪程。

明朝皇帝每年都到天寿山拜谒祖先陵园吗？

明朝时，皇帝亲自到天寿山拜谒祖先陵园并无固定制度。明英宗朱祁镇虽曾于正统十年（1445 年）规定，每年在清明节时谒拜祖先陵园，明世宗朱厚熜在嘉靖十六年（1537 年）也曾说，每年都要亲自举行谒拜礼仪，但事实上都没能真正坚持下来。所以，每位皇帝亲赴陵园拜谒的情况各不相同。

明仁宗曾于永乐二十二年（1424 年）四月拜祭长陵；宣宗曾于宣德元年（1426 年）二月、宣德五年二月亲祭长、献二陵；英宗曾于正统七年（1442 年）二月、十年三月、十一年三月、十二年三月、十三年三月、十四年三月亲祭长、献、景三陵；武宗曾于正德十三年（1518 年）祭天寿山六陵；世宗曾于嘉靖十五年（1536 年）三月、四月，十五年九月、十月，十六年二月，十七年二月、九月、十二月，十八年四月、十月，在卜选陵地、修缮诸陵时祭谒天寿山诸陵。此外，穆宗、神宗、崇祯帝都曾到天寿山陵寝亲自参加祭拜礼仪，只是次数多少不一。而宪宗、孝宗、熹宗则在位期间，却从来没有到过天寿山陵区。

明朝时天寿山各陵的祭祀，大祭和小祭在祭品的数量和种类上有什么不同？

明朝时，天寿山各陵的祭祀，大祭和小祭祭品各不相同。

大祭时，要为葬在陵内的皇帝、皇后每人各设一个正案。皇帝案上的供品有三爵、一茶、两汤、两饭、四菜、一炙肉、一炙肝、一肉骨、一油饼、一角儿、一栗、一枣、一圆眼、一荔枝、一胡桃、两馒头、一羊肉、两豕肉、一汁壶、一酒壶。皇后正案上的供品不置酒壶置茶壶，余同皇帝正案。帝后正案前又有三牲案匣，内置一牛、一羊、一豕。再前设帛盒，置帝后奉先制帛各一段。帛前又设供案，置一香炉、两蜡烛。其左侧设司樽桌放酒樽，右侧设祝桌放祝文版。

此外，除昭、定、庆、德四陵皇妃在其各自的坟园内另行祭祀外，长、献、景、裕、茂、泰、康、永八陵在帝后正案之侧还设有每个已故皇妃的从案。每个从案上摆放的供品有三爵、三汤、一茶、一饭、四菜、一炙肉、一炙肝、一油饼、一角儿、一肉骨、一栗、一枣、一圆眼、一荔枝、一胡桃、两馒头、一羊肉、两豕肉、两汁壶、一茶壶、一酒壶。前置素帛一段，再前设一香炉、两蜡烛，无牲。裕陵丽妃刘氏等八妃用素馐。每案所设供品有三爵、三汤、一茶、一饭、四菜、两饼子、两小馒头、一糕、一栗、一枣、一圆眼、一荔枝、一胡桃、一大馒头。其前也各置素帛一段和一香炉、两蜡烛。

小祭的供品较为简单，每案所摆供品只有三爵五果（分别为胡桃、荔枝、圆眼、枣、栗）及一香炉、两蜡烛。每年小祭活动中，仅正旦设皇妃从案。万寿圣节及帝后忌辰均不设皇妃从案。

天寿山陵寝遣官祭祀所用祝文写的是什么内容？

天寿山各陵每逢大祭，都有读祝一项仪程。各陵的祝文例由翰林院官撰写。但其行文都有比较固定的格式。

首先要有一段该陵帝后庙号、谥号，以及嗣皇帝对该陵墓主称谓的详细文字。如万历时神宗遣官冬至祭祀长陵，其祝文起首就是："维万历 年岁次 十一月 朔 日孝玄孙嗣皇帝（御名）谨遣 昭告于成祖启天弘道高明肇运圣武神功纯仁至孝文皇帝、仁孝慈懿诚明庄献配天齐圣文皇后曰"。

正文部分要说明祭祀的节序，并表达追念祖先的心情。

清明节的正文是："时维仲春，雨露既濡，追念深恩，不胜怵惕，谨用祭告，伏维尚飨。"

霜降节的正文是："时维季秋，霜露既降，追念深恩，不胜凄怆，谨用祭告，伏维尚飨。"

中元节的正文是："气序流迈，时维中元，追念深恩，伏增哀感，谨用祭告，伏维尚飨。"

冬至节的正文是："气序流迈，时维冬至，追念深恩，伏增哀感，谨用祭告，伏维尚飨。"

但正文的文字有时也有变化。例如，永、昭、定、庆四陵祝文曾用"伏维鉴歆"作结尾。

祭祀天寿山各陵，祭陵官员应该穿什么服装？

明朝时，朝廷对祭陵人的着装是有一定要求的。皇陵和祖陵的祭祀，祭陵人应着的服装是祭服，即一种由梁冠和上衣、下裳等衣物组成的服装。

而孝陵和天寿山诸陵的祭祀，则主祭人不论皇帝，还是大臣都应该穿着浅淡颜色的常服（通常为青色常服）。这种服装的特点是装束比较简单。皇帝是乌纱翼善冠，配以四团龙龙袍，大臣是乌纱帽配以前后胸带有标志官员品级图案（名为补子。因文武官员品级不同，图案也各不相同。如，文官一品、二品为仙鹤、锦鸡，三品、四品为孔雀、云雁；武官一品、二品为狮子，三品、四品为虎豹；公、侯、伯、驸马用麒麟、白泽……）的袍服。腰间仅束以革带，而无佩、绶、蔽膝等复杂装饰。

采用这种服装作为祭陵人的着装，主要是因为它质朴无华，适于表达陵寝祭祀的哀戚之情。据《明英宗实录》记载，正统元年（1436年）闰六月，英宗朱祁镇曾对礼部大臣说过：山陵祭祀，心存哀戚之情，服装华丽，与礼制不符。从今以后，每遇孝陵、长陵、献陵、景陵祭祀行礼，我和百官都要遵循洪武、永乐时制度，穿着浅色服装。但是，对于这样的礼制，有的勋戚大臣却缺乏明确的认识。正统八年（1443年）七月，驸马都尉赵辉竟然上言说：中都皇陵和祖陵朔望祭祀，行礼的人都穿祭服（明代礼服的一种，由梁冠、上衣、下裳等衣物组成，属于吉服性质），孝陵祭祀也应该是这样。于是礼部尚书胡濙提出反驳意见。他说：陵寝祭祀时穿着浅淡常服，是洪武中及永乐初年以来一直实行的制度，又是元年时皇上诏旨所定。赵辉故意纷纭其说，旧制难再更改。英宗同意了胡濙的意见，此后，孝陵及天寿山陵寝祭祀的服饰基本没有发生变化。只有嘉靖十八年（1539年）四月，世宗亲谒长陵，分命大臣祭谒献、景、裕、茂、泰、康六陵，才偶尔出现过吉服行礼的情况。

明 朝祭陵时，天寿山各陵祾恩殿内除了新添的供案、供品外，还有其他什么陈设？

明朝祭祀天寿山陵寝时，各陵祾恩殿内除了有新添设的供案、供品外，还有一些日常用品在殿内陈设。

灵座，又称"神床"或"御榻"。帝后入葬时置于殿内暖阁中，象征帝后生前就寝的床榻。

神座，又称"御座"或"黼座"。帝后各设一个。通常陈设方式为皇帝居中，原配皇后居左，非原配皇后居右。

皇帝、原配皇后的神位。神位，又称"牌位"或"神牌"，上面写有帝后的庙、谥号。皇帝、皇后的神位多在奉天门题写。其奉安之处为皇宫内的太庙、奉先殿或其他祭祀处。所以，帝后神位没有数量限制，只要是祭祀处就可设置。帝后神位奉安于祾恩殿内，在嘉靖前并没有形成制度，长、献、景、裕、茂、泰、康七陵中仅长陵殿内奉安着徐皇后神位。所以，当嘉靖十七年（1538年）世宗下令为各陵从祀皇妃设置木质神位时，礼部大臣上言："诸陵享殿，帝后皆不设位，则妃祔享宜以纸牌标设，祭毕焚之。"直到嘉靖二十二年（1543年）二月，七陵修缮竣工，世宗始命在各陵祾恩殿内奉安帝后神位。此后，陵殿内设已故帝后神位遂成定制。

非 原配皇后的神主供奉在哪里？

本来皇帝、皇后死后都有神主之设。神主，样式略似牌位，栗木制成，帝后入葬后，在玄宫前题写。帝后神主每人只有一个。因皇帝及原配皇后的神主要供奉在太庙内，所以，陵殿中没有他们的神主。非原配皇后的神主，因明朝宗庙制度行一帝一后制，不能供奉在太庙中。明孝宗时，曾仿宋朝制度在皇宫内建奉慈殿，以供奉生母孝穆皇太后的神主、册宝、衣冠。后宪宗生母孝肃皇太后、世宗生祖母孝惠太皇太后的神主及册宝、衣冠也供奉在该殿中。嘉靖十五年（1536 年）七月，世宗觉得，太庙中的神主是一帝一后制，而陵寝则往往二后、三后配葬。既然已经与皇帝合葬，神主又不能放入太庙供奉，与其放在奉慈殿内供奉，还不如放在陵殿内供奉更显亲近。于是，在嘉靖十五年（1536 年）十月十六日，将孝穆、孝肃、孝惠三后神主、册宝、衣冠迁于裕茂二陵殿内。非原配皇后神主安葬于陵殿内遂成定制。

此外，各陵祾恩殿内还陈设有乐器，以及从皇宫奉先殿内祧迁出来的非原配皇后的神位。

明朝时，皇帝谒拜天寿山陵与遣官祭陵相比有什么不同特点？

明朝时，皇帝躬亲祭陵与朝廷遣官祭陵相比，有如下不同特点。

一是场面更为壮观。明朝时遣官祭陵，祭陵官员来到大红门前，虽有昌平镇守总兵官，身着戎装，率兵 12000 人跪迎，军容壮丽，营伍整齐，门左还有径约五尺的大锣，敲击时声震山谷，但祭陵官员并没有浩浩荡荡的随行队伍。而皇帝躬亲祭陵，则有百官扈从和数以万计的军队跟随。如，"六军万乘，车徒众盛"，描写的就是神宗万历八年（1580 年）三月奉两宫皇太后，率后妃躬祭天寿山陵寝的盛大场面。嘉靖年间，礼部尚书夏言作《陵祀扈跸录》诗，形容世宗谒陵的场面是："百年不睹朝陵驾，父老欢呼识汉仪。春日沙河河上水，千村花柳映龙旗。"明沈榜《宛署杂记》记万历十六年（1588 年）神宗率后妃谒陵时，仅宛平、大兴

306

两县所出女轿夫就有 1600 名。此外，还有膳房甜水车、随驾钱粮大骡车等供使用。

二是礼仪更为烦琐。朝廷遣官行礼时，只上香四拜，献爵、献帛都由执事官操作。而世宗嘉靖十五年（1536 年）谒陵，长陵特上香八拜；万历十一年（1583 年）二月，神宗亲诣天寿山九陵行礼，对长、永、昭三陵也是上香八拜，并且在行初献礼时亲自奠帛。

三是祭品更为丰盛。仍以万历八年（1580 年）三月神宗躬谒天寿山陵为例。太常寺出库的祭祀物为："香，除正祭外，备大山降香八斤八炷、速香八斤八炷，小山备降香二斤二炷、速香二斤二炷；烛，除正祭外，备大山八两烛十六支、四两烛三十四支、一两烛五十支，小山备八两烛八支、四两烛十支、二两烛二十支、一两烛（数量缺）；帛，除正祭外，备大山奉先帛十六段、礼神帛八段、素帛十段，小山备奉先帛四段、礼神帛二段、素帛四段；牲，除正祭外，备大山牛三只、猪五口、北羊五只、兔六只，小山备牛二只、猪五口、北羊二只、鹿一只、兔二只；果，除正祭外，备大山粗果八坛、细果四坛，小山备粗果二坛、细果三坛；酒，除正祭外，备大山八瓶，小山备六瓶。"其供品之丰富远远超过遣官祭陵。

祝文的写法也有区别。除不用"谨遣某某"字样外，正文的写法也与遣官祭祀不同。例如，崇祯帝清明节祭祀长陵，其祝文的正文为："玄孙仰荷天眷祖德，承嗣丕基。兹届清明，谨以牲帛醴齐躬叩陵下，用伸追感之诚。伏维圣慈俯垂，昭鉴尚飨。"

明代陵寝祭祀为什么不演奏乐舞？

明朝时，每遇陵寝祭祀，太常寺都要在祭前五日委派协律郎提调乐舞生在今太和殿（明朝初称"奉天殿"，后改称"皇极殿"）演习陵寝祭祀礼仪。天寿山各陵祾恩殿内也都陈设有钟、磬等乐器。明计六奇《明季北略》卷十九，记载他参加定陵祭祀时，见祾恩殿内"祭品丰治，乐器饬备，俱笼以黄纱幔"。顾炎武《昌平山水记》记载，清朝初年时，茂陵祾恩殿内"簨虡之属犹有存者"。

但事实上，乐舞生演习的陵寝祭祀礼仪并无乐舞内容。乐舞生在陵寝祭祀中不过充任执事而已。陵殿内的乐器也不过是设而不作，仅是一种陈设罢了。

明朝的陵寝祭祀为什么没有乐舞的演奏？这与陵寝祭祀的礼仪性质有关。明朝的礼仪名目种类繁多，仅祭祀就有祭天地日月的郊祀、祭祀皇家列祖列宗的庙祀、祭祀各种神圣的群祀，以及陵坟等祀等。而在祭祀礼仪之外，还有朝贺、登极、上尊号、冠礼、婚礼、宴礼、丧礼等多种礼仪。礼仪的性质除了规格的高低大小外，还有吉凶之分。吉礼性质的礼仪可以演奏乐舞，但凶礼或处于吉凶之间的礼仪则不能演奏乐舞。例如，祭祀太庙、祭天、祭地属于吉礼，就都有乐舞生演奏，而丧礼属于凶礼，便没有乐舞生演奏。

明代的陵寝祭祀，与丧礼相比，基本属于吉礼性质。所以，当正德十二年（1517 年）二月孝贞纯皇后王氏病故，将葬茂陵，而武宗皇帝传旨要轻骑往视开挖隧道，并"遍祭诸陵"时，科道官朱鸣阳等加以谏阻，并从礼制的角度分析说：况且，吉礼、凶礼两种礼仪不同。陵祭和丧礼情况有别。皇上这时遍祀诸陵，是按吉礼，还是按凶礼举行呢？如果，身穿孝服凄凄惨惨，却参加雍容的陵祭场合，就太不合适了。然而，与宗庙祭祀相比，陵寝祭祀又稍带一点"凶"礼的意味。所以，成化七年（1471 年）正月，针对驸马都尉赵辉在母丧期间是否可以继续主祭孝陵一事，礼部尚书邹翰认为，在皇上没有另择他人主持孝陵时，过去一直奉命主祭孝陵的赵辉可以继续主祭孝陵。其理由是：现在驸马及陪祀官员在祭祀长陵等陵时，并不区分是否家里有丧事，陵寝祭祀也不纯用吉礼。这是因为，陵寝祭祀带有哀怆的心情，与太庙祭祀的礼仪实际并不相同。赵辉在皇上没有另择他人的情况下，继续主祭孝陵，是以君命为重，因而不再顾及家里有没有丧事，是仍在服丧期间。

正是因为陵寝祭祀的礼制性质介于吉凶之间，寓有"哀怆"之情，所以，各陵祾恩殿内的乐器之设，也和举行丧葬礼时那样，只是"设而不作"。嘉靖二十一年（1542年）三月，工部尚书顾璘提议将世宗御制诗歌，按音节制为乐章，用于显陵祭祀，礼部就以显陵与天寿山各陵情况相同，天寿山各陵的祭祀都不演奏乐舞为由，说顾璘的提议不可采纳。世宗皇帝听从了礼部意见，编制显陵祭祀乐章的事遂因此作罢。

明朝时帝后入葬山陵有哪些礼仪？

皇帝、皇后死后，经过小殓、大殓，其梓宫（棺椁）停放在"几筵殿"内。

梓宫从皇宫几筵殿入葬到地下宫殿，还要举行许多礼仪。

梓宫启程这一天，先要在几筵殿内举行"启奠礼"。嗣皇帝、皇后、皇子及宫眷各服哀服（用粗麻布做成的丧服）在殿内行礼。礼毕，再行"祖奠礼"。导引官引导嗣皇帝至殿内稍东处，面西而立。执事官撤去梓宫周围的帷幕，擦拭梓宫，把龙𬨎放在几筵殿前待用，并把真亭、神帛舆、谥册宝舆陈设在殿前丹陛上内侍官将行启奠礼时陈设的祭品撤去，重新陈设酒馔、拜位。嗣皇帝、皇后、皇子及宫眷各就拜位行礼。礼毕，内侍官奏请灵驾进发。内侍官捧谥册宝、神帛出殿置于舆内。执事官指挥众人抬起梓宫，内执事执翣（音 shà，形如大扇，有杆）左右障护，然后将梓宫置于龙𬨎上，用彩色帷幕罩饰，灵驾开始启行。灵驾启行时，死去帝后生前所用仪仗排在最前面，后面依次是谥册宝舆、神帛舆、真亭、铭旌，接着是载有梓宫的龙辀。

行至午门内，梓宫从龙𬨎上抬下，改用大升舆抬行。大升舆的后部系有一根大绳，"新皇帝哀号攀挽以行"。内官砍断绳索，扶止嗣皇帝不再前行。皇后、皇子及宫眷哭送灵驾到此为止。接着举行"遣奠礼"。先将梓宫抬至端门外稍停，然后由护丧大臣捧神帛至太庙内代已故帝后向祖先谒辞。礼毕，奉梓宫出承天门、大明门，经德胜门北出送往天寿山陵寝。

梓宫出大明门后，文武百官要身着衰服，从大明门步送至德胜门土城外。护丧官和执事官则须骑马随梓宫前行，至大红门下马步行至陵园。沿途在清河、沙河、凉水河及陵区芦殿坡等处搭盖有停灵和祭奠用的席殿，以及贮放仪仗、住宿执事人员的席围房。每行一程护丧官都要在席殿内向灵驾祭奠行礼。一路上，军民人等遇梓宫都要下跪举哀。

梓宫的扛抬人员一般用官军，数量在数千名以上。仁宗入葬时，供役官军达 2 万余人。

到了陵园，梓宫须先放在祾恩殿内，接着，举行"安神礼"。内侍官在殿内陈设酒馔、拜位，护丧官行礼。经过奠帛、献爵、读祝、跪拜、举哀等一系列烦琐礼仪后，将祝文和帛焚烧。

随后是梓宫入葬玄宫。明代帝后入葬，例由钦天监选定吉日吉时。时辰末到之前，梓宫仍在祾恩殿内停放。每天早晚都要上食馔五样，蔬菜、酒膳俱全。教坊司用乐承应，设而不作。

到了入葬时刻，先要在殿内举行"迁奠礼"。由护丧官跪请灵驾赴玄宫。然后用龙𬨎运到玄宫皇堂（后殿）内，将梓安放在棺床上。内持事将随葬物品放好后，接着行"赠礼"。由护丧官向已故帝后赠献玉、帛。

赠礼行过后，关闭玄宫石门。在玄宫大门外接行"享礼"。礼毕，题写帝后神主。由内侍官在玄宫门外陈设香案、酒馔，放好题主案，内侍官洗过手后，将神主放在题主案上，题主官洗手题写神主。将题写好的神主放在棱恩殿灵座之上，再次举行"安神礼"，然后护送回京享于太庙。至此，梓宫入葬山陵的烦琐礼仪全部结束。

北京十三陵于哪一年列入《世界文化遗产名录》？有何现实意义？

北京明十三陵于 2003 年 7 月 4 日在法国巴黎举行的联合国第27 届世界遗产大会上，作为明清皇家陵寝的扩展项目，与南京明孝陵一起，被正式列入《世界文化遗产名录》。这对于提高北京明十三陵的文化内涵与品牌效应以及旅游价值将起到重要作用。北京明十三陵已经成为全人类文明的共同财富。

选题策划：殷　钰　高　震　谭　燕
责任编辑：殷　钰
责任印制：闫立中
装帧设计：中文天地

图书在版编目（CIP）数据

京畿重地北京. 3/《中国地理文化丛书》编写组编
著. -- 北京：中国旅游出版社，2015.4
（中国地理文化丛书）
ISBN 978 - 7 - 5032 - 4706 - 4

Ⅰ.①京… Ⅱ.①中… Ⅲ.①北京市 - 概况 Ⅳ.
①K921

中国版本图书馆 CIP 数据核字（2013）第 073229 号

书　　名：中国地理文化丛书——京畿重地北京（三）

作　　者：本书编写组
出版发行：中国旅游出版社
　　　　　（北京建国门内大街甲 9 号　邮编：100005）
　　　　　http：//www. cttp. net. cn　E-mail：cttp@ cnta. gov. cn
　　　　　发行部电话：010 - 85166503
排　　版：北京旅教文化传播有限公司
经　　销：全国各地新华书店
印　　刷：三河市恒升印装有限公司
版　　次：2018 年 1 月第 1 版　2018 年 1 月第 1 次印刷
开　　本：710 毫米 ×1000 毫米　1/16
印　　张：21.5
字　　数：265 千
印　　数：1 - 5000 册
定　　价：42.80 元
ＩＳＢＮ　978 - 7 - 5032 - 4706 - 4